｜科技部經典譯注計畫｜

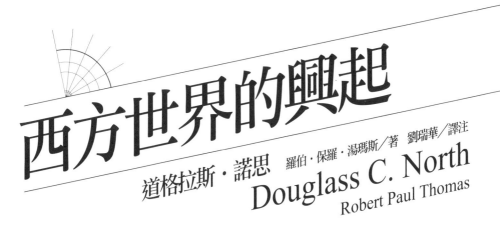

# 西方世界的興起

道格拉斯·諾思　羅伯·保羅·湯瑪斯／著　劉瑞華／譯注

Douglass C. North

Robert Paul Thomas

*The* Rise
*of the*
Western World
*A New Economic History*

諾貝爾經濟學獎得主·當代經濟史學術巨擘

# 目 次

## 第三篇　西元1500－1700年

# 導讀

劉瑞華

　　《西方世界的興起》的原書出版至今已經超過四十年，在台灣才首度出版中文譯本，譯者說明本書成為經典的理由，所擔負的責任格外特別。文史領域學術著作的翻譯，並非只是將原書用另一種語文表達出來，而是必須根據原文，透過修辭讓讀者理解原書完整的內容，其中包括譯者自己的詮釋。這使得翻譯工作一方面在過程中要負擔字斟句酌的繁瑣，另一方面還要承受讀者對結果的評價。然而，也正因如此，重要的學術經典需要翻譯，而且不限一個翻譯版本。

　　對於現今的讀者而言，本書的重要性可能來自作者之一的諾思。[1]的確，本書在諾思的學術生涯中有極特殊的地位，作為了解這位當代經濟史學術巨擘的思想脈絡，有很重要的價值。不過，從另一角度想，諾思的學術地位有很大部分來自於他的著作，而《西方世界的興起》在諾思的學術研究歷程中，又是極為重要的一本著作，因此，本文關注的焦點，

---

1　本書的另一位作者湯瑪斯（Robert Paul Thomas），出生於1938年，是諾思在華盛頓大學（University of Washington）的同事，也是一位優秀的經濟學者，可是學術表現被諾思的光彩所遮蓋。

全放在這本書對經濟史學的貢獻。

　　仔細閱讀本書將會發現，不僅內容精簡，甚至編輯校訂還有些明顯的缺失。如果不清楚經濟史學的發展脈絡，可能無法理解本書的重要性。《西方世界的興起》的原書名有個副標題「一部新經濟史」（A New Economic History），同樣的副標題曾用在諾思先前出版的另一本書上，也出現在當時一些美國經濟史著作上。書名標榜「新經濟史」，對於現在的許多讀者而言，可能未必了解有何必要，不過作者此舉有其特殊目的，因為就許多方面而言，本書是新經濟史學術發展過程中具有重要地位的一本著作。

　　新經濟史在經濟史學界有一個別名「計量史學」（Cliometrics），是指從1950年代末期在美國開始發生的學術革命運動。從此，許多經濟學者積極利用經濟理論與計量方法研究歷史問題，顯著改變經濟史的研究與教學，造成極為重要的影響。這場革命剛開始僅限於美國，參與的人幾乎都是美國學者，所研究的問題也集中於美國史。第一位把新經濟史應用到英國的人，應屬麥克勞斯基（Deirdre McCloskey），她在哈佛大學撰寫的博士論文主題正是探討十九世紀的英國經濟。這篇博士論文在完成後三年正式出版，號稱是第一本英國新經濟史的著作，時間正好和《西方世界的興起》同一年。

　　如果說麥克勞斯基的論文是把計量史學帶到英國的第一本書，那麼《西方世界的興起》則是歐洲新經濟史的第一本書。諾思在新經濟史革命中的第一，不只這一項。他寫的第

一本書《美國的經濟成長，1790—1860》（*The Economic Growth of the United States*, 1790-1860）出版於1961年，那是1957年革命開始後第一本新經濟史的專書。[2]那本書的內容，是根據諾思在美國「國家經濟研究局」（National Bureau of Economic Research）訪問時所做的研究，他計算了美國進出口物價的統計資料，指出美國獨立之後數十年，貿易仍是經濟成長的主要動力。

《西方世界的興起》和之前諾思撰寫美國經濟史的幾本書有很基本的差別，那就是這本歐洲新經濟史著作裡並沒有作者自己處理的第一手資料。當然，是否利用第一手材料並不是判斷歷史研究的重要原則。不過，當年正在新經濟史革命浪潮的頂端，大家都在極盡所能地利用數字、套用模型，但本書引用的數字資料卻幾乎只以圖形呈現，而且因為歐洲經濟史研究尚未經歷革命，那些數字資料都是新經濟史革命之前的產物。可以說，這本新經濟史是根據舊經濟史時代蒐集整理的統計數據，所做的詮釋性研究。

事實上，作者在序言中就先聲明，本書「是一項詮釋的研究──一個擴大的解釋速寫──而非傳統意義的經濟史。

2　孔瑞（Alfred Conrad）與麥爾（John Meyer）在美國經濟史學會年會發表文章，被認為是新經濟史革命的第一槍，他們因此發表了兩篇文章，分別是 "Economic Theory, Statistic Inference, and Economic History: The Task of Economic History," Proceeding Issue of *The Journal of Economic History*（December 1957）與 "The Economics of Slavery in the Ante Bellum South," *Journal of Political Economy*（April 1958）。

它所提供的既非標準經濟史鉅細靡遺的研究，也不是新經濟史精確的經驗主義論證。」詮釋性的研究並不是缺點，不過比較難獲得經濟史學界肯定其原創性價值。但因為作者強調「本書的目標在為歐洲經濟史研究提供新的途徑」，所以「不計較是否符合那些標準形式。它比較像是一份新研究的綱領。」這種創新作法，讓《西方世界的興起》成為新經濟史的新品種。

要了解《西方世界的興起》的學術價值，還可以比較一下之前兩年諾思與戴維斯（Lance Davis）合寫的《制度變遷與美國經濟成長》（*Institutional Change and American Economic Growth*）（劍橋大學出版社，1971）。該書的出版，顯然讓諾思和劍橋大學出版社建立起很好的合作關係，所以諾思跨足歐洲史研究的第一本書這麼快就得以出版。雖然諾思與戴維斯合寫的這本書也是以制度作為關鍵因素，而且更早提出「制度變遷」，但是畢竟研究的美國歷史時間較短、年代也較晚，制度的論點合乎學界既有的理解。《西方世界的興起》則須面對更大的挑戰，突破已經很成熟的歐洲經濟史傳統見解。

根據諾思自己的說法，他決心要轉而研究歐洲經濟史的時間早在1966至1967年，並為此重新學習分析工具，結果使他的研究生涯徹底改變。他把1971與1973年出版的這兩本書都視為有了新工具後的嘗試成果。其實前者是根據兩位作者多年研究成果所寫成的著作，因此在資料與解釋上都更容易取勝，可是實際上《西方世界的興起》在學術界的影響

力更大許多，其中的原因並不難了解。美國歷史從英國殖民時期才開始，因此作為「制度」與「制度變遷」的探討對象，比起歐洲的封建時期到工業革命，那真是小巫見大巫。就以諾思自己的說法而言，之前兩年關於美國經濟與制度變遷的書，應該是寫作《西方世界的興起》前的熱身之作。

序言中諾思還開門見山地告訴讀者，「本書試圖成為一本革命性的著作」，卻「又非常合乎傳統。」所謂革命性，是指書中提出一套分析架構，不僅是運用經濟理論的新經濟史，更因為所用的理論超越當時的主流經濟學，而且在新經濟史的著作中也具有革命性。為何合乎傳統？因為本書所關注的問題延續許多早期學者的研究。本書討論的歐洲興起，除了少數依賴量化資料表示，其他大部分是描述性的質化分析，因此不論是主題或方法，都更接近傳統的經濟史。

這樣的寫作策略，不僅是為了讓尚未經歷新經濟史革命的歐洲學者或歷史學者更容易接受，也因為這時諾思見到美國學術界的新經濟史發展出現問題。1973年，諾思擔任美國經濟史學會會長，在會長卸任演說中，他一反以往會長經常有的客套方式，以「超越新經濟史」（Beyond the New Economic History, 1974）為題，對新經濟史的發展提出很嚴厲的要求，直指經濟史學者還不夠努力，不僅還未充分利用既有的理論，更遑論建構新的理論。

《西方世界的興起》是一本努力「超越新經濟史」的著作。雖然嚴格來說，這本書還未達成建構新理論的成績，不過確實是新經濟史及諾思個人學術發展的新里程碑。這本書

不只把新經濟史帶到歐洲，還把新制度經濟學引進歐洲經濟
史。書中所言「合乎傳統」的議題，其實是透過當時正在興
起的交易成本與財產權理論而呈現的。這對諾思個人而言，
是研究方向的重大改變，也為新制度經濟學的發展開拓了新
機會。[3]

　　當然，《西方世界的興起》是一部經濟史，財產權理論
只是其中應用的分析工具，而且書中的重點在於歷史的解
釋，並沒有理論的建構。當時，諾思才開始思索經濟史所需
的理論，而新制度經濟學也還正在崛起。這本書的重要性在
於其開創性，諾思藉由《西方世界的興起》，讓交易成本、
財產權與制度分析在歷史的世界找到機會發揮，開啟經濟史
與制度分析合作並進的契機。

　　接下來，基於導讀文章的責任，我要對書中的重點做一
些簡單的評述，以期對讀者有些許幫助。首先，本書所指的
西方是傳統的西方，也就是歐洲舊大陸或舊世界。所謂興起
是指羅馬帝國滅亡後，歐洲封建時代的發展，整本書的內容
主要就在解釋封建時代的變化。將起點選在西元900年的原

---

3　在此有必要交代一下當時的新制度經濟學。雖然交易成本是始於1937
　　年寇斯（Ronald Coase）的文章，直到1958年芝加哥大學創辦 *Journal
　　of Law and Economics*，相關的文章才開始問世。戴姆賽茲（Harold
　　Demsetz）寫的 "Toward a Theory of Property Rights"，在1967年刊登於
　　*American Economic Review*（美國經濟學會最重要的官方期刊），文中提
　　到北美洲印地安部落的產權差異，這應該是第一篇直接應用交易成本解
　　釋財產權的文章。到《西方世界的興起》出版之前，還沒有任何學術專
　　書以財產權作為主要的理論架構。

因是，羅馬帝國滅亡後，歐洲進入黑暗時代，到十世紀才算停止戰亂，恢復秩序，當時的歐洲絕對不是經濟發展的先進地區，《西方世界的興起》就是要探討歐洲出現世界上發展最先進國家的過程。

　　接著我要指出本書最特別的內容安排。習慣於接受西方的優勢乃是「船堅炮利」的讀者，在知道本書所述的西方世界的興起停在十八世紀前，可能會大為驚訝。不談工業革命？作者在本書的結語中告訴讀者，沒錯，這本書結束於大多數歐洲經濟發展研究的起點，原因是十八世紀的荷蘭與英國已具備持續成長的條件，私有產權的保障足以讓市場提供誘因，帶動技術進步與工業化。這種強調制度的論述，與大量偏重技術為核心論點的文獻有明顯差別。即使時至今日，《西方世界的興起》所提出的論點，仍然是很大膽而且原創的。事實上，這本書將焦點從十八世紀工業革命移到十六、十七世紀市場經濟發展的思維模式，成為後來工業革命研究的一種新主流。[4]

　　制度變動或財產權的發展，是貫穿全書的論述重點，關鍵的解釋在於，是什麼因素導致歐洲封建制度改變？就結構

---

4　從1980年代之後，有豐富的新經濟史研究工業革命期間英國經濟成長的實際狀況，發現成長從十七世紀就已開始，瓦特（James Watt）發明蒸汽機後的十八世紀末期，經濟成長並不特別顯著。最重要的著作是 Nicholas F. R. Crafts, *British Economic Growth during the Industrial Revolution*（Oxford University Press, 1985），該書成為後來經濟史學生必讀的文獻。

而言，本書的理論架構很清楚地透過篇章安排呈現。前兩章提出議題與概述，其餘章節依年代分成兩篇，分別是900—1500年與1500—1700年。這兩個年代階段的區分，可看成兩個歷史結構，分別對應著不同制度變動與財產權發展，而且其中影響變動的關鍵因素也各不相同。透過這兩個歷史結構的關鍵因素，作者得以將財產權變動的分析和傳統歐洲歷史理解連結在一起。

為什麼區分這兩個歷史階段？這是書中陳述的另一項重要見解，作者認為這兩個階段的經濟結構有本質上的差別，經濟表現也明顯不同。第一階段的經濟成長動力來自人口成長，第二階段的成長則是透過貿易與市場擴張所帶動。這兩項解釋因素都是古典經濟學強調的，頗有返回經濟學的源頭，向亞當・斯密（Adam Smith）致敬的意味。本書的重點放在分析不同結構下成長導致的財產權制度變動，以及財產權變動對於經濟活動的制約，乃至如何影響後續的經濟表現。不過，歷史動態的解釋因素的確如書中所說，是很傳統的。

當然，兩種成長因素的影響，在理論上早已被理解其中差異很大。人口成長屬於因素增加所造成的生產增加，無法避免因邊際報酬遞減導致的成長限制，也就是所謂的馬爾薩斯陷阱（Malthusian Trap）。至於市場擴大所帶動的成長，除了亞當・斯密所強調的分工（division of labor）效益，還有更多因為克服交易成本而產生的效益。可以說，本書認為在1500至1700年之間，歐洲國家回應人口成長與機會的方式，已經決定將來工業革命會誕生何處。

為什麼兩個階段的劃分落在1500年？原因很多，最關鍵的原因是封建制度瓦解，以及民族國家崛起，不過新的結構卻不是靠民族主義建立的。書中明白地把國家建立後的財政問題，列為發展貿易與改變財產權的關鍵因素，尤其是國家之間因戰爭頻仍導致的財政需求與債務壓力。若要以一個劃時代的事件來標記，那就是哥倫布的壯舉，他在十五世紀末為了尋找新航路，意外發現新大陸，揭開新時代的序幕。《西方世界的興起》中，殖民地的土地其實也是經濟成長的因素。土地增加又是一個最傳統的古典成長因素，不過殖民地的制度變動與表現的差異，則是一個非常新的研究課題。

　　《西方世界的興起》出版後引起各界廣大迴響，其中也有批評，有些批評者是基於學派觀點的差異，有些則著眼在分析方法與史料上的辯論。時間越久，書中引用的理論與資料當然會被後續的研究超越。雖然如此，並不減損這本著作的經典價值。的確，本書的理論不複雜，將封建莊園的習俗解釋成人口條件下的契約關係，可以符合契約理論或產權理論的基本架構，然而習慣馬克思史學傳統的學者，就會針對農奴是否有訂契約的自由與能力提出質疑，也批評諾思忽視所得分配的問題。其實，只要熟悉產權理論的後續發展就可以釋疑，而且會將注意焦點放在產權結構下的交易成本，或者產權變化的決定因素。

　　在《西方世界的興起》出版之後，諾思並沒有忽視那些評論，他更努力地吸取制度分析理論，也為歷史研究的目的建構不少新理論。《經濟史的結構與變遷》（1981）不僅將解

釋的歷史範圍擴大，也提出經濟史理論的架構，在書中對
《西方世界的興起》遭受的批評與疑問做了不少交代。《制
度、制度變遷與經濟成就》（1990）更是以建構理論為主要
目的，針對以產權分析為基礎的制度理論中較弱的一環，提
出制度變遷的分析架構，把經濟史的研究帶到另一個境界。
超過半個世紀，諾思一直是新經濟史的開拓者，不斷向前邁
進，而《西方世界的興起》正是他個人和新經濟史重要的學
術里程碑。

　　本書的翻譯工作延宕了十幾年，完全都是我個人的責
任，如今得以順利出版，要感謝的人已經無法細數，僅能就
記憶所及在此列舉一二。首先要感謝國科會的包容與堅持，
讓這本經典譯注能在拖欠多年後終於完成。陳彥廷曾擔任助
理，協助早期的譯稿。李翎帆、林瓊華細心審閱譯稿後提供
寶貴意見，讓我避免不少可能的錯誤。最後我要感謝聯經出
版公司對學術著作的支持，以及專業的編輯協助。

# 超越新經濟史：諾思的學術貢獻

劉瑞華

## 前言

　　諾思這位當代經濟史的泰斗級大師，在 1993 年與傅戈（Robert Fogel）共同獲頒諾貝爾經濟學獎，得獎的理由是「應用經濟理論與數量方法更新經濟史研究，得以解釋經濟與制度的變遷。」這項獎勵不僅是推崇他們兩位在學術上的個人成就，還肯定了從 1960 年代美國興起的新經濟史革命。在這場改變經濟史研究的學術革新過程中，諾思在許多方面都是先驅，而且不斷在研究議題上開拓創新，1980 年代之後，他更進一步朝向發展研究經濟史的理論而努力，使制度與制度變遷成為經濟史及經濟理論學者的重要主題。

　　因為諾思一直走在學術革命的前鋒，所以他在個人的研究工作之外，努力帶動同事與學生，對於教學也很認真。諾思的學術生涯中，主要的教學只在兩所大學的經濟學系，恰巧這兩所大學的中文名稱一樣，都稱為華盛頓大學，兩校沒有任何關係，更不是分校。1950 至 1983 年，他在華盛頓州西雅圖的華盛頓大學（University of Washington）任教，之後移往密蘇里州聖路易的華盛頓大學（Washington University）

任教。兩所大學的名稱太像，文獻上經常被搞錯。他在兩校都帶給同事與學生很大的影響。[1]

1980 年諾思在備受禮遇之下，受邀到聖路易的華盛頓大學經濟學系任職，不過他並沒有特別減輕教學負擔，還擔負一些額外的任務。教課之外，他每週主持一次政治經濟學講座，邀請外校學者發表最新研究。更特別的是，週五中午，他還帶一些同事與學生到餐廳，邊吃午餐邊討論，進行所謂的「午餐研討會」。[2] 學生參加「午餐研討會」必須經過諾思同意，還要準備被諾思詢問最近的研究，壓力不小，卻是進入學術社群的一種難得的新生訓練。諾思用這樣的方式，提攜年輕的同事與學生。其實在經濟系裡投入經濟史領域的學生並不多，而諾思已經是學界數一數二的大師，卻願意如此付出，這是曾經接受洗禮的學生畢生難忘的經驗。

雖然學者最重要的成就表現在研究與著作，但是諾思的

---

1　諾思在西雅圖的華盛頓大學時期的教學，可以參考 Jonathan R. T. Hughes, "Douglass North as a Teacher"，該文刊於 Roger L. Ransom, Richard Sutch and Gary M. Walton 所編 *Explorations in the New Economic History : Essays in Honor of Douglass C. North*（Academic Press, 1983）。這本書是諾思離開該校之前，他的學生為了感激他的教導與提攜所策畫，在他離職之後出版，書中除了這篇敘述師生之情的文章，還包括許多彰顯諾思學術影響的研究論文。

2　我在聖路易的華盛頓大學攻讀博士時，從 1988 至 1990 年間參加了三年的「午餐研討會」（lunch seminar）。諾思一直很重視這樣的課外討論，這種教學方式是他在西雅圖的華盛頓大學時期就開始的傳統，在我畢業離開許多年之後，才因他年事已高而停止。

學術貢獻不只限於可考的文獻。在新經濟史星火初燃的年代，他就是革命的導師，繼而在編輯《經濟史期刊》（*Journal of Economic History*）時帶動經濟史徹底改變的風潮。而且，在革命逐漸成功之際，諾思又率先針對新經濟史缺乏理論創建提出檢討批判。

更鮮為人知的是，諾思不僅在學術工作上有極為傑出的表現，他的成長歷程與生活也很精彩。諾思在學術上功成名就，可能讓人以為他出身顯赫，其實他的家庭背景並不特殊，工作上雖然有其強勢作風，但是平常對人都很客氣，而且平易近人。我認為這應該與他很踏實的成長背景有關，想藉著本文讓更多讀者認識這位平凡而偉大的學者。

## 教育與成長[3]

諾思於1920年出生在美國麻州，小時候家境並不優渥。他的父親從高中時期開始在保險公司打工實習，逐漸晉升，為了擔任管理階層，必須接受調派到各地工作，甚至國外，因此諾思的成長過程中曾經遷居各地。大學時，諾思在美國加州就讀，他雖然拿到哈佛大學的入學許可，但因為不想與家人遠離，而選擇加州大學柏克萊分校。根據他自己的說

---

3　諾思在獲得諾貝爾獎之後，提供給頒獎單位的簡單自傳。本文提及諾思的個人說法與生活經驗主要根據這篇文章，以及我個人在學期間與他的接觸經驗。

法，他的大學成績「至多只算平庸」，比較特別的是，當時他自認接受了馬克思主義，對照他之後的學術立場，有極大的差別。

　　諾思年輕時接觸過馬克思理論，雖然他後來在思想上徹底轉念，但是馬克思理論對他的理論體系發展，卻有相當重要的影響。他自己解釋，成長於經濟大蕭條的年代，馬克思理論是在凱因斯（John M. Keynes）的理論出現之前，是解釋當時經濟狀況最合理的理論，而且當時他在大學裡的朋友，幾乎都自認為是馬克思主義者。[4]

　　年輕時代的諾思有件事值得一提。諾思在高中時就迷上攝影，得過許多比賽的獎項，甚至受到知名攝影家蘭吉（Dorothea Lange）賞識，在 1941 年協助她為美國農業部工作。蘭吉曾經在大蕭條年代拍攝一系列照片，呈現美國中西部農民失去家園與土地而往西部遷徙的景象，這些照片是如今我們認識經濟大蕭條的重要影像資料。年輕的諾思在此時不論是透過鏡頭或親眼所見，了解經濟窮困的嚴重性，顯然影響了他一生在研究上探索的問題。[5]

　　除了攝影，諾思在年輕時學會航海，駕駛過大型輪船，

---

4　諾思私下曾說過，當時他只是個大學生，思想中熱情的成分大於理性。在 1960 年代一趟歐洲之行，他決定要把《資本論》第三卷看完，於是選擇搭船。到岸時，他把馬克思思想留在海上，告別了他年少輕狂的歲月。

5　諾思還曾經為了該在大學畢業後選擇以攝影為業，還是繼續念書，難以抉擇。

也是讓人相當稱奇的事蹟。原因是第二次世界大戰爆發時，諾思和許多美國年輕人一樣並不贊成參戰，後來雖然因為納粹德國的作為而接受徵召服役，但是因為不願意在戰場上殺人，於是選擇加入被徵用的運補商船，成為船員。上船不久後，有一天船長把他叫到駕駛艙，認為他的教育程度比一般船員高，要他學會駕駛，以便在舊金山與澳洲往返的航行時可以代理駕駛。諾思非常喜歡一個人在駕駛艙中面對大海的經驗，以及因此獲得的航海員身分，後來他手腕上一直戴著一只航海員的萬年錶，而且這段船艦運輸的經驗，也影響他日後的研究。

　　諾思在大學時選了經濟學、哲學與政治科學三門主修，戰後回到學校攻讀博士學位時，他選擇經濟學，並且決定以經濟史作為博士論文的研究領域。這時期對他影響最大的人是指導老師茂文・奈特（Melvin Knight）。茂文是法蘭克・奈特（Frank Knight）[6]的哥哥，當時法蘭克・奈特在芝加哥大學已經是享有盛名的經濟學教授，而茂文則是承襲歷史學派（Historical School）的學者，對於主流的經濟理論很不以為然，經常批評老弟。諾思雖然並未將責任歸咎於老師，但是坦承拿到博士學位時，他對經濟學理論所知並不深刻。

　　諾思選擇的博士論文題目，是關於美國保險業在二十世

---

6　法蘭克・奈特在芝加哥大學經濟學系任教，是所謂「芝加哥學派」的創建者之一，早在1921年就出版了名著 *Risk, Uncertainty, and Profit*，該書強調企業家承擔風險及面對不確定情況下做決策的功能，是理解企業家精神的經典文獻。

紀初的變化，理由之一是因為他的父親和叔伯們在保險公司
位居要職，容易拿到資料。諾思的論文研究焦點是1905至
1906年美國保險業的一個重大事件「阿姆斯壯調查案」
（Armstrong Investigation）。經過國會調查保險行銷人員隱瞞
重要資訊的問題，保險業遭受更嚴格的產業管制，業務員被
要求必須詳細告知保戶契約內容。不過，根據諾思的研究，
保險業者對於管制措施一直有很大的影響力，在事件之後，
採取的方法更小心，而且換得跨入金融業務更大的發展機
會。[7]

　　諾思在論文裡表現出對美國大企業的批判態度，可是卻
不是簡單的左派立場。他對於企業家的角色已經有比較深刻
的認識，他知道企業家會利用各種機會，政府的管制其實提
供企業家更大的遊說空間，讓大企業更容易透過政府協助擴
大市場、開發業務。當政策造成企業與大眾的利益發生衝
突，又會導致新的改變。這個動態的過程，構成美國產業發
展歷史的重要特徵。在那個新經濟史革命還沒開始的年代，
諾思已經踏上從政治經濟研究制度的途徑。

## 革命的歲月

　　諾思在1950年進入西雅圖的華盛頓大學任教，那時美

---

7　諾思私下說，這樣的結論，讓他在保險公司任職的一些長輩們生氣了很
　　長一段時間。

國的經濟史研究正要進行一場巨大的改變。剛開始教書的諾思充滿熱情，經常對學生提出很具挑戰性的問題。他在課堂上與教室之外的討論，吸引不少學生投入經濟史這個冷門的領域，甚至包括歷史系的同好。[8]

　　諾思本人與他教導的學生，成為新經濟史革命的一支主力。[9]這場新經濟史革命，用經濟學理論與統計資料驗證的方法，改變經濟史原本的面貌。長期受歐洲歷史學派主導的經濟史教學與研究，講求博聞強記、注重文體史觀，在革命分子眼中，那些論述充滿不精確與受懷疑的結論。新一代的經濟史，開始對以往熟知的歷史知識進行挑戰，做各種「反事實推論」（counterfactual）的提問，結果驚人。[10]

　　各地的革命分子很快就聯繫集結，組成自己的社群，定

8　參考注一提及的文章與書。台灣歷史學界熟知的中國經濟史學者馬若孟（Ramon Myers），當時也在同一所學校，是與諾思討論的常客。那本書中包括一篇馬若孟以私淑弟子的身分所寫的文章。

9　當時美國經濟史學界的另一位重要革命導師，是哈佛大學的葛盛孔（Alexander Gerschenkron），他著有 *Economic Backwardness in Historical Perspective*（1962）一書，是經濟發展「後發先至」理論的始祖。他的學生孔瑞（Alfred Conrad）與麥爾（John Meyer）合寫的 "The Economics of Slavery in the Ante Bellum South"（*Journal of Political Economy*, 1958），分析美國南北戰爭前擁有奴隸的報酬率，被視為新經濟史的起義之作。

10　「反事實推論」是指為了探討某個歷史事件的重要性，因此假設其如果不發生，歷史結果會發生多大的影響。此一作法經孔瑞與麥爾（1958）提出，在新經濟史革命中蔚為風潮。與諾思一同獲得諾貝爾經濟學獎的經濟史學者傅戈，就是以「反事實推論」研究美國鐵路對經濟成長的貢獻，而聲名大噪。

期召開研討會。他們還為這場革命創造出一個至今字典還查不到的名詞「Cliometrics」（一般的中文翻譯是「計量史學」）。兩位造字的人，戴維斯（Lance Davis）與休斯（Johnathan Hughes）就是諾思的學生。諾思在新經濟史革命的另一個角色，是他從1960至1966年擔任《經濟史期刊》的執行編輯之一。掌握了美國經濟史學會官方刊物，諾思為新一代的經濟史學家提供發表機會，革命因此星火燎原，許多著名的文章出現在這份美國經濟史學會的官方刊物上。

　　諾思會在新經濟史革命中擔任要角，是許多特殊機緣的結果。他自認在求學時並未打好經濟理論的扎實基礎，是後來在西雅圖教書時，連續三年幾乎每天與同事高登（Donald Gordon）下棋，一邊聊起經濟問題，從棋友的談話中了解經濟理論。另外，諾思曾經回憶他在撰寫博士論文時，獲得機會到美國東岸，接觸哈佛大學教授寇爾（Arthur Cole）帶領的企業家學派（Entrepreneurial School），因此受熊彼得（Joseph Schumpeter）的影響很深。[11]之後，1955至1956年有機會到美國的「國家經濟研究局」（National Bureau of Economic Research, NBER）進行研究，讓他能每週一次和顧

---

11　所謂「企業家學派」如今鮮為人知，寇爾是經濟史學界研究工業革命的先驅，後來將研究重心放在企業與企業家的歷史，根據熊彼得所強調創新（innovation）的企業家精神（entrepreneurship）理論，研究歐美企業的決策與表現，在1960年代影響深遠。他的學生錢德勒（Alfred Chandler）發揚光大，在哈佛大學商學院建立起利用個案分析教導學生學習管理的傳統。

志耐（Simon Kuznets）見面。這段時間他完成了美國1790至1860年貿易進出口的量化分析工作。

在1980年代末期，諾思仍感念顧志耐指引他研究制度對長期經濟影響的方向。顧志耐在經濟學界最大的貢獻之一，是提出並驗證技術變動是長期經濟成長的重要原因。諾思曾在這位師長過世前去探望他，卻聽到顧志耐說，我們對於經濟成長了解得太少，生產因素增加所無法解釋的成長，並不能完全歸於技術進步。諾思可以感受前輩對他的期許，制度研究成為他後來全心努力的重心。

在「國家經濟研究局」的研究，成為諾思在1961年出版第一本書的基礎。《美國的經濟成長，1790-1860》（*The Economic Growth of the United States, 1790-1860*）一書，探討美國內戰前後的快速經濟成長，諾思指出十九世紀中葉之前的成長來自出口貿易、資本流入與區域發展，也就是出口導向的成長模式。這些因素引發國內的專業分工與組織創新，並且累積資本導致教育投資與創新，帶來後續的技術進步。接著在1966年，他又出版《美國歷史上的成長與福利：一部新經濟史》（*Growth and Welfare in the American Past: A New Economic History*），延續前書的研究，進一步探討美國十九世紀快速成長的後果。在他看來，十九世紀之後政府積極介入經濟活動的發展，有其歷史背景，並且因此強調政策與法規的歷史分析。

雖然以上提到的兩本書出版於新經濟史革命的浪頭上，但是書中並不依靠大量數字資料或複雜的統計。諾思在革命

陣營中，一直是以應用理論提出歷史見解而著稱。即使是有限的史料，經由理論分析的應用，也能產生重要的歷史解釋。新經濟史革命帶出一篇篇堆積大量統計數字卻缺乏歷史發現的文章，諾思在許多場合都顯露出不耐。1973 年他以美國經濟史學會會長身分發表的演說，一改之前會長們客套的風格，對於新經濟史的成果提出非常嚴厲的批評。在這篇名為「超越新經濟史」（Beyond the New Economic History, 1974）的文章中，諾思直指經濟史學家還沒有充分應用既有的理論，更遑論為歷史議題提出理論的建樹。

在此之前，諾思發表了一篇非常重要的文章。[12] 1968 年的這篇文章發現，從十七世紀到十九世紀，海洋運輸的成本非常明顯地下降，諾思提供計算資料說明其來自生產力提升，1600 至 1784 年生產力緩慢增加，而 1814 至 1860 年則呈現約前兩個世紀十倍的成長率。重點是，原因是什麼？最常用來解釋生產力上升的原因為技術變動，可是諾思認為技術並不足以解釋這麼長時間的變化，他尋求其他包含歷史過程的答案。

諾思發現，兩個世紀裡海洋運輸生產力增加，主要來自船員減少、裝貨量提高，以及停留港口的時間縮短，背後最關鍵的原因，是海軍壓制了原本猖獗的海盜，使得貨運船上不必安裝火砲與配備士兵。後期隨著歐洲移民新大陸的人口

---

12　"Sources of Productivity Change in Ocean Shipping, 1600-1850," *Journal of Political Economy,* 76（5）: 953-970.

增加，往返新舊大陸之間的貨船，除了從新大陸運回物產，也能將製造品運往新大陸。貨船不必經常空船返航，又有更多港口停靠，可以進行轉口運輸、三角貿易，生產力當然大增，而且商人也願意加大貨船的載貨容量。如果要說技術進步，諾思認為天文與水文知識隨著航海經驗增加，被有效利用於確定方位與加快航行速度，才是當時最重要的技術進步。

此時諾思不滿足於輕易利用技術因素解釋生產力或效率提升，而要進一步深入探討技術與制度的互動過程。了解新經濟史革命的學者看得出來，諾思這項研究是另一次革命力量的展現。[13] 歷史研究的重點不單是得出因果，還應包括過程的解釋，而且不論是公共財（打擊海盜的政府海軍）、市場擴大與貿易網絡（新大陸移民的擴展）或者知識（航海經驗），都是日後諾思邁向制度研究的要件，這顯然是諾思研究生涯的轉捩點。當年在船上的時光，應該在諾思心裡留下浩瀚的靈感。

## 新制度主義

諾思認為他的學術研究生涯改變，發生在 1966 至 1967

---

13 Claudia Goldin 在 1995 年所寫的 "Cliometrics and the Nobel," *Journal of Economic Perspectives*. 9（2）:191-208，評述諾思與傅戈兩位諾貝爾經濟學獎得主時，特別強調諾思的這一篇文章，認為和傅戈的美國鐵路研究具有同等的學術價值。

年之間，那一年他獲得研究經費到瑞士日內瓦，準備從美國
經濟史轉而研究歐洲經濟史。這段時期他發現，新古典經濟
理論不足以提供經濟史所需的分析工具，於是開始認真思索
新的理論工具。諾思對於理論的探索，也因為他對新經濟史
革命有所反省。諾思日後經常比喻新經濟史革命像是搖晃蘋
果樹，把樹上的爛蘋果淘汰，可是對於好蘋果的生長並沒有
很大的貢獻。要讓經濟史的大樹長出新的好蘋果，需要養分
灌溉。諾思發現的新養分，就是交易成本與財產權。[14]

　　交易成本雖然早在寇斯（Ronald Coase）1937年的文章被
經濟學界所認識，[15]但是經過很長一段時間，並未發展成理
論。後來寇斯受聘進入芝加哥大學法學院，開始為新創的期
刊積極寫作，[16]才讓人再次見識到交易成本的另一面。[17]從寇
斯1960年的文章中還誕生了「寇斯定理」（Coase Theorem），[18]
這個極為有名的理論並非寇斯所要強調的，關鍵的重點在

---

14　張五常在1969年來到西雅圖的華盛頓大學，成為諾思的同事，對於諾
　　思的學術理論發展產生很大的影響。

15　"The Nature of the Firm," *Economica* 4（1937）: 386-405.

16　芝加哥大學創辦的 *Journal of Law and Economics* 開創了法律經濟學，期
　　待寇斯擔任編輯的責任。寇斯不僅不負所托，也在該期刊上發表許多重
　　要文章。

17　簡單地說，1937年寇斯提問為何會出現廠商，以交易成本作為答案，
　　指出交易成本的確存在，經濟學必須考慮這項因素，而寇斯在1960年
　　則以 "The Problem of Social Cost," *Journal of Law ane Economics, 3*
　　（1960）: 1-44一文，指出財產權的重要，以及財產權對交易成本的影響。

18　所謂「寇斯定理」，簡單說就是，如果交易成本為零，私人協商可以解
　　決外部性（externality）的問題。

於，寇斯指出財產權界定清楚可以減低交易成本。

　　諾思發現交易成本與財產權理論，對於經濟史的研究有極大的幫助。回到寇斯最根本的看法，廠商出現是因為利用市場的成本（交易成本）相當高，於是廠商取代了市場，然而這是現代經濟的現象。如果把關注焦點放在市場不發達的時代，交易成本最有可能就是市場經濟無法產生的原因，而缺乏清楚的財產權，正是造成交易成本阻礙市場的原因。

　　現在回顧這樣的理論，看起來順理成章，交易成本與財產權應該是最適合用來研究歷史結構與發展的理論。可是在當時的經濟史學界，革命的力量都投入在「反事實推論」與計量方法的應用，設法推翻既有的歷史解釋，諾思可以說是第一位努力尋找新理論提出新的歷史解釋的經濟史學家。諾思寫過許多篇回顧與展望新經濟史革命的文章，大部分的論點都是對外宣揚革命的理想，對內則嚴厲要求新一代的經濟史學者應該應用理論、建構理論。經濟學並不只有價格理論，經濟史必須加快速度，趕上經濟理論的進步。

　　其實諾思開始接觸交易成本與財產權的時候，就已經意識到必須從中發掘出處理歷史動態的分析工具。1971 年他與戴維斯合作出版《制度變遷與美國經濟成長》，這本書的論點部分來自諾思的博士論文，不過整體來說，重點在解釋美國的經濟成長，強調制度創新是主因。在已有的制度之下，當獲利機會不能充分被利用時，就面臨制度改變的時機。成功的制度改變經過財產權的重新安排，得以降低交易成本。

　　在前一年，諾思與戴維斯就發表過一篇同名的文章，不

過值得注意的是，該文的副標題是「邁向一個制度創新理論的第一步」。從後續發展來看，那的確是第一步，因為嚴格來說，那時連一個具有實質內容的制度理論都還沒有。不過，諾思就是有如此先見的智慧，他已經看到交易成本與財產權能為經濟史長出開花結果的大樹。這個學術領域發展的結果，就是「新制度經濟學」（New Institutional Economics）或「新制度主義」（New Institutionalism）。

雖然諾思可能是在這個領域中，最早將「制度」與「制度變遷」界定為學術詞彙的人，但是新制度主義的誕生，不能完全算是他的功勞。寇斯早已提供理論基礎，只是寇斯的研究方法不愛建構理論，也不愛用學術專業名詞，在所寫的文章中並不常用到「制度」一詞。其實寇斯本人連交易成本這個詞彙都很少用。不過，新制度主義的確發展起來。1991年寇斯獲得諾貝爾經濟學獎，他發表的得獎演說用的標題是〈生產的制度結構〉（Institutional Structure of Production）（1992）[19]，宣告新制度主義的成功。

新制度主義順理成章地在經濟學界誕生，原因應該是原本存在的制度主義逐漸消沉。制度主義也稱作制度學派（Institutional School），是在經濟學古典學派之後，各學派百花齊放時代誕生在美國的一個學派。從十九世紀開始，延續古典學派的英國經濟學界致力於將經濟學理論化，建立起以供給與需求分析市場經濟的理論體系，也就是新古典經濟

---

19 *American Economic Review*, 82（4）: 713-719.

學。這樣的發展引起許多學術爭論，各種學派紛紛崛起，挑戰新古典理論。不過，經濟學界後來還是由新古典理論取得主流地位。

　　制度學派在十九世紀的美國蓬勃發展，它們的特色在於一方面接受德國歷史學派主張的歸納方法，強調經濟問題在各個社會中的特殊條件，另一方面採取演繹方法，對於社會條件的結構予以理論化。制度學派的理論主要以類型化的描述方式，和新古典經濟學大量採用數學分析的方式明顯有別。值得一提的是，很早就有制度學派學者對新古典理論個人主義的假設提出質疑，並且試圖對集體行動（collective actions）建立理論進行分析。只是由於缺乏易於操作的分析工具，制度學派到了二十世紀中葉已經逐漸式微。

　　寇斯提出理論的動機雖然是挑戰主流經濟學，但是目的並非要推翻新古典經濟理論體系，似乎不曾引起當時制度學派學者的注意，反而是最主流的芝加哥大學對他甚感興趣。雖然寇斯到美國後安身於芝加哥大學的法學院，作風也與一般經濟學家不同，但是一直未改變他經濟學家的身分。之後繼續努力發展交易成本與財產權理論的學者，也包括許多主流經濟學家。

　　新經濟史革命當初就是從經濟史學界原本受歷史學派籠罩的傳統中，迎向新古典經濟學的運動，當時美國制度學派的學術影響力已經不再，在新經濟史革命過程並未占有重要地位。諾思對制度學派的著作應該不陌生，他的博士論文研究大型企業管理問題，其實是制度學派關心的問題，可是很

少在文章中提到他受到何種影響。即使當他在1970年代開始高舉建構制度理論的大旗，想法與作法都和制度學派關係不大。

　　相較之下，新制度經濟學與主流經濟理論的距離還更近一點，這使得諾思從新經濟史跨向研究制度的作法非常順利，在他看來，他的制度研究根本就是新經濟史。當1973年他與湯瑪斯（Robert Paul Thomas）合寫的《西方世界的興起》出版，這本根據財產權理論分析歐洲中世紀經濟發展的重要著作，副標題就是「一部新經濟史」。《西方世界的興起》在經濟史學界造成很大的影響，主要原因其實是它並不像當時大家熟悉的新經濟史，充斥著理論模型與計量分析，因為如此，這本書在歷史學界也有很多讀者從許多方面看，是一本引起廣泛討論的著作。全書內容幾乎都是根據二手史料，引用的數量資料並不多。書的題目是西方興起，整本書的內容停在十八世紀工業革命之前，因為如此，在歐洲經濟史著作中最常討論的英國、法國之外，這本書特別強調荷蘭與西班牙的發展。因為有四個國家的比較，這本書裡講述的西方世界並不全是興起，還有區域間的興衰變化。當然，最重要的還是這本書主張歐洲經濟成長的原因是制度，是歷史過程導致的制度創新。

　　如諾思自己所言，從美國史轉而研究歐洲史是他的重大轉變，有些困難要放到當時的環境來理解。首先，新經濟史革命在1970年代中期，幾乎全是美國人的事，寫的也都是美國的事。即使是與美國學術發展脈動相連的英國，在1970

年代還很少屬於新經濟史的研究。[20]即使是諾思如此有名的美國學者，也不容易踏進歐洲版圖。

《西方世界的興起》的內容，至今都還會讓許多讀者稱奇，在當時是一場新經濟史革命的勝利。如今稍微熟悉經濟史的學者都會承認，私有財產權的保障是產生市場經濟的關鍵條件。諾思教授上課時，經常掛在嘴上的那句「制度至關重要。」（Institution matters.）就是由這本書奠定的。本書還在2000年入圍EH.net評選二十世紀最有影響力的經濟史著作。[21]同時諾思還有另一本書也入選，那就是1981年更讓人大開眼界的《經濟史的結構與變遷》。

《經濟史的結構與變遷》一開頭，諾思表明並不是要建立一套歷史理論，可是看得出來，他有這個企圖心。更早一點諾思寫了一篇文章，名為〈結構與表現：經濟史的任務〉（Structure and Performance: The Task of Economic History）（1978），[22]諾思在這篇文章裡，開始提出他所構畫的經濟史理論架構，而且是以可和經濟理論相容的方式。他寫下，如果經濟理論是研究人類如何在限制條件下做選擇，那麼經濟史就是研究那些限制是怎麼來的。

在1978年所寫的這篇文章裡，諾思告訴經濟學家，許

---

20 至今都還可以看出 *Economic History Review* 和 *Journal of Economic History* 風格上的差異，這兩份分屬於英國經濟史學會與美國經濟史學會的刊物，在當時差別更大。

21 這個網站是由英美幾個重要的經濟史與企業史學會贊助。

22 *Journal of Economic Literature*, 16（3）: 963-978.

多限制是人為創造的，也會隨著時間改變。經濟行為的限制條件會以結構方式持續一段時間，影響經濟活動的表現，而經濟表現又會醞釀結構改變的原因，在適當條件下造成結構的改變。這是諾思所宣示經濟史的任務，也是他寫作《經濟史的結構與變遷》最重要的目的。

《經濟史的結構與變遷》之中的許多理論內容，在出版前已經發表過，即使如此，這本書的出版還是令讀者驚訝。整本書的結構相當偏重理論，而且一如諾思其他的著作，篇幅不長，僅占一半的歷史分析卻涵蓋西方幾千年的發展，而且引用的史料可說相當少。這樣大膽的作法，若非有諾思的地位，恐怕很難招架批評，而這樣有前瞻性的著作，也必須是出自諾思這樣的大師。實際上，這本書出版時受到不少質疑與批評。不過，當時很前衛的見解，三十幾年之後，依舊經得起考驗，這本書已經被公認為當代數一數二最重要的經濟史著作。

這本書的分析架構包含經濟學所知的各種動態因素，人口、資本、技術，以及特別強調的制度。利用這個架構，諾思對許多既定的歷史認知提出革命性的新見解，至今這些新的歷史觀點仍在學術界受討論。傳統認知的農業革命，在諾思看來，並非技術發明的革命，而是建立財產權所創造出的「第一次經濟革命」，之後西方發展至羅馬帝國所經歷的國家政治演變，是經濟革命的後果。封建經濟的興起與衰落可以從交易成本的變化得到解釋。眾所公認的十八世紀工業革命，在諾思眼中竟然不是革命，而是從十五世紀以來市場擴

大的後果，真正的革命是十九世紀才開始發生。[23]

出版於1981年的《經濟史的結構與變遷》，有很多內容到現在仍會讓初次閱讀的讀者感到驚訝，讓許多資深學者無法接受，卻又難以反駁。如果不願接受諾思試圖掀起的重大挑戰，最好的推託之詞就是書中許多見解都還未經史料與統計數字的檢驗。這些看似基於計量史學的學術標準所提出的辯護，其實已經成為反革命的保守勢力。這顯然讓諾思相當不耐，他雖然還是要求學生拿出更多研究制度的成果，[24]但是不會受制於繁瑣史料的牽絆，他繼續努力於理論的推進。

接下來的《制度、制度變遷與經濟成就》是一本更偏重理論的著作，不過其所探討的歷史問題還是很清楚。諾思問，為什麼即使經過很長的時間，富有國家與貧窮國家的差距依舊懸殊？這個原本屬於經濟發展的議題，對經濟史學家而言，時間因素的加入更讓問題難以理解。為何經過那麼久的時間，貧窮國家還學不來呢？如今很多人都已經知道，關鍵在制度。制度是什麼？這本書在1990年開啟了一場新的革命。

---

23 諾思稱其為「第二次經濟革命」（The Second Economic Revolution），他認為這場革命是新石器時代發生的「第一次經濟革命」之後的另一個新經濟結構，在這個經濟結構中，技術創新是以組織化方式進行，因此不斷出現快速的技術變動，也因而必須有制度變動的配合。

24 諾思經常感嘆他沒有「傅戈大軍」（Fogel's Army），那是指傅戈在芝加哥大學人口研究中心有許多研究人力，協助處理大量資料，這讓我們一些當時在他身邊的學生相當汗顏。

　　與諾思之前的看法比起來，這本書對制度的理解顯然受到賽局理論（game theory）影響，甚至在一開始他就以最簡單的方式解釋制度就是「遊戲規則」（rule of game）。從新經濟史革命開始，諾思從來不掩飾他邊做邊學的作法，賽局理論是他當時積極學習的新工具。除了考慮人的行為互動，為了分析制度變遷，諾思進一步把廠商理論延伸出來的組織理論加上改變制度的功能。組織可以降低交易成本，這是寇斯著名的創見，至於如何降低交易成本，後繼的學者提出許多廠商功能的討論，也從而發展出組織多樣化的解釋。諾思在此並不依循寇斯所指出廠商代替市場的思考方式，而提出組織的另外的功能，那就是改變制度。

　　組織為什麼要改變制度？諾思的答案是，為了獲得比在既有制度下更大的利益。不過這個決策的考慮，可比經濟學基本的選擇複雜得多。首先，制度變動的利益在組織內外的分配，乃是不可忽略的問題。其次，制度變動的過程與相關的成本，更是經濟學界少人聞問的領域。諾思知道這個任務的困難，特別是他清楚知道太多的歷史經驗顯示，重大事件的發生無法以個人的利益與成本來解釋。他在《經濟史的結構與變遷》裡提出「意識型態」（ideology）來調和個人與群體之間的矛盾，那是最受評論者非議的一章。《制度、制度變遷與經濟成就》裡，諾思放棄了那個讓人困擾的詞彙，[25]

---

25　不過，在另一篇文章裡，Denzau, Arthur T & North, Douglass C, "Shared Mental Models: Ideologies and Institutions," *Kyklos*, 47（1）(1994): 3-31 再次解釋意識型態與制度，並且延伸出一些新見解。.

試著將前一本書中較少處理的「知識」因素往前推進一大步，提出組織具有「學習」（learning）的功能。

　　組織學習的功能並不是很新鮮的事，不過透過學習而改變制度，開啟了很多分析脈絡。學習功能是知識成長的來源，一方面讓學習可以解釋制度變動可能的迂迴過程，另一方面也能解釋制度變動的失敗或不如預期。這還不夠複雜，因為諾思還提到組織的權力因素。由於組織推動制度變動是會遭遇競爭的，競爭將要求各個組織更有效率，也可能導致不擇手段的對抗。政治與經濟相互影響，已經是不可忽視的研究課題，在《經濟史的結構與變遷》中，政府被納入作為一個追求自己目標的個體，藉由建立與執行財產權，而具有影響經濟的極大能力，這本書裡組織的功能，不只是在制度限制下處理交易成本，而且還具有藉著政治力量改變規則的能力。

　　經過1993年諾貝爾經濟學獎的加持，諾思的學術聲望更為提高，那時因為新制度經濟學正興盛，他在這個領域的知名度似乎甚於經濟史學家的身分。[26]對諾思而言，制度分析乃至於解釋歷史的理論，其目的終究是歷史，而研究歷史的重要任務，則是理解人類經歷時間解決經濟問題的成果。〈經歷時間的經濟表現〉（Economic Performance through

---

26　寇斯在1991年獲得諾貝爾經濟學獎，而那時社會主義國家進行市場化的結果差異很大，引起世人對制度改革與經濟轉型的關心。兩年之後諾思獲獎，在當時又讓制度研究引起重視，而且他的研究重心的確符合現實問題的需求。

Time）（1994）[27]是他領獎時的演講題目，清楚表明新經濟史
學家不變的職志。獲得諾貝爾獎之後，他仍然繼續在這個困
難的問題上努力不懈。[28]

## 經濟學術史上的貢獻

　　諾思在獲得諾貝爾經濟學獎之後，在許多致詞答謝的場
合，都表示這個獎勵是給予新經濟史全體學術努力的肯定與
鼓勵。他們的成就不僅在於革新經濟史研究的表現，而且讓
歷史關切的問題成為增進經濟學理論的一股動力。人類經濟
活動經過很長時間的考驗，雖然獲得重要的知識成果，但是
對於未來面對的挑戰，仍然在尋找邁向美好前途的方向。諾
思一生的貢獻，不在於堅持遵循任何一條已知的特定道路，
而是為了發現可以信賴的知識，而不斷地努力探索。

　　作為一名新經濟史的先鋒，諾思在學術上的努力，一直
都秉持根據歷史事實的觀察與理論邏輯的論證，並不刻意選
擇哪一個思想立場的陣營。雖然大部分的評論者認為他屬於
右派，但也有人認為他後期的著作已經左傾。不過，他對這
些意見都坦然面對，即使是關於民主發展歷史的政治意義，

---

27　*American Economic Review*, 84（3）: 359-368.

28　諾思獲獎之後出版 *Understanding the Process of Economic Change*
（Princeton University Press, 2005），又與 John Wallis and Barry Weingast
合寫 *Violence and Social Orders: A Conceptual Framework for interpreting
Recorder Human History*（Cambridge University Press, 2009）。

他都以理性的態度看待。[29]真正重要的是，他為經濟學與經濟史增進了什麼樣的知識。

由於諾思在《西方世界的興起》之後，一再強調市場興起帶來的專業分工，有意扭轉以往經濟史學界過於重視技術進步的效果，許多人將他的論點看成是回歸亞當‧斯密《國富論》（*Wealth of Nations*）的主張。這一特點當然值得注意，不過在諾思建立的經濟史理論脈絡中，這只是其中一部分。他除了指出封建時代結束時，市場興起產生的重大影響之外，他將整個封建時代的歷史動力歸因於人口變動，以及強調馬爾薩斯（Thomas Malthus）提出的自然大限（natural check）所造成的考驗與回應，這明顯呼應了古典經濟學的傳統。

市場興起和之後的快速技術變動時代，在他看來並非歷史的必然，而是經濟史學家必須用功解答的研究課題。他清楚地指出，答案的關鍵在於交易成本，這就不只是繼承亞當‧斯密的論點，更不能只用所謂「看不見的手」（invisible hand）輕易帶過市場機制的內涵。是什麼創造了市場？可以很確定地說，諾思有意要求經濟學家檢視其對於市場的信心

---

29　在《制度、制度變遷與經濟成就》最後一章，他引述自己的文章North, Douglass and Weingast（1989），"Constitutions and Commitment: The Evolution of Institutions Governing Public Choice in Seventeenth-Century England," *Journal of Economic History*, 49（4）: 803-832 時，特別在附注中提醒讀者，別把文中所強調限制王室權力的發展看成是輝格（Whig）歷史，彰顯民權優勝的論調。

與信仰，轉為對制度研究產生好奇與付出努力。

　　為了理解制度的建立和變遷，諾思又重新拾起他曾經感興趣的馬克思理論，並且根據交易成本，質疑馬克思理論中的階級意識作為凝聚集體行動的能力，而提出他的組織分析，把組織改變制度的角色放回經濟理論，取代僵化的「階級」。為此，他雖然無法避免「意識型態」的作用，但已經打破「階級意識」的狹隘限制，讓學習與創新成為核心的研究課題。諾思因此左傾了嗎？其實是馬克思學者在忙著將「階級」推廣到各式各樣的社會分化時，應該看看諾思與新制度學派在理論上的建樹。

　　諾思從不吝於將他在理論上的發現歸功於前人的努力，寇斯的交易成本與財產權在諾思應用至歷史課題上，成了組織與制度的基礎。不過，對於制度與制度變遷的思考，諾思在課堂上一定會談起的是海耶克（Friedrich A. Hayek）。海耶克提醒經濟學家重視「知識」在個人行為和社會運作中的功用。[30]這個觀念在諾思晚期的理論中，幾乎無所不在。因為在個人與社會之間，諾思發現組織對知識的產生與應用有很大的功能，也為制度變遷提供開放且正向的展望。

　　諾思的學術研究主題縱橫古今，一直努力將經濟史融入經濟理論，讓經濟史的知識能夠對解決現實問題有所幫助。理解經濟活動隨著時間變化的動態過程，才能在面對多變的

---

30　最具代表性的文章是 "The Use of Knowledge in Society," *American Economic Review* 35 (4)(1945): 519-530.

環境時，掌握長期的影響因素，而制度就是最重要的關鍵因素。歷史不會重演，了解歷史並不能讓我們預知未來，歷史知識的功用是讓人增進面對變化與處理問題的能力。

在最近出版的一本表彰諾思學術貢獻的書中，[31] 貝茲（Robert Bates）直接指出，如果要舉出一位新制度主義的創建人，那麼非諾思莫屬，而且如今經濟學界已經知道「制度當家作主」（institutions rule）。[32] 從「制度至關重要」到「制度當家作主」，諾思為經濟史增添理論的面向，又讓制度成為經濟學研究的核心。從新經濟史革命的年代，諾思對經濟理論抱持高度信心，之後轉而擴展理論，為經濟史創建更高的學術價值，他的一生不斷挑戰自己、超越自己。

---

31 Sabastian Galiani and Itai Sened, ed. *Institutions, Economic Growth, and Property Rights: The Legacy of Douglass North*（Cambridge University Press, 2014）.

32 提到貝茲，讓我想起在諾思身邊學習時的一個小故事。我擔任諾思的研究助理時，他交代我一個任務，要我從既有的文獻中搜尋資料，了解交易成本如何影響技術。在那還沒有網路資源的時代，我為這個問題在圖書館裡花了許多天，找到的資料還是很少，印了幾篇文章交差，以為沒事了。幾天之後，我經過諾思的辦公室，被他叫進去，我看見貝茲教授在座。諾思問我之前交代的工作有沒有新進展。我一時啞口無言。諾思開玩笑說，博士生應該沒有不能解決的問題，接著轉頭問貝茲，有哪位學者研究這個問題。貝茲想了一下，說了一個名字，又說如果有人知道，就是這位。諾思立即要了號碼，拿起電話撥過去。接下來，我在那裡等著，度過一生難忘的五分鐘。諾思放下電話，失望地對我說，看來這個問題還沒辦法解決。我走出他的辦公室，心裡的大石頭放下了，而這個問題則從此一直留在我的心上。

## 永懷大師

　　本文寫作接近完成時，獲知諾思在2015年11月23日病逝，享耆壽95歲。去年許多他的朋友與學生已經知道他的病情，雖然如此，這件無可避免的不幸消息，還是帶來無限的遺憾與感傷。二十幾年前曾經親身受教的往事，在此時湧上心頭，難以言表。我到美國攻讀博士的前幾年並不很順利，每次看見研究室裡的同學轉系、轉學，心裡都會懷疑自己是否適合繼續留下來奮鬥，直到走進諾思的教室，研讀他的著作，我才完全確定，再大的挑戰與磨難都是值得的。

　　從我提出博士論文的構想開始，諾思老師一直都是用開朗的態度鼓勵我，即使在最艱困的撰寫階段，他也從來不曾給我壓力，甚至在看過我寫作粗糙的論文初稿後，竟然向我表示歉意，說無法幫我仔細修改，又關心地問我能不能找到同學幫我修改英文。我很慚愧，當他在「午餐研討會」上刻意以輕鬆的方式提起應該有人到北京去，好好研究經濟改革後中國的交易成本，我這位當時唯一的華人學生，卻因為只想早日畢業回家而沒答腔。回到台灣，我只能盡力翻譯介紹他的著作來報答他，而這項翻譯工作卻延宕二十幾年，才完成三本書。這位學術殿堂的偉人從此離開這個世界，留下無限的學術遺贈，翻譯他的著作只是很小的一部分。

　　諾思教授走得很瀟灑。他的好友溫格斯特（Barry Weingast）在悼念文章中細說諾思面對死亡的態度。[33]去年，

---

33　Eh.net 用 Newsletter 在網路上轉發這篇文章。

溫格斯特陪著諾思在醫院裡等候檢查報告，兩人當時很輕鬆地聊天。當他們看見走進來的不是醫師，而是醫院的牧師時，氣氛立即改變。在牧師結結巴巴，不知如何啟齒的時候，諾思打斷了他，說：「別說了，我們都知道，只有一種方式離開這一生。」雖然他和其他人以同樣的方式離開了這一生，但是他度過的這一生，是少人能及的。

## 諾思的重要學術著作

1954. "Life Insurance and Investment Banking at the Time of the Armstrong Investigation of 1905-1906," *Journal of Economic History*, 14（3）: 209-228.

1955. "Location Theory and Regional Economic Growth," *Journal of Political Economy*, 63: 243-258.

1958. "Ocean Freight Rates and Economic Development 1730-1913," *Journal of Economic History*, 18（4）: 537-555.

1961. "Early National Income Estimates of the U. S.," *Economic Development and Cultural Change*, 9（3）: 387-396. （Essays in the Quantitative Study of Economic Growth, Presented to Simon Kuznets on the Occasion of His Sixtieth Birthday, April 30, by His Students and Friends.）

1961. *The Economic Growth of the United States, 1790-1860.* Prentice-Hall Inc.

1965. "The State of Economic History," *American Economic*

*Review*, 55（1）: 86-91.

1966,（with Terry Lee Anderson & Peter Jensen Hill）. *Growth and Welfare in the American Past: A New Economic History*. Prentice-Hall Inc.

1968. "Sources of Productivity Change in Ocean Shipping, 1600-1850," *Journal of Political Economy*, 76: 953-970.

1970,（with Lance Davis）. "Institutional Change and American Economic Growth: A First Step Towards a Theory of Institutional Innovation," Journal of Economic History, 30（1）: 131-149.

1970,（with Lance Davis）. *Institutional Change and American Economic Growth*, Cambridge University Press.

1971. "Institutional Change and Economic Growth," *Journal of Economic History*, 31（1）: 118-125.

1973,（with Robert P. Thomas）. *The Rise of the Western World: A New Economic History,* Cambridge University Press.

1974. "Beyond the New Economic History," *Journal of Economic History*, 34（1）: 1-7.

1978. "Structure and Performance: The Task of Economic History," *Journal of Economic Literature*, American Economic Association, 16（3）: 963-978.

1981. *Structure and Change in Economic History,* W. W. Norton.

1982,（with Margaret Levi）. "Toward a Property Rights Theory of Exploitation," *Politics and Society*, 11（3）: 315-320.

1985. "The Growth of Government in the United States: An Economic Historian's Perspective," *Journal of Public Economics*, 28（3）: 383-399.

1986. "The New Institutional Economics," *Journal of Institutional and Theoretical Economics*, 142（1）（3rd Symposium on The New Institutional Economics）: 230-237.

1987. "Institutions, Transaction Costs and Economic Growth," *Economic Inquiry*, 25（3）: 419-428.

1989. "Institutions and Economic Growth: An Historical Introduction," *World Development*, 17（9）: 1319-1332.

1989,（with Barry R. Weingast）. "Constitutions and Commitment: The Evolution of Institutions Governing Public Choice in Seventeenth-Century England," *Journal of Economic History*, 49（4）: 803-832.

1990,（with Paul R. Milgrom & Barry R. Weingast）, "The Role of Institutions In The Revival Of Trade: The Law Merchant, Private Judges, And The Champagne Fairs," *Economics and Politics*, 2（1）: 1-23.

1990. *Institutions, Institutional Change and Economic Performance*, Cambridge University Press.

1991. "Institutions," *Journal of Economic Perspectives*, 5（1）: 97-112.

1994,（with John J. Wallis）. "Integrating Institutional Change and Technical Change in Economic History A Transaction

Cost Approach," *Journal of Institutional and Theoretical Economics*, 150（4）: 609-624.

1994,（with Arthur T. Denzau）. "Shared Mental Models: Ideologies and Institutions," *Kyklos,* 47（1）: 3-31.

1994. "Economic Performance through Time," *American Economic Review*, 84（3）: 359-368.

1997. "Cliometrics--Forty Years Later," *American Economic Review*, 87（2）: 412-414.

2005. *Understanding the Process of Economic Change*, Princeton University Press.

2009,（with John Joseph Wallis and Barry R. Weingast）. *Violence and Social Orders: A Conceptual Framework for Interpreting Recorded Human History*, Cambridge University Press.

# 序言

　　就某些方面來說，本書試圖成為一本革命性的著作，而在另一些方面，本書其實又非常合乎傳統。本書的革命性在於，我們發展出一個易於理解的分析架構，來檢視和解釋西方世界的興起；而此一架構和標準新古典經濟理論一致，且相輔相成。由於本書的目的，是希望讓沒有受過經濟學訓練的人也能看懂（並且希望能夠引起興趣），所以我們避免使用專業術語，以求盡可能清楚與直接地表達。

　　此書又是合於傳統的，因為它建立在前輩們開創的研究之上。這個領域中的學者，很容易看出我們受益於布洛克（Marc Bloch）、契波拉（Carlo Cipolla）、道布（Maurice Dobb）、涅夫（John U. Nef）、波斯坦（M. M. Postan）、熊彼得（Joseph Schumpeter），以及波拉克（Pollock）、莫特蘭（Maitland）與史陶伯（Stubbs）等人在法律與憲法領域的經典研究。

　　我們應當強調，這是一項詮釋的研究——一個擴大的解釋速寫——而非傳統意義的經濟史。它所提供的既非標準經濟史鉅細靡遺的研究，也不是新經濟史精確的經驗實證。本書的目標，在為歐洲經濟史研究提供新的途徑，而不計較是

否符合那些標準形式。它比較像是一份新研究的綱領。[1]

我們必須感謝許多人，特別是長期受苦的同事們，尤其是張五常（Steven Cheung）曾幫我們發展出理論架構；沃夫（Martin Wolf）將他即將完成的法國財政史著作相關手稿借給我們；以及赫利希（David Herlihy）和波斯坦熱心閱讀本書第一篇與第二篇的早期初稿，並給予詳細的建議和批評；而安德生（Terry Anderson）和里德（Clyde Reed）不僅提供寶貴的研究協助，也提供有益的評論。最後，我們要感謝各大學曾經聽取理論議題早期版本的許多聽眾。最終本書的缺點當由我們來負責，然而其中任何的價值應由眾人分享。

國家科學基金會（National Science Foundation）提供研究經費，此書方得以完成。我們對基金會持續的關心與支持致上謝意。

特別要感謝尹波拉（Marion Impola），將本書複雜而矛盾的字句，修改為可讀而文意完整的篇章。此外，也要感謝歐森（Joanne Olson）在這方面的協助。

為了提高本書的連續性與可讀性，我們寧可承受冒犯一些學者的風險，將各章的資料來源整理為成一份參考文獻列在書末，而文中的注腳僅限於引文與附帶的解釋。

---

1　譯注（以下譯注皆用標楷體，原注則用新細明體）：傳統經濟史的著作重視史料蒐集與呈現，新經濟史（new economic history）是指1950年代後注重經濟理論與計量方法的經濟史研究，在形式上差別很大。《西方世界的興起》被視為諾思教授著作的重大里程碑，雖然本書的副標題還是「一部新經濟史」（A New Economic History），但是正如文中所述，諾思為了歷史學界的讀者，刻意選擇折衷的書寫方式，這個作法確實使本書比較常被歷史學者引述。

第一篇

# 理論與概觀

第一章

# 議題

　　西方人的富裕是個既新鮮又獨特的現象。在過去幾個世 p.1
紀，西方人從長期貧窮與持續饑荒的束縛中掙脫，實現的生
活品質唯有靠相對的豐裕才能達成。[1]本書旨在解釋這個獨特
的歷史成就──西方世界的興起。

　　本書的中心論點是直截了當的。有效率的經濟組織是經
濟成長的關鍵；在西歐出現有效率經濟組織的發展，正是西
方世界興起的主因。

　　有效率的組織引領出制度安排與財產權，進而創造個人
經濟努力的誘因，使得私人報酬率近於社會報酬率[1]。在後

---

1　此處所說「相對的豐裕」（relative abundance）應該是對「豐裕」的定
　　義設定更嚴格的標準，可以針對後文所強調的人均概念，也可以指相對
　　於西方之外，強調西方的興起，超越西方之外的地域。

①　私人報酬率（rate of return）是經濟單位從事一項活動所獲得的淨收入
　　總和。社會報酬率是社會從這項活動中所獲得的淨收益（可能為正或
　　負）總和。社會報酬率等於私人報酬率加上這項活動的其他淨效果。

續章節，我們將提出並運用一個可行的模型，描述引發制度變遷的變數。不過我們必須先從經濟成長不可或缺的條件著手，以一種簡化的形式，來檢視私人與社會成本、收益之間的差異。

談到經濟成長，我們指的是**人均**（per capita）所得長期上升。真正的經濟成長，意味著社會總所得必須比人口增加的速度快。另一方面，停滯狀態則是**人均**所得未能持續增加，即使在很長一段期間，平均所得會隨著循環有升有降。[2]

當個人沒有動機去從事那些會導致經濟成長的活動時，就會出現停滯狀態。就算社會裡有人可能刻意不顧正面的誘因，也有人滿足於現況，然而隨機的實證經驗顯示，大多數人對於商品是喜多厭少的，並且依此原則行動。經濟成長只需要一部分人對它懷有渴求即可達成。

p.2　我們藉此要回過頭來解釋，社會之所以不成長，是導因於它沒有提供人們經濟行動的誘因。讓我們檢視一下其中的涵義。首先，我們必須獨立出因生產因素（土地、勞動、資本）增加引起的所得成長類型。這種直接的增量，導致整體性（普遍性）成長，卻不必然提升每人所得。有兩種情況可能促成**人均**所得改善，堪稱真正的經濟成長。其一是**人均**生

---

2　人均所得就是每人平均所得，等於所得除以人口數。所得成長並非經濟成長，人均所得成長才是有意義的經濟成長。人口成長可以增加所得，可是根據經濟學理論，生產具有邊際報酬遞減（diminishing marginal return）的特性，若其他條件不變，人口成長雖然會造成所得上升，卻會導致人均所得下降。

產因素數量的增加，其二是一種或數種生產因素效率的增加。這種生產力增加的方式，可以透過規模經濟（economies of scale）[3]實現，由於生產因素的品質提升（如勞工受教育、資本蘊涵新技術），或者因為不確定性和資訊成本造成的市場缺陷降低，或者肇因於組織變革，使得市場不完全得以消除。

　　在過去，大多數經濟史學家宣稱技術進步是西方經濟成長的主因。的確，歐洲經濟史是以工業革命為軸心發展的。近來已有其他人強調人力資本的投資是經濟成長的來源。更加晚近，也有學者開始探討市場資訊成本降低對經濟成長的影響。毫無疑問的，上述每一種因素都顯著促成產出成長。同樣的，基於生產會隨著市場擴大而擴大，規模經濟也是原因之一。由於此一理由，加上我們關心的完全是**人均**成長，所以人口擴張本身為我們測定「真正的」經濟成長時，添加了額外的考慮面向。

　　前一段論述，反映經濟史學家和經濟學家在評斷經濟成就時，所普遍認為造成經濟成長的各種因素。然而，這個解釋顯然還存有一個漏洞。我們仍然想知道，如果經濟成長所需的只是投資和創新，為何有些社會無法達到這令人嚮往的結果？

---

3　所謂規模經濟是指隨著規模擴大，平均成本（average cost）呈現下降的情況，一般而言，規模經濟可提高生產效率，因此可藉由擴大規模增加生產力。

　　我們所宣稱的答案，又使我們回到最初的論點。我們列出的因素（創新、規模經濟、教育、資本累積等）並非經濟成長的原因，它們本身**即是**成長。本書強調的是何者導致了經濟成長。除非現行的經濟組織是有效率的，否則經濟成長根本不會發生。個人必須受誘因驅使，而從事合乎社會需要的活動。某種機制必須被設計，來促使社會與私人報酬率趨近。私人收益或成本，是個人參與各種經濟交易的利得或損失；社會成本或收益，則是影響整個社會的成本或收益。私人與社會收益、成本間有差異，即表示有第三者未經當事人同意，就能獲得利益或負擔成本。這差異來自財產權定義不完整或未被執行。如果私人成本超過私人收益，即使有益於社會，個人通常不願意去從事這項活動。本書處理的某些歷史議題，從財產權的角度說明每一種情況。

p.3

　　以海運與國際貿易的發展為例，一項主要的障礙在於航運者無法確定他們的位置。這需要兩個座標的知識：緯度與經度。確認緯度的能力早已具備，只須測量北極星的頂垂線即可；但在南緯度上，北極星隱沒在地平線之下。為了尋求替代方法，葡萄牙的亨利王子召集一批數學家，發現只要測定太陽在中天的垂線，配合太陽的偏度表，即可得到關於緯度的資訊。[4]不過，測定經度就困難多了，因為需要一座在遠洋航行期間保持精確的計時器。[5]西班牙的菲利普二世[6]首先

---

4　葡萄牙的亨利王子（Prince Henry, 1394-1460）史稱航海家亨利（Henry the Navigator），開拓了葡萄牙在非洲的航海殖民。

5　經度的意義，是在衡量航行船隻所在地與一個基準點的距離，理論上最

為發明這個計時鐘懸賞1千克朗（crown）。荷蘭[7]把賞金提高到10萬弗羅林（florin），最後英國人依天文鐘的精確度，將賞金定為1萬至2萬英鎊不等。這筆獎金一直懸賞到十八世紀，最後由哈里森（John Harrison）獲得，他為解決這個問題耗費畢生精力。[8]以減少船隻損失與降低貿易成本的角度而言，精確測量船隻位置為社會帶來的收益很龐大。假使當時有財產權，來保證發明者會獲得一些因節省船隻和時間而增加的所得，這項突破能提早多久出現呢？（當然，他也必須承擔研究的高成本，與發現解答的不確定性。）付給數學家報酬和提供賞金，是刺激努力的人為方法，而一項可提供更普遍誘因的辦法則是，專為新點子、發明和創新制定的智慧財產權法律。若沒有這樣的財產權，很少人願意拿私人資源為社會利益冒險。

　　至於執行財產權的方法，也可舉海運的例子加以說明。

---

簡單的方法，就是從出發地開始，根據船的航行速度與航行時間計算出距離。最大的問題是，如何製造出不受航海惡劣環境影響，一直保持準確的計時時鐘。

6　西班牙的菲利普二世（Phillip II, 1527-1598）在位期間正值西班牙海上霸權的盛世，與英國競爭激烈，他所征服的菲律賓群島（The Philippine Islands），就是以其名而命名。

7　本書提及荷蘭此一國家時，除了荷蘭之外，也會使用地理、歷史名稱尼德蘭或低地國，所指都是同一地區的人口或政體。另外，文中提及日耳曼時，為便利閱讀，有時會譯為德國。

8　哈里森（1693-1776）是英格蘭的鐘錶匠，從1730年開始為經度獎金而設計時鐘，經過多次測試與改良，終於在1773年拿到獎金，當時他已經高齡八十，三年之後就過世了。

好幾個世紀以來，海盜和私人武裝船是不受歡迎的，卻無所不在地從貿易中獲利。海盜的威脅提高貿易成本，也縮減貿易範圍。一個解決的方法是行賄，英國公然採取這種作法，阻止北非海盜多年來在地中海的劫掠。行賄是「有效率的」，因為在地中海自由貿易的所得，足以在付過賄賂之後，仍能賺錢或不吃虧地離開那個國家，有一段時間比靠海軍保護還便宜。

p.4

那個時代另有些國家採用護航的方法來保護運輸，甚至還部署海上巡邏隊。因為海軍做到國際性的財產權執行，海盜終於消失。

我們的第三個例子，來自近代西班牙的土地政策，要談的是施行不完善的財產權。隨著人口增長，土地日漸匱乏，改進農業效率的社會報酬率雖然升高，私人報酬率卻沒有，原因是國王早已授權給牧羊人的行會（羊主團〔Mesta〕）[9]，允許他們以慣用方式趕羊群跨經西班牙各地。細心耕耘與種植穀物的地主，知道隨時可能有路過的羊群吃掉或踩壞他們的農作物。在這種情況下，形式上的所有者並未擁有土地的排他權（exclusive rights）。

這些例子可能讓認真的讀者產生更多疑問，而非得到解答。為什麼社會不早一點發明智慧財產權？為什麼會讓海盜

---

[9] 貴族與教士趁著伊斯蘭教勢力被趕出西班牙的時機，占有許多放牧的草原土地，而美麗諾（merino）羊毛的利潤，讓這些牧羊主組成強大的行會力量。

恣意發展？為什麼西班牙國王不廢止羊主團的特權，核准土地所有權只要完糧納稅就絕對不受干擾？[10]

第一個例子可能有兩個答案。一是找不出辦法來要求船主，將提高海上安全增加的收益分給發明者（一種「技術上」的限制），二是在一段時間內，收錢的成本會超過潛在發明的預期利益。

在第二個例子裡，行賄起初優於打擊海盜，[11]因為付錢之後還能獲利。接著，護航被認為是比較好的解決辦法。然而，隨著貿易擴展，後來就很明顯是以徹底消滅海盜為最便宜的選擇。

第三個例子的答案在於，西班牙國王從羊主團得到很高的收入，而且廢除他們的特權不見得能獲得什麼好處。雖然社會所得可能因此增加，但國王的收入來自土地稅，扣除重組財產權和徵稅的成本，至少在短期之內，還比不上從羊主團得來的傳統收入。受困的所有權人，會不會照著英國的政策賄賂牧羊人，請他們別穿越土地呢？難處在於經濟學的「白搭便車」問題。[12]要召集全部的土地所有權人支持這樣一

---

10　原書在此關於土地財產權用詞是 fee-simple absolute ownership，譯文採意譯的方式。此一詞彙在第二章末再度出現時，則採字譯方式譯為「付費取得的完整所有權」。所謂 fee-simple absolute ownership 或簡稱 fee simple，乃是不成文法傳統下所有權的基本條件，只要依法繳交各種稅賦，王室就不得侵犯。

11　原書在此遺漏了「打擊」這個動詞。

12　白搭便車（free-rider）是指個人因為考慮到別人也有與自己同樣的需求，所以不表達需要或不負擔成本的行為，結果使這項許多人都需要的

個計畫,其間牽涉的成本超過預期收益,因為每個人都想避免拿錢出來行賄,只想從別人的貢獻中得到利益。

　　我們發現兩個普遍的原因,解釋在歷史上,財產權為什麼不會演進到私人報酬等同社會報酬的地步:

p.5

　　(1)可能缺乏方法抵制白搭便車的問題,或是無法強迫第三者承擔應該付出的交易成本。[13]舉例來說:一名過路商人,為避免受位居要衝的城堡城主掠奪,所需花費的成本可能大於賄賂或繳過路費,但是槍炮出現使碉堡容易被攻擊,降低保衛財產權的成本。即使到了現代,技術問題使得創意、發明與創新,以及一些自然資源(例如空氣和水)的財產權發展和執行相當困難,以致成本很高。為了使私人報酬更接近社會報酬,保密、賞賜、獎金、版權和專利法(patent laws)紛紛在不同時代被設計出來,但是對於排除局外人獲益的技術,至今仍然代價高昂且不完善。

　　(2)創造或是執行財產權的成本,可能遠超過它能帶給任何團體或個人的好處。前文所述都是很恰當的例子。海盜

---

產品或勞務因需求不足,而供給不足。好比大家都想搭別人的便車,導致很少人自己開車,使得許多人沒車可搭。

13　交易成本(the costs of a transaction)較通用的英文詞彙是 transaction costs,是指為了達成交易須付出的成本,舉凡交易過程的訊息、協商、執行約定,以及克服交易障礙所需的支付,或者因為障礙而無法實現的交易利益,都屬於交易成本。此處所指的交易成本,是因為產權制度不完整,以致有人可以侵犯他人的產權而獲利,產生許多交易障礙,使利益無法實現。

或私掠船造成的損失，可能還比護航或海軍進攻的成本要低。類似的情形是，如果西班牙國王廢除羊主團的特權，建立土地的私有權、依照所得課稅，不僅得面對最終收入的不確定性，而且重組和收稅的成本還超過執行這些改革的利益。

如果伴隨財產權而來的排他（exclusiveness）和執行（enforcement）可以免費被確保，也就是不用花交易成本，則經濟成長確實會很簡單。每個人都會得到應得的收益，或是承擔其行為的成本。假如為了增加產量，新的技術創新及組織改善為其他人帶來成本，則創新者要能夠且必須補償損失者。如果創新者可以在做到這一點後，仍然比創新前更好，這才是真正的社會改善。然而，一旦回到交易成本大於零的真實世界，實現經濟成長的問題就複雜得多。當我們考慮到，從創建出一組財產權到確立後的運轉之間，必然要有所調整，經濟成長的問題更具不確定性。財產權始終鑲嵌在一個社會制度的結構中，創造新的財產權需要新的制度安排，來定義和確認各經濟單位得以合作和競爭的方式。

我們特別感興趣的制度安排，是那些能實現經濟單位的規模經濟（合夥企業公司、組織），並且能鼓勵創新（獎金、專利法），以及改善因素市場的效率（圈地私有〔enclosures〕、匯票、廢除農奴），或者減少市場的不完全性（保險公司）。這些制度安排提高了效率。有些制度安排可在 p.6
不改變既有財產權的情況下被創造出來，有些包含在創造新

財產權的過程中；有些靠政府來完成，有些則是靠自願性組織。

　　無論是靠政府或自願性組織，都牽涉實際成本，而實際成本往往和須參與協議的人數多寡有關。就自願性組織而言，退出也是自願的，但如果是政府組織，要退出就必須遷出政治單位。也就是說，一名股份公司的股東如果不贊同公司政策，他可以賣掉他的股權另組新公司；但是如果他加入其他人，實施分區條例（zoning ordinance），所能支配財產的用途就受到限制，只要他還擁有他的財產，就不能免除那些限制，除非更改法律——而更改法律本身是一件耗費成本的事情。[14]

　　從這些實際成本來看，除非新制度安排的私人利益超過成本，否則新的制度安排不會被建立。我們可以立即指出這項論述有兩個重要層面：（一）設計新的制度安排需要花費時間、腦力和努力（也就是說，它是有成本的），一旦設計出來，人們可以模仿新的制度形式，而不須付費給那些設計新制度的人，私人和社會的收益與成本方面因而都有很大的差距；（二）用「政府解決」的辦法，帶來一種額外的成本，那就是將來擺脫不掉——也就是說，撤銷成本高於自願組織的方式。以上兩點，讓我們接下來對政府本身及其在經

---

14 分區條例是對土地使用的限制，相對於前述組成公司的資本，土地的限制在程度上比較難規避。至於文中所稱「加入其他人實施分區條例」，顯然是假設高度地方自治的政治基礎。

濟組織中的角色做更深入的討論。

　　我們可以用很簡略的想像，把政府視為一個提供保護與維持正義以換取稅金的組織。也就是說，我們付錢給政府來建立與執行財產權。雖然我們可以看見自願組織能保護小範圍的財產權，但是很難想見財產權全面性的執行，可以不靠政府權威。試想一下理由，自從游牧生活方式退位，讓給農耕定居以來，人們找到兩種方法獲得產品和勞務：人們可以選擇生產它們，或者從別人那裡偷來。對於後者，強制力（coercion）是一種財產和所得重分配的工具。在強盜的威脅下，財貨和勞務的生產者以投資於軍事防禦回應，但是建造碉堡和徵募士兵，會出現白搭便車的問題。由於碉堡不能選擇只保護某一部分的人，而不保護全體人民，假如出錢出力是採自願式的，對個人而言最有利的作法，就是讓鄰居去負擔。於是，軍事防禦作為一個典型公共財[2]的例子，牽涉到無法排除第三者獲利的問題。這個問題無論在過去或是將來，最有效的解決方式乃是建立政府的權威，並向所有受益者課稅。 p.7

　　司法及財產權的執行，不過是政府提供公共財的一個範例，這些屬於有秩序社會的必要條件，通常會形塑一組成文或不成文的遊戲規則。就像莊園的習俗（我們將在中世紀社

---

② 公共財（public good）是指商品一旦生產出來後，無法排除人們享用。例如，假使你保護一個村子，你不可避免地會保護村民。有鑑於此，每位村民都有動機避免為村子的防衛付費。這種情況也被稱為白搭便車問題。

會的章節更進一步討論），純粹依慣例而行，成文的規章到晚近才發展起來。不過這種安排在歷史上，上至最初期（統治者有絕對的權威），下至如1787年在美國費城訂定那種分權式的詳細憲法，形形色色，包羅萬象。這些基本制度藉著提供基本規則，支撐起特定或輔助的制度安排，包括一個社會的法律、規章與習俗，減低不確定性。

一般而言，我們可以發現，政府規定並實行財產權制度的成本能夠低於自願組織，而且隨著市場擴大，成本差距更加明顯。因此自願組織有誘因（除了白搭便車問題）用繳納稅金換取政府對財產權嚴格的規定和執行。

然而，我們不能保證，政府認真保護那些能提升經濟效率的產權（也就是拉近經濟活動的私人報酬率與社會報酬率），必定會比保護那些阻礙經濟成長的產權有利。我們已經可以從西班牙羊主團的例子看到這個情況，君王在比較之後會發現，出售可能阻撓創新和因素流動性[15]（進而阻礙經濟成長）的專有壟斷權，可獲得短期利益，因為他出售這種權利比出售其他東西能獲得更多立即收入，而經濟結構重組的交易成本，可能遠大於立即的好處。我們將在第八章就理論層面探討這個問題，因為歐洲經濟在封建制度瓦解後，民族國家的成敗仰賴財政政策和財產權之間的關係。我們將有機會先探討早年（十三到十五世紀）賦稅結構如何在民族國

---

15　因素流動性的因素是指生產因素，如土地、人力與資本等等。阻撓因素流動性意指限制土地的買賣與使用、人力就業的選擇或資本的運用等等。

家形成後，以及在當時急迫的財政困境下演進。

　　讓我們總結一下前述所說的。若產出成長速度超過人口　p.8
成長速度，將會出現經濟成長。根據前面所假定人的行為假
設，如果財產權使從事具社會生產力的活動是值得的，則經
濟會成長。創造、規定和施行財產權是要付出代價的，在一
定的程度上受技術和組織狀況影響。當私人利益的潛在增長
超過交易成本，人們會努力建立這種財產權。政府接下保護
與執行財產權的工作，乃是因為政府所須付出的成本低於自
願組織。然而，財政要求可能導致對某些阻礙而非促進成長
的財產權提供保護，因此我們不能保證一定會出現具生產性
的制度安排。

　　我們尚未解答，為什麼財產權在某一時點建立起來不見
得有利，卻在事後因合乎經濟理由而被建立，顯然發展新制
度和財產權的利益，必定會升高到超過成本，所以創新才會
有利，因此分析那些影響收益和成本關係的參數，是我們的
研究重點。導致西方社會興起的原因是制度創新，而導致制
度創新的主要參數變動是人口成長。讓我們來瞧瞧人口成長
在歷史上如何發生作用。

第二章

# 概觀

　　我們必須選個特定時點踏進歷史，在這個過程中，不免 p.9
要切斷其基本連續性。我們選擇卡洛琳帝國[1]衰亡後的第十
世紀，此時西歐許多社會已經形成封建制度（feudalism）與
莊園制度（manorialism），既然我們的故事關鍵在於制度演
進，在這裡值得從《簡明劍橋中古史》（*Shorter Cambridge
Medieval History*，第418至419頁）中引用以下說明，以便
完整而精確地描述封建制度。

　　雖然充分發展的封建制度，大致上是過去政府與法律毀

---

1　卡洛琳帝國（Carolingian Empire）是查理曼（Charlemagne）在西元800
　　年接受教皇加冕為皇帝而建立。羅馬帝國在第五世紀滅亡後，歐洲進入
　　「黑暗時代」，至查理曼大帝才再有封帝的舉動，不過這個帝國的統治
　　範圍僅包含今日法國、德國，在九世紀中葉就已分裂，至九世紀末被神
　　聖羅馬帝國取代，而神聖羅馬帝國僅存帝國之名，無帝國之實，此時歐
　　洲進入封建時代。

壞後的結果，但是它繼承舊有的法律，同時也結合根據
現實而迅速發展的習俗，創造出新的法律，在某種意義
上，它可被定義成一種以公開或隱蔽的契約為基礎的社
會協定。一個人的身分地位，取決於他與土地各方面的
關係，換句話說，土地占有決定政治的權利與責任。構
成封建契約的舉動，被稱作**效忠**（homage）和**封賞**
（investiture）。佃戶或家臣在被法庭（curia）環抱的領
主面前跪下，雙手交疊放在領主的雙手之間，就這樣成
為領主的「臣僕」（homme）〔homage一詞由此而
來〕。他還要為履行特別義務宣誓效忠（fidelitas），這
顯然是從古代頌揚儀式發展出來而專門化的程序。領主
以封賞作為回報，授給家臣一面旗、一柄權杖、一塊泥
土、一份特許狀，或其他可表明是已授財產和官職的標
記，也就是當時所稱的**采邑**（feodum和Lehn），而過去
使用的**封地**（benefice）一詞逐漸不用了。這是自由的
和光榮的占有權，標榜軍事服役的特質，不過，無論是
自由的農民或農奴，同樣都要對領主宣誓效忠，並由領
主將其擁有的地產授與他們。這樣建構下的封建系譜，
創造出實質上有來有往的關係。

　　然而，經濟活動則圍繞著莊園進行，《簡明劍橋中古史》
（第424至425頁）再度為這個制度的複雜性提供簡要描述。

p.10　　莊園村落最具特色的形式，是英國的「莊園」（manor）。

雖然其分布最窄，卻成為組織最嚴密、持續時間也最長的形式。它包括經濟和行政兩個不同要素，並力求達成兩個密切相關的目標——村民的生存和領主的利潤與權威。鄉村社區是居於一切的基層。在簡要的描述中，只能就無數特例做平均狀況的說明。標準的村民（villanus villein）應當擁有一塊三十英畝的**場地**（yardland）或**條狀地**（virgate）（或其一半十五英畝，稱為**牛地**〔bovate〕）。它們呈條狀零星地散布在兩三塊莊園的開放農地上，莊園或許與村莊合而為一，或只是村莊的一部分。村民按莊園的慣例（其「風俗」），對他們的條狀地進行開墾、耕耘、播種和收割；想在開放農地上獨立耕作，幾乎是不可能的。每年從兩三塊農地上（如果情況許可）輪流空出一塊地休耕，並且敞開放牧牲畜，已耕地則用柵欄圍起來。村民有一定數量的牲畜可以自由地在「荒地」上放牧，他們也有自己的牧草地。在開放農地上，佃戶的條狀地與莊園領主保有的條狀地（即**領地**〔demesne〕）錯落相間。但是有一種很強的趨勢，傾向於把領地集中獨立在一個家庭農場上。在這種關係中，村民為了保有租地，必須承擔大部分的勞役。每個莊民家庭都須履行**週役**（week-work），通常要負擔每週在領地上做三天農作，還包括使用自己的犁、牛，以及完成各項雜務和運輸。**佃農**（cottars）的財產相當少，當然應付出的勞動也少。在收割的農忙期，還須進行各種附加的**非定期勞役**（boon-work）。自由民

（freeman）、佃農（socagers），以及其他凡是占有地產
要交付租金，或承擔自由契約內其他條件的人，也要擔
任這類工作。不過，自由民可以按莊民租佃制擁有土
地，**反之亦然**。[2]對莊園荒地的開墾（或稱assarts）通常
不須負擔莊民的重稅。在莊園裡，莊民和自由民要承擔
各種賦稅，舉凡家禽、雞蛋和特殊的支付都須納稅。莊
民除了束縛在土地上，在女兒出嫁時要付出一筆勞役罰
金（merchet）作為**結婚稅**（formariage）。另外，在死
亡時要付出最好的牲畜作為遺產稅（heriot），或稱**死亡
金**（mainmorte）[3]，他得按領主的意旨交錢納捐，他的穀
物得堆放在領主的磨坊裡，而在法國，莊園的烤爐和榨
酒器都由領主壟斷。莊民可以被推為采邑的管事，或擔
任管理鄉村莊園經濟的小吏。不過，農奴的狀況隨著莊
園慣例的發展有所改善，那些慣例規定莊民必須苦於應
付的苛捐雜稅，並且保證他所能繼承的財產。他可以像
自由民一樣出席莊園的法庭，莊園的慣例及其執行情
況，是在莊園法庭上宣布的。擁有許多莊園的領主，會
派管家或稅吏收利取息和徵收農產品，作為他日常起居
的供給。簡言之，村民除了自己的維生口糧，他們的勞

p.11

---

p.11

2　此處的「反之亦然」，是指佃農也可以擁有不受領主完全支配的土地，
　　下一句「荒地的開墾」說明了這種情況的原因之一。

3　死亡金來自於領主或地主的法定權利，當農民死亡，後人接手繼續耕作
　　土地須請求領主允准，並繳納一筆金額，此即死亡金。

動要供應軍事統治階級和相關神職人員衣食之需，而他們從這兩種人那裡可以得到短暫的安寧、正義和教諭。

於是這樣的莊園習慣已成為不成文的「憲法」，或者說，已經成為實質上無政府社會基本的制度協定，最常見於孤立的小村落，通常有四周被荒野圍繞的堡壘提供庇護。土製或木製的城堡、騎士，以及相對上可自給自足的莊園，因應著秩序瓦解及北方蠻族（Norsemen）、穆斯林（Moslems）和馬札爾人（Magyars）頻繁地入侵而生。雖然外來掠奪者引起的恐懼，在十世紀中期已經減低，但是隨著當地領主權力興衰，土地仍不斷受到戰事與劫掠侵擾。封建制度為四分五裂的世界提供一種穩定和秩序的措施。凡是安全有保障的地方，人口便開始再度成長。一旦人口成長使得莊園人滿為患，總有新的土地被開墾出來，並在新領主的保護下開始耕作。從歐洲西北部開始擴張的移民浪潮漸漸席捲荒野，越來越多地區在領主及家臣保護之下，已經少有盜匪藏匿的空間。是的，他們之間時有衝突，不過漸漸的，很緩慢的，混亂消退，爭戰止息。

歐洲不同區域之間的商業，一直具有潛在共同利益，因為在多樣的資源和氣候條件之下，農作物和牲口也有所不同。但是過去貿易只能偶然進行，因為荒野間各種危險時時困擾著貿易商賈。如今隨著和平與安全恢復，交換不同產品就變得有利可圖。相對應的，市鎮在人口較稠密的定居區成形，有的市鎮受領主保護，有的市鎮則為獨立的實體，有自

己的城牆、政府和軍事防禦。工藝技術在此繁榮，提供「製造」品（'manufactured' goods）和農村交換所需的糧食和原料。

這種從自給自足朝向專業化和貿易擴展的轉變，侵蝕著昔日莊園封建制度的效率。大領主過去屬意要家臣每年服勞役四十天，他們現在選擇收取一種叫做免役稅（scutage）的貨幣支付，以便僱用他們所需的軍隊。一旦嚴格的軍事勞役要求被取消，家臣也可以更有效率地專事本業。在莊園裡，當貨幣支付（commutation）取代了勞役，無論是領主還是農奴，都在消費和交易上得到更大的彈性。

十一、十二世紀貿易和商業復甦，不但促使城鎮蓬勃滋生，還催生一連串降低市場缺陷的制度。隨著新增的市鎮發展出自有行政和保護職能的政府，它們也必須形成一套法律，來裁決這些新情況引起的爭端。隨著人口和貿易持續成長，北義大利（Italy）、中日耳曼（Germany）、法蘭德斯（Flanders）的市鎮已成為繁榮的商業中心。

但是到了十三世紀，有項變化愈見明顯。最好的土地都被占用，新移民只得倚賴較貧瘠的土地，或者更集約地利用現有的土地。年輕的勞動者因為不能擁有大量土地，所以無法像前輩生產那麼多。需要大量使用土地來生產的產品（農產品）價格相對提高，相反的，由於勞動力成長相對充裕，勞力密集產品價格上相對低於土地密集產品。傳統封建莊園的契約協定，因貿易和貨幣經濟的發展而變動，現在遇到必須進一步改變的誘因。既然土地更加值錢，領主和農民都有

理由將土地做更排他性的利用，進一步限制別人使用土地。同樣的，農民因為生產減少，所以勞動收入跟著下降。莊園的習俗限制可能發生的變革，但這些新情況確實引發現存契約協定改變，使土地利用更具排他性。新經濟條件使領主在與農奴商議新契約協議時有較大的「談判」實力。可以預見，勞動力數量的相對增加，將導致工人生活水準下降，食物更加昂貴，實質收入減少。

雖然十三世紀農民生活水準歷經無情的下降，但貿易和商業擴展的景象卻蔚為壯觀。以威尼斯為首，義大利城市把它們的貿易路線延伸到整個地中海，甚至遠至大西洋海岸，抵達不列顛。法國的香檳市集（Champagne Fair）[4]、法蘭德斯的羊毛貿易，以及日耳曼採礦業和商業中心，皆呈現商業成長，從而促進銀行業和商業制度協定的改善。

在這一整個世紀，由於農業勞動報酬遞減，人口成長一直超過產出成長速度。第一個顯著的結果，是釀成1315至1317年間遍及各地的饑荒。但後果更嚴重持久的是瘟疫，1347至1351年間的鼠疫和肺炎蔓延歐洲。之後疫情變成流 p.13
行病，接連傳播，對城市和鄉村造成長久的危害。

雖然沒有精確的數字可以引證人口減少的程度，但人口下降顯然持續一個世紀。結果是產品和因素的相對價值倒

---

4　十三世紀法國香檳地區每年有六場紡織品市集，每兩個月易地舉行，聯繫了歐洲各地紡織品的貿易。至今在巴黎附近的普羅萬（Provins）仍保有當年市集所在地倉庫雲集的遺跡。

轉，土地再次變得豐裕，而勞動力則因短缺而價值提高。各地的邊際土地不再用於生產，一部分的土地不再種植穀物，改飼養牲畜，這樣需要更廣大的土地。儘管政治力量試圖阻擋，實質工資普遍上升。首次出現初步的統計數字，顯示這種經濟狀況已相當普遍。①圖2.1以此為依據，描繪出這段期間農業價格相對下降，工資上升，因此實質工資上升。

地租下降使地主處境惡化，同時，勞動力短缺改善工人的談判實力。在這個影響下，莊園制的主僕關係逐漸消失。租約延長，農奴開始獲得土地的所有權。只有在領主能有效相互勾結而非彼此競爭的地區（例如在東歐），他們才能阻撓以前的僕傭改變地位（和所得）。

人口下降雖然使莊園制度的束縛在鄉村消失，但對貿易和商業卻造成相反的影響。締結契約的市場削弱了改善市場缺陷的誘因，只有義大利銀行業例外，佛羅倫斯（Florence）當地龐大的梅迪奇銀行（Medici bank）⁵正值興盛期，其他地方，當時發明的一些制度在性質上更具「防禦性」，主要是為了維持現有的市場，壟斷貿易，以及防止同行加入（和競爭）。一群貿易城市組成的漢撒聯盟（Hanseatic

---

① 我們要提醒讀者，數量資料不僅零散又良莠不齊，而且通常僅代表很窄的地理範圍。我們的目的主要是為了說明較大地區的普遍趨勢，因此當我們有信心這種數量資料的確可以反映較一般化的趨勢，才會使用。

5 梅迪奇家族在十三至十七世紀掌控了義大利佛羅倫斯的政經權力，梅迪奇經營銀行業務跨越歐洲各地，該家族以其龐大的財力資助許多建築與藝術創作。

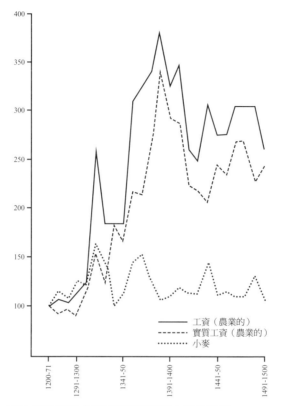

p.14

**圖2.1　1200年至1500年英國勞動工資和小麥的價格**

資料來源：關於小麥：J. E. Thorold Rogers, *A History of Agriculture and Prices in England: 1261-1400*, vol. 1（1400-1500）, p. 245, vol. 4, p. 292；[6] 關於工資：Lord Beveridge, 'Westminster Wages in he Manorial Era', *The Economic History Review*, 8, no. 1（August 1955）。附注：遺漏的觀察值是以內插法（interpolation）估算來補充。

---

6　這筆資料的全名應該是J. E. Thorold Rogers, *A History of Agriculture and Prices in England: From the year after Oxford Parliament*（1259）*to the Commencement of the Continental War*（1793）,（Oxford: Clarendon Press, 1866-1902），分七冊出版。原書的寫法有誤，但因該筆資料出版時間久遠，無法取得並查證正確的頁數，所以僅依照原文。

p.15

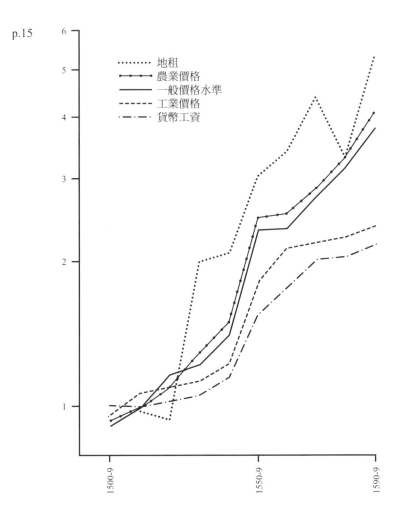

圖2.2　1500年至1600年英國地租、農業價格、一般價格水準、工業價格和貨幣工資指數

資料來源：Joan Thirsk, *The Agrarian History of England and Wales*, vol. 4, 1500-1640（Cambridge University Press, 1967）, pp. 862, 865; Eric Kerridge, 'The Movement of Rent, 1540-1640', *The Economic History Review*, 2nd series, 6（August 1953）, 25。

League）[7]，似乎便是這種國際範圍的防禦性協議，而城鎮手工業行會的興起，則一致反映各地區域的相同趨勢。

到了十四世紀後半期，人口重新開始成長時，封建制度的基本結構已經退位。這個消蝕的過程，在下一個人口擴展的循環和馬爾薩斯的資源壓力中完成。[8]圖2.2和2.3顯示十六世紀農產品價格上漲和實質工資下降的概況，重複著十三世紀的情況，但是現在出現重要的差異，船舶和航海技術的改變引發探險活動，探險活動隨著新大陸的發現和移民達到頂點。演變中的財產權結構（特別是荷蘭和英國）成為基本架構，其間生產性的制度安排因而形成。結果，十七世紀馬爾薩斯循環的負面衝擊遠少於在十四世紀的危害，因為往新大陸的移民和生產力提高，都舒緩了農業報酬遞減。　p.16

不過我們的故事已經超前，農業價格上升，以及由此而來的地租快速增加，進一步導致消除殘餘土地共有的努力。英格蘭開啟了圈地時代（era of enclosures）[9]，透過基本法令支

---

7　漢撒聯盟是十三至十七世紀間北歐一些城市組成的聯盟，掌控波羅的海周邊貿易，起源地是在日耳曼北部，原本目的是維護貿易安全，後來發展成壟斷市場的組織，防止外來商人競爭。

8　馬爾薩斯（Thomas Malthus, 1766-1834）著有《人口論》，對於人口成長抱持很悲觀的看法。馬爾薩斯的資源壓力指的是，因為邊際報酬遞減，人口成長所增加的生產會低於增加人口的消費，所以形成對資源消耗的壓力，這是在人口成長達到「馬爾薩斯陷阱」之前的情況。

9　圈地是指將封建莊園的公有地或開放農地轉為私有財產，在英國最早始於十二世紀，十七世紀則是英國圈地運動最興盛的年代，對當時的農業發展有很重大的影響。

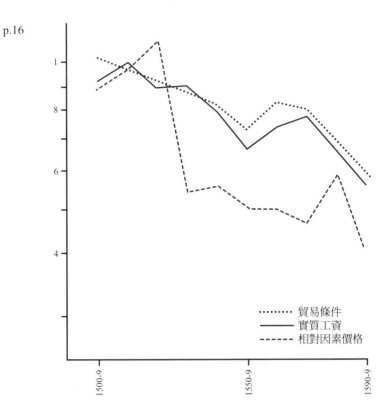

圖2.3　1500年至1600年英國實質工資、貿易條件和相對因素價格指數

資料來源：E. H. Phelps-Brown and Sheila V. Hopskins, 'Wage-Rates and Prices: Evidence for Population Pressure in the Sixteenth Century', *Economica*, 24, no. 96, p. 306；與 'Seven Centuries of the Prices of Consumables, Compared with Builders' Wage-Rates', *Economica*, 23, no. 92, pp. 311-14。

持，促進財產轉移和農民保障。

十六世紀同樣是個商業擴張的時代。因素稟賦的差異擴 p.17
大，使貿易受到鼓舞，因為東歐的土地相對於人口仍是充足
的，而西歐興起的城鎮與都市已成為有技藝的貿易和製造中
心。此外，從新大陸帶回的白銀源源湧入里斯本、加地斯
（Cadiz）、波爾多（Bordeaux）、魯昂（Rouen）、安特渥普
（Antwerp）、阿姆斯特丹、布里斯托（Bristol）和倫敦等城
市，進一步孕育了正在成長的國際市場。一連串協定創新和
繁衍結果，催生了聯合股份公司（joint stock companies），
以及被設計出來處理金融和風險問題的制度，以便降低市場
的不完全。下一個階段的創新隨之出現：發展一套法規，以
便為無形資產的所有權和交換提供更有效率的財產權。

對現代讀者而言，這種進步可能聽來簡單，其實絕非如
此。有了前一章的說明，讀者心理應該有所準備，浮現在這
時代不同地區的畫面，其實是廣泛而分歧的試驗，以及錯誤
的起步。

對於其他所有的變革來說，基本變化在於市場經濟擴大
造成的民族國家型態。在四分五裂的封建社會中，固定的城
堡和身穿盔甲的騎士，都是防禦賽中的棋子。他們隨著新的
軍事技術（十字弓、長弩、長矛和火藥）上場後退出舞台，
軍事單位的最適規模也隨之逐漸增大。為了追求效率，莊園
必須擴大成一個共同體——一個國家，並且為了生存下去，
國家必須獲得的財政歲入，遠大於它從傳統封建資源所能得
到的。如此一來，國家領袖為了得到稅收，只得鼓勵、增加

和擴展貿易。而且封建城堡已經無法為遠程貿易提供足夠的保護，反觀現在出現的較大政治單位或聯盟，則比較能有效保護商業發展所需的商路。

這種貿易增長，已經成為歐洲每位君主至為關切的大事。在封建社會轉變成民族國家的過程中，充斥著種種精心設想的伎倆：詭計、結盟、背叛、強占、締約、巧立名目有理無理地徵稅，不一而足。而出現的國家類型，則取決於君主建置政府壟斷權力所能需索的實力，這反過來又在發展經濟的結構上留下痕跡。

p.18　在法國和西班牙，君主逐漸奪走代議制機構的權力，發展一套稅收制度（和標準），提高地方區域的壟斷，抑制創新和因素的流動，導致法國富有生產力的經濟活動相對下降，西班牙則絕對下降。[2]在荷蘭，情勢變化導致商人寡頭政體出現；在英國，連年內亂之後，國會地位升高，有凌駕王權的優勢。而後面兩個國家持久的經濟成長，都得力於一種適宜財產權演變的制度環境，這種制度環境在土地方面，催生出付費取得完整所有權（fee-simple absolute ownership）的所有制，也促成自由勞動力、保護私人財產、專利法和其他對知識財產（intellectual preoperty）所有制的鼓勵措施，以及一套以減少商品和資本市場不完全的制度安排。

我們的敘述到十八世紀初期暫告結束。當時所建立的基

---

② 因為十七世紀各國的價格序列資料有所不同，我們將這個問題放到第九章討論。

本條件，能讓私人收益率相當接近社會收益率，致使在荷蘭、英國（以及新大陸）生產力的增加建構於制度體系中。在下一個世紀，上述地區的這些條件，導致一場逐漸蔓延到歐洲大部分地區和零星海外殖民地的技術革命。

第二篇
# 西元900–1500年

# 第三章

# 土地與人的財產權

在我們更詳細探索這六個世紀之前，應對前面幾章隱含 p.19
的解釋性理論做更精確的說明。

財產權改變的壓力，只發生在資源相對於社會需求而逐
漸變得稀少時。在第十世紀，也就是我們的切入時點上，土
地充裕因而不值得在使用上設計專有權，[1]一塊土地被占用，
總有其他更多的地可供使用。鄉村受到維京人、穆斯林、馬
札爾人，甚至是本地盜賊持續地威脅，所以被城堡和訓練有
素的士兵保護之地區，會有較高的價值。這種土地從莊園制
度開始，就不完全是經濟學家所稱的「共同財產」（common
property）資源。習俗和慣例限制了用法，以免發生過度放
牧和其他共同使用隱含的危機[①]。稍後我們可以看到，隨著

---

1　當時正值黑暗時代結束，封建社會形成之際，因此人口稀少，土地充裕。

①　在共同財產資源的情況下，每位使用者都有濫用資源、不顧及其他使用者
　　的誘因，結果造成資源持續破壞。土地過度放牧和海洋過度捕撈便是典型
　　的例子。既然無人擁有資源，便沒有誘因去保存資源或增進使用效率。

土地變得稀少，莊園管制也發展得更有限制性。

　　另外兩種基本要素進入了莊園經濟：保護的功能和勞動的角色。在保護方面，設防的城堡和騎馬的武裝騎士，具有專門的作戰技能，為地方提供安全，乃是武器簡陋和缺乏軍事技能的農民團體所無法比擬。此外，在對抗流寇之類的敵人（無論來自海洋或陸地）方面，當地領主和城堡所提供的安全護衛，比遙遠的國王和軍隊立即有用。這時期的混亂，加上軍事技術的特徵，使封建單位成為有效率的保護模式。領主和他的騎士專精於生產保護和正義，並依賴農奴提供他們消費。另一種不同的辦法，常為早期的維京人、馬札爾人和穆斯林採用，那就是搶奪其他共同體勞動的產物。不過還有一種方式（維京人本身最後也採取）是與附近地區的勞動達成協定，這種協定我們已在前面的章節敘述過，很快就要對更多細節做一番檢視。

p.20

　　莊園經濟的第三要素——勞動，牽涉對人民現存財產權本質的檢視。也許有人會問，為何封建時代領主不乾脆讓農民成為他們的奴隸？第一個理由是，受壓迫的農民逃到鄰近城堡，希望得到一個更好的交易處境並不困難，因為勞動是如此稀少，而領主在使用勞動方面也一直互相競爭。其次，為使自給自足的莊園成為有活力的經濟體系，指揮和監督奴隸從事多種任務的成本相當昂貴②。簡言之，當（1）執行成

---

② 若領主已生產的作物是採用大規模且重複操作（例如為市場生產的大農
　　場），那麼監督成本便可能低到保持奴隸制而非農奴制。

本（costs of enforcement）以及（2）監督成本（costs of supervision）很高時，奴隸制相對於農奴制就不是最有效率的制度。在奴隸制之下，農民與生俱來的地位是他無法改變的；但農奴制卻能有效率，並且免除艱難的執行與監督，因為農奴為領主提供固定數量的各種勞役服務，完成自給自足的莊園經濟諸多活動後，就可以利用剩餘時間為自己生產。在領主土地上工作的農奴，的確有怠惰的誘因，但如同我們稍後將要看到的，這種狀況至少部分受到莊園習俗制約，在契約中或明或暗地規定每小時產出數量，違背則須繳納罰金。

　　為何領主需要勞役服務，而不乾脆分占農奴的產出？答案是缺少有組織的產品（和勞務）市場。在氣候改變和其他因素相對多寡改變的情況下，要訂出對領主而言最適當的產品組合，以及特定時間下特定產品的隱藏價值，將會牽涉到冗長而昂貴的討價還價。在缺乏有組織的市場提供價格資訊的情況下，雙方藉由協議生產想要的產品組合，農民勞務不如改由領主生產那些產品，讓雙方都覺得較好。有些時候，一時之間變化不大的供應物（如成捆的木材），或項目小到無法再細分（如節日用的鵝肉），協議便改為用實物給付領主。不過，契約的關鍵在於以勞務交換領主的保護，以及隨著時間而連帶產生的莊園法庭正義。③只要混亂、土地充裕、　p.21

③　為經濟學家而寫對莊園制度更理論的分析，請見作者的'The Rise and Fall of the Manorial System: A Theoretical Model', *The Journal of Economic History*, 31, no. 4（December, 1971），第777至803頁。

軍事稟賦差異和勞動稀少這些初始條件存在，典型莊園便會一直持續下去。

人口成長擾亂了這個制度，為了檢視發生的狀況，我們必須先指出某些人口規模的決定因素：影響出生率和死亡率的原因。

縱觀人類歷史，出生率往往超過死亡率，儘管有戰爭、瘟疫、饑荒和動亂導致暫時性的倒退，人口仍是成長的。單就經濟方面來說，只要能得到好土地，新增的人口能夠生產得和前人一樣多，而且這個趨勢會持續。在沒有戰爭的情況下，中世紀數百年間死亡率可能都沒有太大變化，除非人口過於擁擠和生活水準下降，使人口易受饑荒影響，並染上瘟疫之類的疾病。當土地充裕的時候，這些經濟上的抑制基本上屬於短期性質。用第一章介紹過的說法，生育小孩的私人收益是很高的，不僅因為年紀很輕就是早期勞動力的來源，而且是盛行的延伸家族制（extended family system）[2]社會保障的來源，藉由身強體壯者照顧幼兒及老者。這些利益超過生育孩子的私人成本（以時間和消費的資源計算）。簡言之，當孩子是一種資產時，生育率往往很高，而且在土地充裕的世界，私人與社會的收益及成本大致相等。倘若所有的好土地都被占用，報酬開始遞減時，私人與社會的成本及收益便截然有別了。

---

2　延伸家族制指同住一起的家庭成員不限於直系血親，因此親族人數眾多，家長的權威較大，禮俗也較複雜。

　　顯而易見的，當報酬遞減迫使食物的實質成本上升，以及當勞動價值下降時，撫養孩子的私人成本也會上升，而（未來勞動的）私人收益隨即下降。但社會成本上升更多，因為新生兒使總勞動供給增加，導致勞動生產力普遍下降，也增加人口密集度，助長瘟疫蔓延。的確，私人成本上升和私人收益下降，會促使家庭用晚婚和原始的避孕法等方式減少生育。但在此同時，私人和社會報酬之間的差異，仍導致對社會而言過高的生育率。我們將再回到這一點做討論，但首先讓我們看看，土地充裕地區人口成長造成的結果。

　　我們已經指出，當地方莊園人口擁擠到報酬遞減的地步，便會流向尚未開發的地區。往歐洲西北部遷移的移民遭 p.22 遇不同的土地和氣候，所建立的農業活動也各有不同的形式。雖然鄰近莊園可能生產幾乎相同的產品與勞務組合，地區間日益擴大的差異仍提高了貿易利潤。在這種環境下，城市復興（如義大利）或發展（如法蘭德斯）得以將專業化技術用於「製造」品的生產。因此，因素稟賦（包括人力資本）的不同形式提高貿易利得，並鼓勵將對商業的保護從本地擴張到更大的地區。結果是，人口成長和移民造成因素稟賦差異擴大，造成的貿易利得又讓擴大財產權的保護至單一莊園以外變得有利。[3]貿易的擴散（以及普遍使用貨幣作為計

---

3　人口成長後，擴大分布的地區擁有不同資源，因此增加貿易機會，而貿易順暢需要財產權保護作為先決條件。原先領主提供的保護只需以單一莊園為範圍，為了貿易，就必須對來往商旅也提供足夠的保護，因此產權保護的範圍會隨著人口增加、貿易擴大而發生。

算單位），改變原先使典型莊園為有效率制度安排的基本經濟條件。

在有活力的市場系統發展以前，分擔投入的協議提供領主和村民成本最低的理想消費組合。[4]但現在市場已被用來交換產品，貨幣得以用來衡量產品，顯然訂立工資、租金或份額契約的交易成本降低了。莊園體系已遭受不可逆轉的改變，雖然「莊園習俗」減緩轉變的速度，但因為市場的存在，領主和農奴漸漸願意將每年勞動所得換成以貨幣支付，而領主則將他們的土地出租。

此外，由於最好的土地已逐漸被殖民，人口進一步成長，促使開拓者更密集耕作現存土地，或移往較貧瘠的土地。無論是哪種情況，土地和勞動的相對價值都已經改變，而這項改變也對契約協定和最終的基礎制度安排產生深遠影響。

先從勞動力說起。如我們先前指出的，增加勞動工時的價值已隨生產力遞減而下降，因為工人每小時的農業產出比前人少。實質上，領主和農奴間的契約協定已經改變，勞役現在的**人均**產出較少，換取的公共財——保護和正義——數量和之前一樣。即使擁有較大的談判力量（因為現在勞動相

---

4　因為農民必須交給領主的義務是實物，領主可以依據需求向農民徵收，也可利用農民提供的勞務，按需要訂做，完成想要的消費物品或建設，因此可達成理想的消費組合。雖然保護提升使農民生活環境更安全，但人口增加的後果還是讓農民處於較不利的地位，作者將在後文說明。

對充裕），領主在短期內仍被莊園習俗限制其改變契約的能力。然而，為了免除勞役須繳納的替代支付，其數量為習俗所固定，在一定期間內（沒有物價膨脹〔inflation〕）④是對領主有利的。想當然耳，農民的談判力量下降，領主久而久 p.23 之便可將契約協定改成對他有利的方式（以要求更多勞動工時、產品種類或其他額外好處）。

勞動投入報酬遞減另一個可預見的結果是，土地日漸稀少且價值提高；隨著農業價格高漲，一塊土地的排他權變得更吸引人，而具專有私人財產（exclusive private property）特質的土地能帶來比以前更大的收益。在本章開頭，我們討論到，即使土地充裕的時候，莊園就近保護的區域都比較有價值，因此從早期開始，這些地區的公有財產便設有限制。由於現在土地稀少的狀況變得普遍，限制公有財產使用的壓力也隨之增加，但莊園習俗再次延緩現存財產權可能發生的改變。在這種情況下，如我們先前討論過人口成長引發其他參數變動一樣，土地使用的傳承結構會讓那些依習慣法（customary law）而能使用土地的人（專有的所有權一定會禁止他們使用），有誘因去反對這種財產權的發展。

在這種情勢下，我們不能期待公有財產一下子變成有價的私人財產；以政治和軍事衝突考量，廢除自相矛盾的莊園習俗成本太高了。相形之下，我們倒可以期待以漸進步驟逐

---

④ 不過我們應當看見，貨幣經濟興起的確帶來一般物價水準波動，結果造成十三世紀物價膨脹，迫使領主採行其他解決辦法。

漸降低土地任意自由進入，並同時提高土地使用的排他程度。如此一來，損失者的反對就不會那麼激烈，有時得利者也會發現，「買通」損失者可獲得更大的專有使用是可行的。但回想一下我們在第一章對政治行為提出的警告，最後的結果仍是不確定的。

人口成長、土地變得稀少，以及人口成長期間報酬遞減，這些歷史發展後果，見證當生活水準下降到饑荒和瘟疫肆虐的地步，又會回到勞動稀少和土地充裕的循環。再一次，所有信號反轉了。在先前勞動充裕時代遺留的基本制度安排下，土地的租金和價值下降了，而進一步發展土地財產權的誘因，反而比不上控制人及其勞動財產權需求的迫切性，這就像我們一開始討論的那樣。在領主可不必為勞動而競爭的範圍內，他們可以阻止實質工資上升，但這種共謀行為涵蓋的區域範圍若想足夠大到有效，便需要集中的政治權力。凡是在政治割據或政治權力分裂阻止這種共謀行為的地方，農民都可要求逐漸改善條件和提高實質工資，因為他們的談判力量已經進步。

p.24

再者，現存的基本制度安排——莊園習俗——使人相信新的次級制度安排是一點一滴的步驟，而非一下子跳到「自由」的勞動力。透過漸進步驟，莊園領主和農民僕傭之間的關係，將轉變成雇主和受僱者，或地主和佃農的關係。

人口下降也縮小了市場和交易，使自給自足式經濟再度恢復，並設立障礙對抗外來競爭，以保護殘存的市場；行會（guilds）的權力成長了，而且竭盡力量監視和控制貿易，以

及阻止外來競爭。

　　我們已將背景布置完成。現在，我們就來更詳細地探討這六個世紀所發生的事吧。

第四章

# 中世紀初期結束時的經濟情勢

中世紀是一段沒有經濟變化的時期，這曾是歷史學家們 p.25
流行的看法。這個觀點和其理論基礎——歷史階段論，已經
被扔在知識垃圾堆裡。現代學者普遍同意，這是個動態擴張
的時代，至少確定從十一世紀開始，商業萌芽，城市興起並
成長，經濟專業化孑然自立。

在中古盛世（1000—1300年）此一重要歷史時期，西方
世界發展的焦點，一舉從地中海的古典世界永遠轉移到北歐
平原。圓滿地解釋這些現象，已成為重大的歷史探索之一，
而且這也是偉大歷史學家皮倫（Henri Pirenne）最關注的問
題。雖然皮倫的論點已被否定，但他關注的問題仍是重大歷
史爭論之一：為何北歐發展在中古盛世能維持長久的優勢？

皮倫強調，此一發展是十字軍東征帶來的商業副產品，
重啟地中海貿易，因而皮倫將北歐的擴張視為對外部刺激的
直接反應——其居民對與地中海其他地區貿易可能獲利機會
所做的反應。許多反對皮倫的學者，在詳細反駁他的命題之

後，幾乎傾全力專注在北歐社會的內部因素上。目前最被廣泛接受的解釋，仍沿襲傳統馬克思史觀，認為技術變動是打破均衡的力量，催生出其他後續發展。大多數當代馬克思主義歷史學家都抱持這個觀點，也有許多在其他方面自認是徹底反馬克思主義的學者加入他們。現今流行的觀點，把這一時期的經濟成長歸因於新發明和新制度的累積效果，使更多獸力、水力和風力受到利用，投入因素的結合也更有效率。

p.26　這個地區能迅速發展的原因，被認為是農業生產力的改進，而非地中海商業擴張帶來的外部刺激。

　　在我們看來，馬克思主義的詮釋有致命缺陷[1]。我們在這裡提出另一個替代命題，我們認為這個命題有更好的經濟意涵，而且和歷史證據更一致。簡述如下：我們主張人口成長基本上可作為解釋中古盛世西歐成長與發展的外生變數。一個地區的人口擴張，終究會遭遇勞動力規模進一步增加所帶來的報酬遞減。部分增加的勞動力只好移民到未開發土地，也因此擴張了墾殖區域。然而，舊區域的居民密度仍高於墾殖區，此一差異造成地區間土地對勞動比率的不同，此時若再加上天然資源稟賦的地區性差異，就造成不同的生產類型。這些差異使地區間的產品交換變得有利。我們因而認為，中世紀市場經濟的發展與擴張，是對人口成長引起專業化和貿易的獲利機會後，所產生的直接反應。城鎮的發展便

---

[1] 我們將在後文討論這些缺陷。也可以參見我們的論文 'An Economic Theory of the Growth of the Western World', *The Economic History Review*, 2<sup>nd</sup> series, 22, no. 1（1970），第1至17頁，最後的註腳。

利了本地與區域交換，這些市場的擴張又使專業化運作、引進新技術和調整生產過程，改變了生產條件，變得可以獲利。總而言之，人口成長創造貿易基礎，引發市場經濟擴張，並導致中世紀經濟轉變，雖然變化很慢，但確實像亞當・斯密[1]所預測的那樣轉變了。讓我們循著對中世紀的簡介，回到第九世紀吧。

## 第一節

　　對於九世紀初的西歐，最適切的想像是有廣大的荒野，人口稀疏，天然植被將小莊園分隔開來，歐洲人在那裡形成家庭聚落。除義大利外，我們目前所知的城市幾乎都不存在。村落包括幾間農夫的茅屋、一間教堂、一間領主的房屋，以及必需資本財，例如座落在附近的磨坊、榨坊、爐灶、穀倉。一般而言，個人的園地都與小屋毗鄰。大片已耕種的開放農地以村落為中心向四方開展；附近的牧草地與荒地，仍為天然植被覆蓋著。

　　實際可耕種的土地比例其實很小，村民在上面種植穀　p.27
物，如小麥、黑麥、大麥或一些燕麥，用以製作麵包等基本食物。森林和曠野在村落經濟中扮演重要角色，除了提供燃料、建築材料、獵物和餐桌上的野蔬，還提供牛羊豬的牧

---

1　亞當・斯密（Adam Smith, 1723-1790）被認為是經濟學的創建者，著有《國富論》（*The Wealth of Nations*），主張自由市場，在此作者引據其理論主張，預測歐洲經濟會朝向市場經濟轉變。

草，豬尤其重要。豬群可提供肉與油脂，在森林中隨意放牧，是每個村莊的生活支柱。

可耕地被分成相鄰的塊狀地（parcels）或條狀地（strips），權利則在領主和農民之間分配。領主的土地被稱作領地，位於農民的開放農地之間或之外。個別農民所擁有權利的條狀地，幾乎是隨機散布在土地上。土地耕作依群體合作共同決定，包括何時犁地、栽種和收割，這種農業計畫就是今日所謂的開放農地制度（open-field system）。

莊園由一個或多個村莊組成，由莊園主（seigneur）或領主領導，他是全體居民的法官、保護者和領袖，有責任保護村莊和執行習慣法。他享有習慣和繼承的權利，通常實際上就是有權以某些方式使用莊園土地，以及有權壟斷磨坊、榨坊和作坊這些需要資本投資的活動。

村裡的一般人也享有（和擔負）某些習慣權利和義務。他們有權為自己耕作田地，使用牧場和荒地，以及把財產過繼給繼承人；對應的代價是受莊園約束，以及未獲領主准許不得遷出或嫁離莊園。他們還須向領主繳納死亡和嫁娶稅，以及——農民或農奴與領主間最基本的聯繫——完成特定勞役義務。

因此，領主的主要功能是，提供每個社會都必須生產的公共財——保護和正義——換取農奴或農民所提供的勞動，部分用在他們自己的財產，部分用在領主的財產。我們稍後會說明，每一方所花的時間比例，是由現實經濟因素預先決定，並受莊園習俗嚴密控管。

　　典型的莊園在本質上不會是穩定的經濟組織，而必須不斷處於變動狀態。當領主或農民死亡，領地的所有權或對租地的權利，時常在繼承人之間瓜分。對教會和貴族的贈與，也造成勞役和莊園土地的收益分散。由於這些收益權利時常落到外人手裡，他們也就越來越滿意以穀物作為支付形式。　p.28

　　即使在這個時期，莊園也不是封閉或自給自足的經濟體。事實上，農民在勞役以外，還時常向領主繳納小額款項，這意味著參與市場經濟，即使有限，卻是經常性的。在九和十世紀，小型的每週市集似乎已有激增現象。農業經濟裡不平均的產出，偶爾為互利的貿易提供基礎，接待旅行者的食宿可換取貨幣。領主本身就是偶爾的顧客：購買木材和種子是司空見慣之事。除了這種嚴重受限的市場交易，莊園發展和生產絕大部分是自身消費的產品和勞務。

　　典型莊園的領主不全是單獨存在，而是在一個複雜的社會結構中擁有自己的位置，與其他領主具特定關係，和國王也有特定關係，而國王是他資產保有權的最終來源。王權必須負起保護王國的責任，且需要資源來完成這項義務，於是便給予領主一片特定區域，用以交換同樣明確界定的義務。因而，封建主義便成為一種財政制度，政權用來獲得資源，並履行其對王國的責任。

　　直接從國王那裡得到土地的領主，被稱作**佃主**（tenants in capite），或王國的主要承租人。這些主要承租人以同樣方式組織他們的區域，將土地授與**領地佃戶**（mesne tenants），領地佃戶再將土地細分給予**下屬佃戶**（tenants paravail），他

們的責任是使土地能有收成。因此，只有國王和下屬佃戶的地位是單獨存在：國王不可能是一名承租人，下屬佃戶則不可能是一名領主。每位中間人既是授與者的承租人，又是其他承租人的領主。因而，這幾種人都對實際上由下屬佃戶耕作的土地擁有特定權利。

　　土地授與有四種不同的自由持有類型：騎士服役（knights' service）租佃、一般自由民（free and common socage）租佃、軍警租佃，以及神職人員（frankalmoign）租佃。第五種租佃（大多數人民以此方式持有他們的土地）是不自由的，稱為農奴（villeinage）租佃。相對於人民以自由租佃方式持有土地，可隨時將財產歸還領主而離開，農奴則須受法律約束留在土地上。

　　騎士服役租佃擁有土地使用權，報酬是提供一定數量的騎士供領主指揮。一般農地租佃制也是一種土地授與，報酬是特定的勞務，如貨幣、生產、勞動和出席領主的法庭。軍警租佃要求以某些軍事服役作為回報，如提供特定數量的武裝人員、運輸工具等，那是一名現代補給官可能提供的。神職人員租佃，則是將土地授與負宗教職責人士。

　　讓我們用一個假設性的例子來檢視封建組織的運作。假定國王授與A以騎士服役為交換的租佃權，而A承諾以五名騎士幫助國王。作為佃主，A接著把土地轉授給這五位為他服騎士役的人，這些人又可再將土地轉授。領主A可能從初次轉授剩下的部分拿出一塊來授與X，作為一般農地租佃，報酬是每年繳納特定數量的貨幣、一定數量的穀物，或類似

產品。領主A可能會將土地授與好幾位像X這樣的人，因為他的經濟狀況主要依靠地產所得。領主A也可能將部分土地授與教士Y，報酬是為A本人及其親屬與先祖祈禱祝福。領主A還可能因需要警衛，而將某些土地授與Z，Z則有義務在戰爭時提供A特定數量的隨從。領主A就是以這些方式供應自己所需，以及履行對王權的義務。

　　以上敘述的各種莊園領主，可用任何一種方式持有他的土地。由於他直接擁有土地，他就被認為是終身保有其領地；他的領主（以及領主的領主）顯然也對這些土地擁有權利，但因為他們並不直接擁有土地，只能說終身保有。土地最終須滿足的租佃義務，實際上是在那位擁有土地和那些保有勞役的領主們之間。

## 第二節

　　我們已經看到，西歐在十世紀初主要是一片廣大的荒野。中世紀初期，莊園之間少有社會或經濟的聯繫。羅馬帝國時代建立起來的基本社會制度早已消失，取而代之的是封建主義。在莊園之外旅行的高風險，使得在必要時移動人口以適應經濟需求，比經常移動商品有效率得多，因此個別墾殖地都是完全自給自足且孤立的。

　　這些情況使公共財的提供成為地方要事。普遍存在的海盜、土匪，以及不那麼頻繁，卻總是有可能發生的維京人、匈奴人或穆斯林入侵，使地方防禦成為首要之務。不擅長戰

p.30　爭也得不到其他幫助的農民，迫切需要擁有優越軍事技術和
裝備的人來保護他們。這就是公共財的典型例子，因為保護
一戶農民而不保護他的鄰居是不可能的。在這種情況下，必
須用強制力量克服每位農民要求其鄰居支付成本的誘因，而
領主的軍事權力正好提供所需的力量。藉著同樣的力量，領
主也成為調解爭端的地方人士，以及當地法律與習慣的最後
執行者；因此這個保護者角色的另一個作用，便是提供正
義。[2]

　　然而，領主剝削農奴的權力並非毫無限制，會因為（在
極端情況下）農奴能逃到其他莊園尋求非法庇護，而有所節
制。在當時那種混亂的世界，領主鄰近的敵手不會歸還這樣
的逃亡者。中世紀盛世土地充裕使勞動益顯稀少，因而成為
最寶貴的生產因素。由於公共財（保護與正義）的提供受限
於規模經濟（economies of scale）[3]，因此在某個範圍之內，一
些中世紀領主總是為擴大地產，而與對手積極競爭，他們也

---

2　經濟學理論定義的公共財，不具消費的敵對性（rivalry）與排他性
　　（exclusiveness）。以此處所說的保護為例，一家受到保護，並不減少鄰
　　居受到的保護；保護了一家，也不能排除鄰居受到保護。因為有這樣的
　　性質，所以公共財無法完全依賴自願提供，或單純的市場交易。比較常
　　見的情況是，由具有強制力量的政府提供保護，並要求人民負擔提供保
　　護所需的花費。

3　公共財的定義一般都根據消費性質，此處則是從供給角度分析。提供保
　　護與正義所需花費的成本，並不隨著受保護的人民或土地增加而呈等比
　　例增加，因此受保護的規模（人民與土地）越大，平均成本會隨之下
　　降，類似經濟學理論中生產的規模經濟。

都很關切住在自己莊園內的農民人數，因為農奴是中世紀早期社會大部分私有財的生產者。村落規模越大，領主所得就越高。村莊是以共同生活基礎來組織，居民集體在開放農地耕作。這種組織形式在經濟上是合理的，未受保護的土地，在當時幾乎多得像空氣和其他沒有經濟價值的東西一樣，完全是由勞動和資本這些稀少的生產因素，限定產出的極限。因此，只要有可利用的稀少生產因素，村莊的土地便盡量耕作利用。由於一年保留一塊土地休耕，可以保持土地的肥沃，因此村莊擁有的可耕地，比實際上耕作的多出一倍，穀物有計畫地輪種，被稱作兩田輪耕制（two-field system）。

　　當土地本身價值不高時，就需要「重」犁來耕作，才能有效率地利用。一個犁組包括四至六頭牛，在當時是任何家庭都無法負擔的龐大實質資本投資。因此，村莊裡便形成合作協議，將資源結合成一組。農民分配到的份額，起先是以在犁組的貢獻決定，即分派的「條狀地」（或者是一天內在開放農地上可犁出的土地面積）。這些條狀地逐漸成為農民的傳統或習慣權利，其家庭可享有那塊地的年產出。無論是以繼承的方式，或是一開始出於分擔風險的緣故，典型的農民家庭都逐漸擁有開放農地上的條狀地，並且要求共同決定何時栽種、何時收割及栽種收割什麼作物。因此這種共同農業便發展成生產大宗穀物的典型方式，而這些穀物就是主要的私有財。

　　現在仍須解釋的是，為何典型莊園要維持領主與佃戶之間的勞役契約關係。組織莊園的典型作法，以現在的標準來 p.31

看，似乎是一種特殊的分益協議。雖然在現代世界很難找到和它一樣的制度，但仍存在著線索：勞役義務的選擇取決於一種今已不存在的條件，即受限制的製造品市場。

讓我們探討一下，此一條件如何影響契約協議選擇。在十世紀及其之前，可能的協議種類包括：用實物支付定額工資、用實物支付定額地租、協議分擔投入或產出等。選擇以實物支付定額工資，將迫使領主承擔所有風險，以及管理成本。領主和農奴間的協商成本普遍很高，因為領主必須供應產品給希望消費的農民，或者要詳細談判代替支付的交換率。至少對農民而言，執行成本也是很高的，他們必須在領主主持的莊園法庭上對任何違約行為提出申訴。[4]

以實物支付定額地租，所突顯的問題則恰恰相反，農民必須承擔所有風險與管理成本。協商成本仍然很高，因為農民必須以地租支付領主所需的產品。在產品市場不存在的情況下，任何協定都引發這些問題：用其他產品代替地租指定的物品，要依據什麼比率，以及交付地租的產品要達到何種品質。檢查為地租或工資而支付的產品數量及品質，也涉及高昂的執行成本，而連帶產生的爭端，只靠受傳統支配的法律制度來裁決，也是困難而不確定的。

---

4　在此雖然是以契約關係來解釋領主與農民的關係，但是領主顯然具有較大的權力，原因在於領主不僅是契約關係的一方，也是契約糾紛的執法者。領主在處理農民之間的產權問題時，或許可以維持中立；然而在處理自己與農民之間的爭議時，不可能無所偏袒。或者，至少對農民而言，與領主爭訟很難獲勝。

分益協議牽涉投入或產出的分攤，也的確將風險依相對份額分攤開來。在沒有產品市場的情況下，分攤產出的協商成本，無論數量或品質，可能都無異於固定或租金協定。另一方面，分擔**投入**（即勞役〔labor dues〕）的協商成本，在十世紀及其之前應低於其他任何協定，尤其在領主們競相爭取勞動而形成一個粗略市場，至少為勞動力建立了價格範圍。至於執行成本，產出分益制明顯高於固定地租制或工資契約，因為作物數量必須和品質一樣訂立規定。投入分攤制的執行成本，可能是已提到的契約形式中最高的，因為莊園裡就是要勞動分攤，而勞動分攤總是容易引起消極怠工。[5]歷史文獻充滿關於這個問題的記載。

　p.32

對此一背景而言，典型莊園契約如今看來是當時一種有效率的協定。農奴的義務是為領主和保護者提供勞役，投入分攤制之所以被選擇，是因為在貿易財牽涉高交易成本的情況下，它最有效率。產品市場幾乎完全不存在，加上勞動有了粗略的市場，保證投入可低於其他契約協定的交易成本而被分攤。領主間爭取勞動的競爭限制他們的談判權力，使勞動的慣有價值能由談判雙方地位以外的因素來決定。因此，

---

5　作者在此將勞役關係解釋成根據投入劃分的分益制，其優缺點是相對於產出分益制、定租制與租金制而言，在此分別從協商成本與執行成本來比較。如果產品市場健全，將可參考市價估計產出的價值，產出分益制、定租制或租金制的租金標準將容易訂定；如果缺乏健全的產品市場，相對而言勞役比較簡單，很容易確定勞務數量，協商成本低。至於執行成本，產出分益制須衡量產出的品質，不如租金的價值確定，因此執行成本較高。然而，人在服勞役時有偷懶的機會，所以執行成本最高。

典型莊園的「古雅」組織6，可以被理解成是對於市場經濟普遍不存在的一種適當反應。

　　形成莊園的條件，同樣也可用來解釋封建制度。維持一個近乎全國或地區性的政府，以抵禦有組織的入侵及裁決領主間的爭端，顯然有其必要性。市場經濟的不存在，再次決定了達成目的最有效率的手段，因為沒有市場，任何替代的組織都意味著交易成本超過收益。舉例而言，維持一支常備軍隊就是一種明顯的替代方法。在沒有市場經濟的情況下，必須經過詳細且昂貴的協商，才能將每名士兵的勞役報酬劃分清楚。

　　相形之下，封建制度省下足夠的協商成本，抵消這種分散的政治制度造成的高昂執行成本。大區域一旦經國王授意組成許多個小王國，顯然便為大佃主提供大量經濟與政治權力。為了防範領主結盟的潛在威脅，國王自身最好繼續維持是大地主，以便組成自己的軍隊鎮壓叛亂。然而，正如中世紀歐洲歷史所表現的，封建主義本來就是一種不穩定的制度，證明這個制度本身高昂的執行成本。只要封建社會繼續維持非市場經濟狀態，這種政治經濟的典型形式便會持續有效地運作。當適合封建與莊園制度的外在條件發生變化，我們會在下一章看到，這兩種制度在性質上將產生根本的改變。

---

6　譯文中「古雅」的原文是 quaint，形容古老、奇怪而有趣的事物。在此莊園裡的組織若以今日市場經濟理解顯得奇怪有趣，卻可能反映出當時特殊的經濟條件。

## 第五章

# 中世紀盛世：邊疆運動

從十世紀起，中世紀西方世界的經濟和政治環境發生巨 p.33
大變化。人口擴張，區域內與區域間的商業恢復，新技術得
以發展，莊園和封建主義的古典制度也變得面目全非。

## 第一節

雖然常被戰爭、劫掠、偶發性饑荒和瘟疫所打斷，充裕
的未開發土地仍使人口能高速成長。偶爾發生的移民潮輔助
人口自然成長，使擁擠的莊園人口外溢至現存莊園的新可耕
地，或流往未開發的荒野地區建立新莊園。邊疆地區
（frontier areas）稀疏的墾殖人口，與舊區稠密的人口形成對
比。在西元第二個千禧年的頭三個世紀，墾殖邊界的延伸，
注定將西歐從大片荒野變成興盛的移民區。

隨著人口成長，商業開始向外擴張，與新墾殖區一同延
伸和繁榮。北歐出現活躍的內部貿易，隨著時間推移，一直

擴展到地中海的古典區域。[1]南歐以威尼斯為首，早在十世紀之前便開始將貿易帶到整個區域，範圍與數量都有所擴展。其他義大利城市，特別是熱那亞（Genoa）和比薩（Pisa），很快便對擴展而來的商業機會做出反應，以貨幣、木料、鐵、羊毛、金屬製品，和穆斯林交換香料、香水、象牙、精緻的紡織品和油脂。因而，南歐商人交易的主要商品項目，都因高價而被史家歸類為奢侈品。從十世紀起，北歐人口的成長為這類商品提供有限但穩定成長的市場，義大利商人很快便抓住機會，扮演起中間人。

p.34　　　　北歐商業本質上不同於南北之間的貿易。在北方，進行交易的是一些基本項目，以糧食交易（特別是穀物）為大宗，其他還有奶油、乳酪和魚等。在那幾個世紀，酒類貿易也和木材及樹脂、柏油、毛皮等其他森林產品一樣，成長得越來越重要。納入貿易的主要製造品則是紡織物，比較特別的是毛織品和亞麻織品。

　　　　儘管當時有人為與自然的危險，以及運送貨物上的實質困難，北歐貿易路線還是越來越複雜，地理範圍也越來越大。層出不窮的財政勒索，仍然妨礙邊疆地區和貿易沿線的商人，迫使他們結成商隊，以抵禦沿途搶劫的威脅。走水路或許比較安全，而且效率較高，因此較受歡迎，但水路並不是到處都有。由於走陸路或水路不但危險，而且困難重重，

---

1　作者在本章開始時說明主題為西歐的人口，卻在文中不斷提到北歐，原因是本章所討論的邊疆運動在區域上是由南往北發展，人口與經濟活動擴展的地區包括西歐與北歐。

在時間、人力和設備都花費高昂，因此這一時期的商業大幅成長，是在負擔可觀運輸成本的不利條件下進行。

北歐貿易的興起，伴隨著城市的建立或復興。當北方蠻族威脅到北歐時，地方貴族（正苦於缺乏有效的王室保護）必須擔負起保衛各自人民的責任，時常在戰略要地築壘設防。這些地方和倖存下來的羅馬城鎮一起（部分是因為遊歷的商人找到它們作為安全的歇腳處）成為中世紀城鎮發展的核心。其他步驟接踵而來，本地商人開起店鋪，為本地的商業交易和成長中的地區間貿易提供服務；然後工匠和技師被吸引到中心區域，直到這些墾殖區開始孕育出我們今日所認知的城市地區特徵雛形。在歷史進程中，城市的發展稍後也隨著特定區域的人口擴張而來，而且與地區間的商業建立同步發生。

中世紀這三百年，也在新的邊疆地區爆發出新的生產過程和技術，造成長途貿易，推動城市的建設和擴張。自然力被召來取代人力和獸力，例如用水和風轉動輾子磨穀物，以及驅動紡紗機。新的作物輪種法——三田輪耕制（three-field system）出現，並逐漸取代傳統的兩年輪作。值得注意的是，這些改變雖然驚人，但只是邊際性質的，對支配當時經濟組織的莊園經濟而言仍不重要。這些改變之所以令人驚異，在於其新穎，但是就與它們有關的事物而言，它們的重要性不在於對經濟組織的初始影響，而是在於作為未來的前兆。

同時期，中世紀歐洲的經濟和政治結構，也顯示同樣容易受這些席捲中世紀的改變力量影響。漸漸的，領主和農奴 p.35

都試圖得到對方讓步，以法定方式界定莊園土地和勞動投入的使用，以及決定誰有資格享受這些特權。由於農奴繳納的勞動稅捐，越來越多被改為年度貨幣支付，甚至連領主和農奴間的基本契約協定也產生變化。在此時，領主的領地漸漸傾向以出租換取貨幣租金給付。因而，到了1200年左右，十世紀的典型莊園已然落伍。

在同一時期，國王與領主之間的傳統封建契約關係，也經歷相似的變化。一種稱之為免役稅（scutage）的貨幣給付，開始取代規定的傳統義務。騎士和軍警服役的租佃，到後來實際上演變為與一般農地租佃制相同。

許多歷史學家的研究顯示，中世紀盛世是變化的年代。十三世紀初左右，西歐的政治和經濟結構已從十世紀時的狀況脫胎換骨。結論是：人口和商業已一起擴張；技術革新即使有限，但已在整個地區獲得廣泛應用；農業方法已為適應新環境而調整。整體結果是，莊園和封建制度發生不可逆轉的改變。

## 第二節

人口持續成長，是推動中世紀盛世成長和發展的動態因素。即使以當時簡單的技術、相對充裕的土地和其他自然資源，也能保證勞動生產力高於維持生存所需的水準。只要需求上升，新處女地就被開發用來耕種，並養活新增的人口，人口成長趨勢便會持續。直到十三世紀為止，西歐似乎都處

於這樣的情形。

　　不論在歷史學家看來，北歐土地在當時是如何的用之不盡，每個莊園周圍的土地範圍必然有限。人口持續成長最後迫使莊園居民在上等土地開發殆盡後，只得去開墾劣等土地。當這種情況發生時，當地的勞動便只有更集約地耕作現存可耕地。這種調整反映當地報酬開始遞減，而後實際上運作的新增勞動單位，將使勞動邊際產量減少。勞動的經濟價值因而下降，同時土地也變得日益稀少而更有價值。這些發展對社區共同體而言，意味著在**人均**的基礎上，總合生產力水準下降了。對個別家庭而言，這意味著年輕人即使還留在本地，也不得不延遲結婚和建立家庭。然而，此一時期邊疆地區仍有適合開發的處女地，於是青年們形成潛在的拓荒團隊，中世紀初期的殖民者便由此而生。在移往邊疆的過程中，人們獲得可供謀生的充裕土地，透過移民，他們從報酬遞減和莊園瘟疫造成的所得下降中逃脫。人口成長就是以這種方式創生出邊疆運動（frontier movement）。

　　這些報酬遞減的地區，最早似乎出現在法國，大約從950年開始，移民便被送到索恩河（Saone）沿岸的黏土地，和博久萊（Beaujolais）的丘陵。約莫在1100年左右，法蘭德斯沼澤整治工程需要大量的資本投資來開拓土地。末日審判書（Domesday Book）[2]中的證據顯示，英國也出現相似的

p.36

----

2　又稱作「溫徹斯特書」（Book of Winchester），是英格蘭在1086年進行大規模調查的紀錄，當時的國王征服者威廉（William the Conqueror）藉

人口成長。在諾曼人（Norman）入侵的那幾個世紀，殖民化已將拓居地延伸到島上所有重要的農業區域。

　　人口外流改變整個鄉村的性質。莊園間的空地曾是未開發的荒野，其所有權常被授與高階貴族成員，他們喜歡這些土地，是為了當作狩獵地。荒野上即便有人居住，也是童話故事中著名的類型——樵夫、燒炭人、煉鐵匠、修道的隱士和神出鬼沒的強盜。在這個時代，荒地被開墾，村莊的林地和牧場縮小了，田地圍繞著原來的拓居地向外作環形擴展，而蕭條時期與村莊毗鄰的區域一度被當成牧場，如今也被清整、排乾，犁種穀物。由於新地耕作離村莊越來越遠，有些家庭為了節省往返時間，便遷出莊園並圈占小農場，直到這些家庭移民充斥鄰近莊園間的空地，進一步擴張受到限制為止。

　　荒野地區實際殖民的行動，需要領主和農民雙方合作，後者提供勞動，前者則批准和保護荒地的治理，或許還提供資本，以資助這些風險投資。大量人力和資金的需求有時導致一種夥伴關係，領主提供圈地的權利，他的合夥人則提供必需的資金和人力。至於教會人士，因為繼承了財富，且能經由教堂與農民溝通，也時常是這些風險投資的合夥人。

　　即使勞動在本地正逐漸失去價值，在邊疆地區仍是一種寶貴的商品。新莊園的創建者必須積極尋找農民，甚至到他

p.37

---

此了解他新征服的土地。這項調查的性質類似政府普查，因為紀錄詳盡與具權威性，在後來獲得「末日審判書」之名。

們權力無法達到的地方，以提供特權和優惠的方式引誘潛在
的移民。一開始，他們通常不要求勞役稅，只規定實物徵收
額，有時領主的傳統特權和壟斷，竟是新莊園裡野心勃勃的
**企業家**（entrepreneur）起初唯一的收入來源。被引誘到邊疆
地區的農民，可從領主那裡買到自由；領主為了組織新莊
園，只好讓他們買回自由，以免他們在夜裡逃走。顯然許多
農民都是循這條途徑或其他方法來到邊疆。

　　西歐的荒野就是這樣逐漸被開墾出來。新村莊的繁榮興
盛，提高積極經營的貴族收入，從而促進殖民化更進一步的
企圖。邊疆為農奴提供另一種可選擇的生活，所有領主都必
須考慮此一事實，不然就要冒著失去農奴避走殖民地的風
險。因此，領主間為勞動而起的競爭，構成對莊園農民剝削
的實質限制。移往邊疆的選擇機會，在限制對農民的剝削
上，可能比新興城市出現更重要。

　　如同經濟學所預測的，邊疆運動造成整個西歐不同的
人口密度（人／地比率），也創造專業化與貿易的利益。如
前文所述，貿易利益會隨著邊疆移動到擁有不同自然資源
的地區而生。舉例而言，法國的葡萄酒產區便為貿易提供了
一個全新的基礎。由於每個地區都專注於自己的比較利益
（comparative advantage）[3]，人口密度高的地區便可更有效率地

---

3　比較利益是經濟學用以解釋貿易的一項理論，是指各地區因為資源稟賦
　的差異，而在生產產品時有不同的機會成本，一旦有貿易的機會，一個
　地區會專事成本相對較低的生產，再以產品與其他地區交易，換得在本
　區比較不適宜生產或生產成本較高的物品。

生產勞力密集產品，以交換人口密度低的地區所生產的土地
密集產品。中古世紀紡織業的擴張便是一個好例子。許多重
要的生產中心崛起於法蘭德斯、皮卡地（Picardy）、布魯日
（Bruges）、蘭桂多（Languedoc）、隆巴底（Lombardy）和
其他人口相對密集的地區，專門製造勞力密集產品。以法蘭
德斯為例，在中古盛世已成為仰賴貿易以提供居民大部分基
本食物的城市，用織品換取穀物與酒。織品製造也提供有價
值的商品，用來換取來自東方的奢侈品。

p.38　　　　地方貿易也隨莊園之間空地的開墾而興盛起來。地方人
口密度增加擴大了市場，也降低交易成本，鼓勵手工藝工業
和各種服務業的建立。此時莊園已有自給自足之外的選擇，
也就是專業化和貿易帶來的潛在利益。


## 第三節

　　　商品市場的發展和延伸，改變莊園制度能有效反應的基
本經濟條件。如果訂約的一方現在選擇固定地租、固定工資
或分益協議，已經不必再詳細規定消費組合，因為無論是以
貨幣或實物形式獲得這些款項，都能以合理的成本換取想要
的商品。[4]一個市場，即使是像這種所謂的有限市場，仍能使

---

4　如果市場不發達，地主會要求農民支付他所需的物品或勞務，滿足他的
　　消費需求；市場的發展提供買賣機會，即使地主收到的不是他所需的消
　　費組合，也可透過市場賣出，再買到他需要的，因此就不會計較契約訂
　　定的支付方式。

這些契約的純粹交易成本，低於傳統勞動分成協定（labor-sharing arrangement）。

「變遷的時代」與「變遷的習俗」之間的對抗，用來形容市場經濟出現後莊園契約形式的改變，再也沒有比這句話更貼切的了。「莊園習俗」已成為履行契約義務和莊園生活的其他部分──從播種穀物的種類，到各種功能運作的時機──設立歷史悠久的先例。如今由於這些習俗遭受經濟條件改變的壓力，領主和農民之間的基本契約協定，慢慢開始從勞動稅捐轉變成其他契約形式之一。

然而，改變是在舊有的基本制度環境中發生的，此一環境是適應緩慢變遷的自給自足式莊園演進而來。在大多數情況下，莊園習俗只會慢慢地屈服於新環境，這一點都不足為奇。很難改變的是，被傳統視為神聖不可侵犯，而且是唯一非人情式的土地法規。[5]此外，即使改變對農民有立即的利益，他們仍傾向尋求習俗的支撐力量，這種力量在過去對付貪婪的領主時，曾真正地保護過他們。當農民聯合起來進行消極抵抗得到「習俗」支持時，他們的確可立於強而有力的地位。在中古盛世的最初幾個世紀，習俗是靠人們的記憶流傳，而支配莊園關鍵的法律則用口說定義。因為在中世紀，經濟條件的改變非常緩慢，莊園習俗只能藉著特定條件逐步修正而改變。雖然在幾個世紀裡，這些微小變化的總和可能

---

5　「唯一的非人情式的土地法規」原文為the only impersonal law of the land，莊園習俗關於土地的規範對全體農民一體適用，不會因人而異，所以是「唯一」而且「非人情」的。

p.39 累加成根本的變化，但對農民的一生來說，法律似乎是固定不變的。如今，在新的經濟條件之下，要推翻權威性的習俗要花很大的功夫，這使得協議將契約性質做有效率改變所需的成本大增。由於緩慢步驟被視為是對過去作法的小變化，而非明顯創新，所花的協商成本較少，也比較容易有進展。

　　經濟史學家長久以來對莊園衰落抱持的看法，幾乎已成為經典理論，就如同我們在此力爭的主張，完全是市場經濟興起所促成。那種解釋已經有點不值一提。但依照我們的論點，產品市場的出現，顯然足以解釋莊園制度如何逐漸失去其必備要件：以勞動稅捐為形式的投入分擔。概述如下：勞役義務在當時是一種有效率的契約形式，因為任何可供選擇的協定（在沒有產品市場的情況下），都必須規定消費組合，並促使數量與品質相符。然而，傳統莊園契約承擔高昂的執行成本，因為要對勞工實行監督和控制，以防他們敷衍怠工。**其他情況不變的假定下**，自願提供勞動的自由勞力會比農奴更有生產力。當市場發展讓大家不須再去設定消費組合，允許用貨幣或實物支付時，效率的天平便傾向其他執行成本較低的契約形式。

　　顯然，隨著產品市場擴大且變得更有效率，最後出現的契約形式不會是勞役，雖然交易的確切時間和形式取決於莊園早先的條件。十二世紀（如果沒有更早的話）出現的契約形式為以下類型：領主們越來越願意將每年收取的勞役改為固定貨幣給付，這種給付方式也像習慣價格一樣被接受。他們也傾向出租領地的一部分，以換取固定地租。在某些地

方，例如法國的葡萄園，分益協定發展起來。不在邊疆地區的莊園領主則有額外誘因，在沒有物價膨脹的情況下，選擇以習慣標準的貨幣金額支付代替勞動，因為莊園人口成長引起的報酬遞減，正在降低勞動的實際價值。由於十二世紀人口稠密的墾殖區，仍持續存在報酬遞減的狀況，因習俗而固定的貨幣給付，很快便不再反映勞動的真正價值。因此，隨著農民勞務價值下降，領主每年選擇改變給付方式可以多獲利益；然而，在此同時，這種獲利可能會被抵消，因為習俗所固定的地租也無法反映出土地實際價值上升，一如今日租金管制引發的狀況。在既存習俗下，定期重議租金是個令人不敢一試的昂貴任務，因此領主常得迂迴「控制」，藉口用繼承稅或手續費等慣習的手法。手續費與現今「鑰匙費」的p.40最初形式相似，只在新承租人占用土地時須協商這些費用。[6]由於這種方式提供一種新功能，得以反映土地價值的增加高於習俗規定的年度租金。如此，作為適應失衡——在這裡是指，土地價值相對於勞動而上升——的一種手段，更鞏固既存習俗架構之內緩慢的改變過程。

　　如前所述，從十世紀初到十二世紀，邊疆運動在封建經

---

6　作者以當前許多都市實施的房租管制，來比喻說明歐洲莊園固定地租的情況，房租管制通常是政府的限制，而歐洲莊園則是因為習俗。由於難以調高地租，地主會設法以其他藉口收取費用。受房租管制的屋主，常會在房租以外向房客收取「鑰匙費」，房客如果不交「鑰匙費」，將無法入住，因此非交不可，而「鑰匙費」又不受政府管制，房東可以藉由「鑰匙費」，將真實的房租調高到接近市場應有的租屋價格。如文中所述，這種地租之外的收費，是在新承租人的交易時發生。

濟各區域之間造成廣泛的差異條件。商品市場在人口稠密的區域比邊疆地區來得大，對習俗的影響也大。我們或許可以預期實際上發生的狀況——莊園組織有重大差異——但趨勢仍是明顯的：貨幣支付正逐漸取代勞役。

由於市場經濟興起，（封建主義）領主間的經濟關係也改變了。先前須應付協商困難或協商成本過高、交付或調整酬勞的高昂成本才能維持的常備軍隊，現在靠一筆貨幣支付便可以解決。交易成本顯著下降所創造的市場經濟，使公共財（私有財也一樣）的生產比以前更有效率。

凡是先前貴族佃主親自服勞役或提供產品的地方，現在都可以改用貨幣支付代替。騎士服役的承租人傾向改以一筆款項（通常是 2 馬克〔mark〕，在英國則是 1 英鎊）來代替每人應服的兵役，相當於一名騎士一年服役四十天，一天 6 便士（pence）的報酬。騎士代價的價格逐漸以這個比率固定下來。大佃主每年的職務是設法抬高價格、與國王直接協商，以及取得徵收罰金的授權。

以貨幣支付的封建稅捐，類似今天的稅金，對承租人和領主雙方都有利。領主得到獨立生產公共財的途徑，而無須依賴承租人所服的個人勞役；承租人則可自由地專注於管理和生產。[7] 此一現象具有相當重要的歷史意義。國王和大貴族現在能夠僱用一支可隨意差遣的常備軍隊或傭兵團，領主們

---

7　此處的公共財，就是前文所指的保護與正義，以貨幣支付代替勞役之後，領主可以花錢僱用專業的軍警，不須依賴騎士與農民服役，因此文中會稱「領主得到獨立生產公共財的途徑」。

也不必再受到四十天兵役的限制，只要他們負擔得起，就可以隨時隨地集結大規模軍隊，此一發展從十三世紀起，成為政治上對收入爭奪的一個重要啟動因素，最終影響民族國家的興起，也影響歐洲經濟成長之路。

## 第四節

p.41

　　由於中古世紀農業幾乎完全支配經濟生活，可能有90%以上的人口直接仰賴土地維生，因而土地利用的改變對本書的研究具有重大意義。九世紀開始前不久，一種新農業組織——三田輪耕制——便在西歐部分地區開始推行。此一制度的採用與緩慢擴散，取代了傳統二田輪耕制，被視為一大技術進步，也大大提升了生產力。

　　在二田輪耕制之下，所有可耕地都被犁過，卻只有一半的土地用來栽種穀物，另一半土地則被閒置，以恢復地力。現在，三田輪耕制將莊園的可耕地分成三部分。典型的耕作方法是，第一部分的土地在秋天時犁耕，並栽種小麥；第二部分的土地在春天犁耕，栽種燕麥、大麥或豆類（如豌豆或蠶豆）；第三部分的土地則犁過後任其休耕。第二年作物輪換，第一部分的土地休耕，第二部分的土地栽種冬季作物，第三部分的土地則栽種春季作物。第三年，第一部分的土地栽種春季作物，第二部分的土地休耕，第三部分的土地栽種冬麥。第四年則開始下一個循環。

　　歷史學家已經引證三田輪耕制的諸多好處。栽種作物的

可耕地增加50%。[8]農業勞動在一年內的分布更平均，因為犁地、栽種和收穫的時間，在季節和土地之間是錯開的。兩次收穫期降低季節性作物歉收導致饑荒的機會。燕麥產出增加，使農民可以用更有效率的馬來取代牛。豆科作物提供有益的植物蛋白作為日常麵食的補充物。現今為人所熟知的豆類含氮特性則維持了地力，並抵消三田輪耕制之下土地休耕縮減帶來的影響。

　　見識了這些好處，歷史學家一直對此一優良技術擴散的緩慢速度感到不解。雖然此一技術的接受速度並未被充分研究，但我們知道，此一制度最早出現在八世紀後期塞納河（Seine）和萊茵河（Rhine）之間法蘭克人（Franks）的土地上，而且花了好幾世紀的時間才擴展到整個西歐。直到十二世紀，三年輪作才傳到英格蘭。

　　我們如何解釋如此緩慢的採納過程呢？少數歷史學家在考慮這個問題時，只強調氣候限制、農民對改變的普遍抵制，以及在重新安排條狀地所有權時，為達成意見一致所需的成本。因此，對技術擴散緩慢所做的解釋，隱含成本效益決策：建立三田制所需的心理和交易成本，抵消了它所帶來的可觀收益。保守的農民會先觀望，等待結果出現，才按新方法處置他們的土地。

　　為了更直接地運用成本效益分析，讓我們先以經濟學原

p.42

---

8　這並非精確的數字，照理說可耕地面積是從 $\frac{1}{2}$ 增加成 $\frac{2}{3}$，增幅只有 $\frac{1}{6}$，增加率為 $\frac{1}{3}$。

理的觀點檢視三田制的效益。耕地增加和勞動在整個年度分布得更平均，帶來實際的改進，因為土地相對於勞動逐漸變得稀少，產生農地使用更集約的誘因（即在單位土地上使用更多勞動）。即使在九世紀，當西歐墾殖區分布還十分稀疏時，有些地方村莊的人口已經相當稠密，正如墾荒活動興起所證明的，最終導致殖民化。但是，當某些地區的人口持續增加時，勞動報酬遞減會更進一步降低勞動相對於土地的價值，為了盈利，自然要在單位土地上使用更多勞動。有趣的是，休耕地的兩次犁地（double-plowing），顯然是在單位土地上投入更多勞動，卻到十二世紀才普遍被採用，此時勞動供給已更加充裕。

　　三田制的另一些優點，也因人口成長和地域性的報酬遞減而被突顯。新土地的開墾意味著，任何具有耕作潛力的荒野最終將完全消失。現在，連飢餓的農民用來狩獵、採集野果或豬飼料的林地也十分有限。植物蛋白被用來代替失去的豬肉和野味。在經濟上，動物蛋白變得比植物蛋白更昂貴，因為飼養牲畜的土地密集度較高，而土地已成為日益稀少的生產因素。天然荒地減少，也使過去用牛拖曳的場合改為用馬。馬被認為是一種效率高出50％－90％的動物能源；不過，如果牛（一種天然的「除草助耕物」〔grass burner〕）可以靠荒地飼養而不需任何費用，馬卻必須以較昂貴的燕麥飼養，那麼牛在經濟上比兩匹馬更有效率。但是，如果這兩種動物都必須以相同數量的穀物和／或乾草（現在變得相對昂貴）飼養，那麼馬將會是合理的選擇。

　　　因此，顯然只有在人口成長引發勞動報酬遞減時，三田制才變成一個更好的組織形式，因為稀少的土地必須被保存和更集約地使用。早些時候，當土地在各方面都十分充裕時，典型的二田制雖然虛擲荒地，卻還可以符合經濟效率的要求①。

　　了解三田制是經濟上對土地勞動比變動的一種合理反應，有助於解釋它在整個西歐擴散速度相對緩慢的原因。只有在土地變得稀少時，三田制的淨收益才會超過二田制。因此，三田制應該會出現在西歐人口密度增加之後，而且落後一段時間。新方法直到十二世紀才傳入英格蘭，可能並非偶然，因為在那之前沒多久，報酬遞減才成為那個國家各地普遍的狀況，想必在報酬遞減已成為無情的現實，三田制才首度被採用。

　　依此觀點看來，三田制不能被看作是效率上的重大進步，只能說是對情勢變動所做的反應。顯而易見的，經歷過報酬遞減而沒有採用三田制的地區，處境可能更糟。但同樣明顯的是，在土地依然像空氣一樣充裕、二田制仍然適用的地方，每人產出還高於另一些土地稀少、存在著勞動報酬遞減，並採用被證明是更有效率的三田制的地方。

---

① 如果三田制在效率上有明顯的利益，便會隨新莊園的拓殖，在邊疆地區迅速被採用。因而，從八世紀起，它便與移民一同散播開來；到了1200年，似乎已成為農業組織的主要形式。但實際上並非如此，原因是三田制只有在勞動價格相對於土地而下降時才有效率。三田制是對相對因素價格變動的一種調整適應，而非一種技術變動。

## 第五節

　　我們已探討過市場擴大如何導致城市拓殖、專業化和貿易。同一現象也影響中世紀的技術水準。地方穀物和羊毛的區域內、區域間市場擴大，導致水車機（water-powered mill）被用來輾磨穀物和紡紗。值得注意的是，多數顯著的技術進步，都是引進和改良自西歐以外地區的發明。基於先前已提過並在稍後要再加說明的原因，中世紀歐洲的制度環境並不鼓勵發明的過程。

　　然而，西元 1000 年以後，地方市場擴大鼓勵水車和風車等著名技術成就的散布。這樣利用自然力的資本改進，代表效率上龐大的潛在收益，但此一收益需要資本——在當時通常是大量的資本。因此，它們必須能生產出在前幾代北歐人眼中極大量的產品時才划算。只有在地方人口密度顯著增加，以及區域間貿易擴張時，這種規模的生產才會是合理的。因為人口密度增加最後導致當地勞動報酬遞減和土地價值提高，使飼養牲畜比以往更昂貴，也就引發以自然力取代役畜的更進一步誘因。p.44

　　到了十一世紀，以水力驅動的磨坊已成為日常景象。末日審判書記載，1086 年有 5624 座磨坊，座落於 3000 個社區，而且沒有理由相信英格蘭在技術上比歐洲大陸更先進。除了輾磨穀物，水力還被用於更廣泛的活動，如拉鋸（driving saws，可能是十世紀發明的）、運作紡紗機（fulling mills）和鍛鐵砧鎚（triphammers of forges）。

　　中古盛世的制度環境，顯然不鼓勵研究活動達到社會適當的規模。不過，技術改進並非完全沒有，因為市場擴張及隨之而來的專業化，為個人進行生產方法改進，提供較高的私人報酬。地方市場擴大，使一些高固定成本的資本財終於首次能有效率地被採用。同時，專業化的趨勢，也將人們對發明的天生好奇心集中在更窄範圍的問題上，因而降低發現的成本。

　　此一時期的水力實驗，還包括建立潮汐磨坊。更重要的是，風力成功地被運用，這似乎是西方的成就，因為人口移動遠離水力資源，激發出他們的靈感。他們發現，風力雖然不如河流可靠，但來源更多，也不受結凍的限制。水轉輪（water-turned wheel）合理地延伸出大型風力磨坊，不久之後便遍及整個北歐平原——這是十三世紀初期田園景觀的普遍特徵。

　　在新動力被開發出來的同時，也有為增加商品數量而進行的技術改良。動力傳送的新裝置，包括用強力拉桿（bent sapling）的拉力帶動風箱和轉動車床，以及用踏板轉動車床和推動紡織機。

　　這些純經濟領域的漸進發展（事後看來似乎有重大價值）
p.45 全都可用市場擴張來解釋。制度環境仍是缺乏鼓勵作用的，因為沒有發明家或企業家確定能從自己的努力中獲得全部或大部分的收益。保密是對抗各方仿製的唯一方法。在這些限制之下，研究發展不可能近於社會最適規模。

　　武器發展例外。在戰雲密布的年代，發展新武器系統或

改進現存系統，政治報酬很大，而且當時高階貴族也對資助這方面的研究十分慷慨。有幾項副產品在和平時期也展現用處。

　　總之，中世紀的技術的確有所進展，雖然因為社會風氣冷漠，使其進步遭到阻礙和冷落。在此並沒有制度保證發明者的私人報酬率與社會報酬率相等，但也正因為沒有制度的保證，乃是靠本地和地區市場擴張，使私人報酬率超過卡洛琳王朝時期。這樣特別有利於鼓勵現存技術散布。不穩定的政治制度，支持著有關戰爭領域的研究，不可避免地也創造出適合經濟部門的副產品。不過一般而言，如果新發展能被隨意仿製而沒有任何補償，除了可歸功於專業化的研究或發展投資，其他的就受打擊了。因為保密是發明者唯一的自保之道，新發展的散布便會受到阻礙，如此構成經濟成長的生產力提升，也就減弱或延遲了。

　　縱觀中世紀盛世西歐的經濟表現，我們能下什麼結論呢？當然，廣泛的經濟成長繼續邁進，創造前所未有的市場體系。此一發展使交易成本得以下降、職務專業化，也促進新動力廣泛運用。每個現象又回頭使**人均**所得增加、生產力提升。反向發展的雖然有人口過多和報酬遞減，降低農業生產力，但是此一效果有部分被邊疆運動和三田輪耕制的有限運用所抵消。

# 第六章

# 十三世紀的歐洲

　　十三世紀不像其他世紀。首先，它不是一百年的持續時 p.46
間。我們不知道它何時開始，也不知道它何時結束，因此我
們無法得知它究竟有多長。這樣無知的原因是，對經濟史學
家來說，十三世紀指的是一組獨特力量持續的短暫期間，描
述它比確定它的年代容易得多。

　　十三世紀終結了西歐的邊疆運動，但並沒有終止人口成
長。人口持續以驚人的速率成長。城區範圍擴大了。本地、
地區和國際的貿易與商業興盛起來。簡而言之，這是一個動
態的時代，從十世紀開始的擴張達到鼎盛。在這無法確定的
若干年間，邊疆社會的成長（那時似乎人人都得到好處）和
「可惡的」十四世紀（那時人人都遭受損失）銜接。這介於
中世紀歷史兩個不同時期的橋段，充滿對比、矛盾和有趣的
歷史問題。十三世紀代表中世紀的成熟期。首要問題是：前
幾個世紀明顯的延伸性和密集性成長，為何沒有持續下去？
為什麼西歐經濟此時仍無法擺脫原先危害人類已久的馬爾薩

斯危機？這些都是我們將在本章嘗試回答的重要問題。

## 第一節

在1300年之前任何時期的量化資料都十分稀少，因而限制了我們對經濟演進詳細推論的精確性。雖然大致輪廓清楚，改變的確切時間卻仍屬推測。另一方面，質化（qualitative）資料很充裕。十三世紀顯然是大幅擴張的時代，是歐洲經濟真正覺醒的時期，相對和絕對價格發生變動，貿易和商業也擴張了。這些在現今的文獻中都有所說明與解釋。

p.47

對此一時期有研究的經濟史學家都同意，西歐人口正在成長，邊緣地區可能比中心墾殖區成長得更快，這些中心區已經遭遇勞動報酬遞減的狀況。因此，我們推測英格蘭和日耳曼可能比其他地區經歷更高的人口成長率。據估計，英國人口在「末日審判書」（1086年）和1300年之間幾乎增加了25%。雖然這類估計顯然可能誤差很大，但地方研究似乎也顯示成長幅度大約如此。

各地人口密度的差別，呈現出令人驚異的對比。南歐，特別是在北義大利，是人口最稠密的地區。佛羅倫斯境內每平方英哩可能有200人之多。在黑死病流行之前，那不勒斯（Naples）王國擁有約330萬人口，或每平方英哩將近100人，與法國的人口密度約略相當，當時法國總人口估計有1600萬到1700萬人。加泰隆尼亞（Catalonia）這個歐洲人口遷移的邊境地區，每平方英哩大概只有43人。大城市米

蘭和威尼斯據稱各爆增至20萬人口，義大利其他城市如佛羅倫斯、熱那亞、那不勒斯和帕勒莫（Palermo），可能也有10萬人口。這些城市是這個時期的巨人，其規模遠遠超過它們鄰近的競爭對手。

在義大利以外的地方，巴塞隆納約有4萬人口，巴黎的近郊以內不到10萬人口。不過，十三世紀西歐達到城市商業頂峰的是尼德蘭（Netherlands）。尼德蘭地處西歐商業擴張的樞紐位置，成為製造業和商業中心。在默茲（Meuse）河流域，一些城鎮都從事金屬業，斯凱爾特（Scheldt）河流域的城鎮則專營羊毛紡織和商業。布魯日（Bruges）成為當時北歐的領先港口，鄰近的城鎮也跟著繁榮起來。根特（Ghent）和布魯日在極盛時期，人口可能各達到5萬人。然而，特殊之處並不在個別城鎮的絕對規模，而是在這個地區所呈現的普遍都市性，城市人口這麼早便超過鄉村，此一現象是在義大利半島以外所僅有。相對而言，英格蘭在此一時期還未都市化，雖然它最大的都市倫敦，規模幾乎成長一倍，從2萬人增加到4萬。由於整個歐洲人口和城市人口都增加了，因此說不準歐洲在這段時間是否變得更加都市化。

對十三世紀價格歷史做一番檢視，並不能如我們所願地得到結論，因為缺乏涵蓋整個世紀的數據資料。我們的確握有幾段貫穿此一時期的農業價格，但直到十三世紀後半才有大致連續的非農業價格和工資資料，而1250年以前這些資料只有零星幾個項目。從殘存的片斷觀察中，只能得到租金趨勢的一般印象。 p.48

不過，相對價格變化的大致輪廓已可被建立起來。英格蘭的小麥價格明顯上升，以白銀衡量的話，（以1160－1199年為基期100計算）小麥價格指數從1180至1199年的140，增加到1300至1319年的325[1]。其他幾組資料以經常帳的單位表示，也佐證小麥和其他農產品價格普遍上升。公認的觀點是，農業價格上升得比非農業價格還高，也比工資上升得更快。在波斯坦最近對中世紀英國經濟的評論中，提供十三世紀後期租金急遽上升的證據。他描述從牧場到耕地的劇變、農地產量下降和移民終止，因為最後留存的土地正在耗竭[2]。農業價格上升但工資維持不變的狀況，使他認為實質工資在1208至1225年間下降了25%，在1225至1348年間又下降了25%。

於是浮現以下的模式：農業價格相對於大多數非農業價格和貨幣工資上升了，但也許不如租金上升得多。雖然歐洲其他地區的證據比原本就貧乏的英格蘭資料更不完整，但似乎也確認了同樣的趨勢。

還有一個問題。十三世紀普遍的價格水準上升率，真的和構成物價主要成分的農業價格相近嗎？皮倫和布洛克等歷史學家都認為如此。近來關於英國經濟的研究，似乎也同意這個觀點。一個簡單的邏輯推理，可以支持上述說法可能是

---

[1] D. L. Farmer, 'Grain Price Movements in 13th Century England', *Economic History Review*, 2nd series, 10（1957-8），第207頁接續。

[2] 'The Agrarian Life of the Middle Ages', *Cambridge Economic History*, 2nd ed., vol. 1（Cambridge University Press, 1966），第552至559頁。

正確的。試問以下問題：給定我們有關非農業價格的資料是不完善的，非農業價格必須下降多少，才能維持一般價格水準不變，而且還是在已知農業價格上升的情況之下？上面提到的小麥價格資料顯示，小麥價格在十三世紀上升了230%左右。切記，農業產品可能占英國所有產品的80%左右，非農業產品的價格必須下降90%以上，才能維持整體價格水準不變。這種現象一定會被當成重要經濟事件而受注意。合乎p.49邏輯的結論是，十三世紀不僅經歷普遍性的物價膨脹，也經歷相對價格急遽變動，以及實質工資下降。這個現象對西歐和英格蘭而言，可能都是真實的。

　　如果人口和價格的量化資料很少，那麼國際貿易數量的資料就更有限而零散。在此我們必須倚賴大量的質性描述，來了解貿易的大幅度擴張，無論是國內或國際貿易，都從中世紀開始擴張，而在十三世紀達到高峰。帶領商業成長的主力是義大利重要的海港城市，再加上佛羅倫斯等內陸城市，以及許多規模較小的國內貿易中心，形成國際網路的一部分。此外，地中海盆地周圍也散布一些小城市。威尼斯整個世紀都一直居於領先地位。緊隨在威尼斯之後的有熱那亞、比薩（Pisa）、阿馬爾菲（Amalfi）和帕勒莫。這些城市透過貿易，連繫著遠方位於亞洲邊緣的君士坦丁堡、北非海岸地區，以及馬賽（Marseilles）、巴塞隆納等南歐城市。地中海已成為義大利商船寬闊的快速通道。

　　中世紀歐洲的貿易網路並不僅止於地中海。首先是熱那亞人，而後是威尼斯人的船隻前往西班牙北部，再到英格

蘭，最後到尼德蘭探險。義大利人的擴張也不僅止於海上；他們的商人也由陸路前往日耳曼和法國香檳區探險。因此，在十三世紀，著名而悠久的地中海商業，便經由陸地和海洋連接發展中的北歐貿易。到十三世紀末，義大利商人已在北歐各地定居下來。

北歐貿易有不同的特徵。除毛皮外，主要是大宗而低價值的商品貿易。在這裡，穀物也是國際貿易的主要項目。波羅的海地區、早期的英格蘭和法國某些生產有剩餘的地區，都把穀物出口到人口稠密、糧食缺乏的法蘭德斯和低地國家等。

北歐的一項主要貿易品是酒。環境的差異在這個世紀逐漸擴大，造就許多各具特色的釀酒中心。普瓦圖（Poitou）、加斯科涅（Gascony，著名的波爾多葡萄酒釀製中心）、勃艮第（Burgundy）和摩澤爾（Moselle），甚至在當時就是專業的名酒生產中心。在這個世紀，葡萄酒貿易成為整個歐洲（特別是加斯科涅到英格蘭）船舶的大雇主。

p.50

另一項重要的貿易品是木材，用於造船、釘製板條箱、包裝，以及各種建築用途。缺乏木材的地區，如法蘭德斯，從北歐依舊茂密的森林得到大規模的木材船貨。

毛織品可能是北歐最有價值的貿易項目。生羊毛最初由英格蘭供給，而製造地點則在法蘭德斯發展起來，鄰近的布魯日、伊普爾（Ypres）、根特和杜埃（Douai）也成為北歐重要的織品中心。織品貿易或許可以解釋布魯日成長為阿爾卑斯山以西最重要市場的原因。來自北歐各地的商人把貨品

運到布魯日，交換織品或其他地區的產品。走水路進入低地國家十分容易，再加上其位處中央的地理位置，確立了這塊區域在北歐商業發展中的重要性。香檳市集衰落加上往地中海航線開通，使布魯日在十三世紀末儼然成為商業中心。

隨著長程商業發展，地方市場跟進，在北歐各地擴張和繁榮。以英格蘭為例，在這個世紀的前75年，就有超過2200個市場和集市獲得國王授與的特許狀，而且我們有把握假定其他地區也經歷過類似的商業發展。

由於沒有數量資料，所以我們無法精確估計此一時期商業或**人均**貿易價值的成長。但當前對十三世紀歐洲的敘述，已不容置疑地指出在各種層面——地方、區域和國際——商業活動正在興起、自給自足式的經濟正在衰落，專業化正以前所未有的規模在西歐進行。真正的市場經濟正在成形，但整體而言，農業仍占全體經濟絕對主要的地位，農產品和初級產品在北歐貿易財中可能仍占絕大部分。

## 第二節

以上所提的零星片斷歷史證據，在經濟理論幫助下，可繪製一幅與理論相符的圖像。如上文所概述，這個世紀相對價格的型態，是受到整個經濟中經濟部門的相對生產力變動，和／或生產因素之間相對生產力變動的影響。影響生產力的要件有技術變動、組織變動，以及生產因素擴張率的差異等。很顯然的，是後者（特別是人口相對於固定的土地供　p.51

給快速成長）解釋了十三世紀西歐經濟成長的模式。

　　從十世紀開始，整個西歐的人口就持續成長。然而，在十三世紀開始前，大部分地區勞動力的增加都遭遇普遍的報酬遞減。如同我們說明過的，邊疆消失表示此後增加的勞動力必須更集約地應用在已耕作的土地上。由於整個世紀人口的成長，勞動的邊際生產力更進一步下降，因而工資相對於土地價值也下降了。

　　現在，農產品價格在報酬遞減的情況下，相對於沒有這種限制的非農產品而上升。可耕地相對於勞動力成長而言是固定的，但因為非農業活動（土地在這些活動的生產過程中，扮演無關緊要的角色）僱用的勞動受土地限制的影響不大，非農業的產出仍可在成本不變的情況下成長，以應付需求增加。因此，十三世紀西歐總產出增加，必然牽涉農產品相對於其他產品價格的上升。

　　農業部門出現普遍報酬遞減的情況，對人口成長而言是壞消息，而大部分人口都仍從事土地相關工作。對每個從事農業活動的人而言，**假設其他條件不變**，此一主導部門**人均**生產力減少，意味著產出減少。此外，為了養活增加的人口，糧食必須更充裕，也就要求在兩個主要的生產因素——土地和勞動——之間的所得做重新分配。整個世紀裡勞動報酬下降，而土地為其所有者帶來前所未有的報酬。大量人口直接面對的結果，乃是經濟福利急遽下降。間接結果則是現存農業制度中，一些角力關係開始明顯趨於緊繃。

　　然而，在人口成長直接導致生活水準下降的同時，也擴

大貿易的可能性。雖然此一副作用常加劇相對價格變動，卻也使福利水準往反方向改變，因為它導致整體生產力增進。

　　正如我們所看到的，西歐人口成長擴大地區間因素稟賦的差異，創造貿易巨幅擴張的基礎，促進生產專業化、擴展商業基礎、降低交易成本，並鼓勵更廣泛地利用市場機制，以開發專門的資源稟賦。生產力顯然受惠於專業化、勞動分 p.52 工，以及當時幾乎在各個部門出現更有效率的技術、組織和制度。甚至在農業部門，如果不是受制於如此嚴重的報酬遞減，也應該會經由市場擴大所提高的產量中，得到生產力的提升。

　　在生產力提升方面，義大利諸城市可能優於北歐。從它們供養這麼多人口的能力，就表明其經濟組織之效率遠超過中世紀北歐所展現的程度。國際專業化和勞動分工的擴大，加上以下將要討論的，義大利人在生產制度創新上的領先，讓這些地區能夠獲得貿易利益。它們從廣泛的商業中獲利的能力，正是義大利城市早一步發展的原因。

　　人口成長本身就會使市場擴大，促成新的生產技術、組織和制度。像這樣的變動一方面增加製造部門的生產力，另一方面降低利用市場交換產品的成本，會加劇這個世紀出現的相對價格變動③。然而，生產力增加也提高所得和福利水

③　交易成本將農業部門和製造業部門分開，也將生產與最終消費分開。這些成本可被看作是一種稅。由於成本下降，消費者和生產者所面對的價格，和每個部門的產出，受到的影響依其供給和需求彈性的差異而不同。製造業部門的供給可被假設為完全彈性，而農業則為正的彈性。因

準，往往抵消農業部門報酬遞減的直接影響。當然，任何在
農業部門發生的改進，都會抑止實際上觀察到的相對價格變
動，而有利於提高福利水準。我們將在下面討論，由於現存
農業制度安排的緣故，在這個部門發生的任何改進，對**人均**
所得都只有微弱的影響。

可以確定，十三世紀人口成長對總生產力有利的副效
果，被證明不足以抵消與其相反的主效果。越來越多的待哺
之口，完全吞噬人口帶來的生產力增加。雖然市場經濟興起
可以紓解局部地區的饑荒，但對於更普遍的災難卻無能為
力。

p.53

在1200年前盛行的局部性饑荒，在十三世紀已不大具
有威脅性。某些地區的剩餘產品，首度足以用來養活其他歉
收地區。這無疑是一種利得，然而隨著人口更大範圍的成
長，報酬遞減的陰影也就更大了。更廣泛出現的是**人均**所得
下降，尤以貧窮階層為甚。歷史上，1347至1351年的瘟疫
被稱作十三世紀擴張帶來的劫難；事實上，這個轉折點更有
可能在十三世紀末普遍性的饑荒時就出現了。

在1307至1317這十年之間，饑荒在整個歐洲蔓延，並

---

此，交易成本普遍下降不會影響製造業面對的價格，但會同額降低消費
者支付的價格。在農業方面，消費者和生產者按相關彈性分擔，因此消
費者支付的價格不會同額下降。消費者為工業產品支付的價格會相對於
農業產品而降低。因此，這兩個部門之間的貿易條件變動的方向，會和
農業報酬遞減引起的變動方向完全一樣。這兩個貿易條件變動的原因，
造成的福利結果則相差很大。

且預示一場更大的危機——雖然仍待鼠疫為這時代的結束畫下最後一個驚嘆號。

## 第三節

十三世紀發展的基本經濟關係，現在已經變得很清楚，但它最多也只能部分解釋為何在此一時期經濟沒有達到自給持續的成長。答案在於，為適應上述經濟力量而發展起來的經濟組織和制度所具備的性質。

農業部門的貿易擴張和非農業部門制度結構，造成的結果很戲劇性。十二世紀後期和整個十三世紀，進行許多為獲取商業部門潛在利益而設計的輔助性制度試驗，這些獲利應該得自降低資訊成本、分散風險和將外部性予以內部化。可想而知，起初帶領這些制度變革的力量來自南歐，特別是義大利的城市，這些城市由於長期支配地中海貿易，因而享有最廣大的市場④。

為了進行海上貿易，這些城市的商人發明「commenda」和「societas」這樣的契約協定。[1]兩者都是關於旅行商人

---

④ 市場擴展鼓勵了發明和創新，原因已在前面的章節說明過。必須再度強調，因為發明者無法獲得其研究成果的所有利益，進行的發明會低於社會最適的發明數量。

1 這兩種契約關係常見於遠程貿易，其中commenda常寫成commendam或in commendam，指委託或代理，盛行於十四、十五世紀的跨國貿易伙伴之間；而societas則是指社團或行會，以團體組織形式進行貿易。

（tractator）和留在當地的投資者（stans）之間的合作。這些適合單次旅程的契約形式，目的在於使資本和經營夥伴能以自願方式結合，藉分散而降低風險，以及促進資訊流通⑤。

p.54　因此，「commenda」和「societas」也增進向外國探險獲利的機會。

　　此一時期發展的另一種輔助制度，是銀行的存款業務。存款銀行並不是一項新制度，可能在羅馬時代就已經存在，卻到十二世紀末、十三世紀初才復興起來。存款銀行業務根據的法律原則依然存在，沿襲自早期的羅馬法。此一制度再興並在歐洲廣泛被接受，證明對資本市場提供安全保障和降低金融成本的需求越來越大。

　　保險業也在此一時期開始萌芽——如我們所預期——伴隨著海洋貿易的擴張，最早的創始者是義大利人。此時承保的項目尚不完全，只為一定比例的貨物價值提供保險。已知最早的保險貸款可追溯至1287年，見於帕勒莫一名公證人起草的契據。此後保險業務被廣泛應用至其他城市，市場機制被延伸用來分散風險。保險業的成功至少部分保障了貿易探險，甚至在那麼早的年代，便拓展至其他許多活動，只要可以精算認定風險，這樣的制度創新便得以運行。

　　在銀行存款業務開始之後，便有其他制度被創造來推展

---

⑤　進一步討論參見 *Cambridge Economic History*, vol. 3，第49至52頁。投資者只承擔有限的債務，這樣便進一步降低風險。海上貸款是另一種海上業務的契約協定，請見前揭書，第53至58頁。

信用的延伸。頭腦精明的人，發明各種匯票和背書長程交易的直接貸款形式，以及這些貸款的取款、還款機制。地區市集的數量和規模都成長了，因為散布各地的小市場顯然可將相距遙遠的賣主和買主連接起來，並簡化他們的金融業務。實際上，市集是原始的組織化市場，賣主在規定的時間聚集在同一個地方，可以吸引買主。

　　十二世紀和十三世紀集中在法國建立的香檳市集，在南歐和北歐之間的商業中扮演突出的角色。最後，那裡形成六個輪流開市的市集，使這個地區幾乎一年到頭都是西歐的商業中心，以及南北交會之處。隨著商品交易數量越來越龐大，市集成為國際貿易的主要市場，以及剛萌芽的國際資本市場，為國際信用交易和付款機制提供有組織、有系統的場所。在那裡，有一個兌換貨幣的市場形成，兌換比率的報價p.55是普羅萬（Provins）的 1 sou 或 12 derniers 兌換某一數量的外國貨幣。這實際上是呈現出各種歐洲貨幣需求與供給的自由波動匯率，反映貿易區域之間的國際收支狀況。為交易而設計的制度工具（即所謂的 instrumentum ex causa cambii）允許得到本地貨幣的借款者，在另一個地方以另一種貨幣還款。這種匯票的雛形，對降低當時國際貿易交易成本有顯著貢獻。它易於運送隱藏的紙幣，在交易支付上，取代運送和保管方面成本昂貴的金屬貨幣。

　　制度創新造就的生產力，結果值得再加以強調。相對孤立的經濟單位所構成的莊園世界，或者如法蘭德斯和尼德蘭那樣城鎮連成一片的較大區域，在十三世紀初都不曾有關於

相對價格的連續性資料，也沒有更基本的供給和需求條件資料，就連本地的都沒有，更遑論對外貿易。交易在時間和空間上都過於零碎，以致無法維持一個有組織的市場。十三世紀這樣的空白，最初由集市開始填補，這個重要的制度安排提供這種資訊。隨著應用範圍擴展，它們取代中世紀那種偶一為之、花費昂貴的作法，以及每次都和唯一交易夥伴討價還價。由於數量增加，集市因而可提供國際市場價格的一般性知識，降低個人搜尋市場資訊的成本，藉由發展有效的信用工具，在資本市場的發展中扮演先驅角色。每一項創新都降低交易成本，集市就像先前描述的其他制度創新一樣，是生產力增加的來源。

　　定期的集市，在十三世紀開始衰落，逐漸被位於城區中心的永久市場取代，此一過程較早發生於義大利。香檳市集的命運提供一個有趣的例證。香檳區併入法蘭西王國後，該地和集市都承擔沉重的皇室稅負。同時，在十三世紀最後的四分之一時間，從義大利到低地國家海上直達航線開通，降低南北之間另一條航線的運輸成本。

　　市場資訊的提供受限於規模經濟。只要一有交易達成，價格和交易條件便會提供有關市場狀況的訊息。隨著資訊在日益增加的人群間傳播，**每位商人**的交易成本也就跟著下p.56降。資訊的平均與邊際成本，也隨著市場規模擴大而下降，在十三世紀原始而興盛的市場經濟中，由於貿易在各方面快速成長，我們將可期待一個永久性國際市場在中心位置發展起來。這或許會是香檳區的命運，如果不是香檳市集受到皇

家稅負懲罰，而同一關鍵時期，義大利到低地國家開通了一條海上直達航線。這些事件組合，使布魯日崛起成為阿爾卑斯山脈以西最重要的市場⑥。

像布魯日那樣的城市市場，開始歡迎在集市裡促進國際商業的組織和制度。如前文討論過，義大利人在建立輔助性制度（和其他許多制度）上占居領先地位，不過北歐人先從地區集市開始，後來在永久性的跨區市場上快速跟進。這些新制度安排，牽涉正式契約協定的建立，以取代早先的非正式協議──亦即它們是勾勒出合作與競爭可行之道的財產權特定形式。接下來必然的，它們需要法律制裁的執行。

現今的商法大多起源於商人的習俗，隨著百年以來使用文字的程度提高，才逐漸編纂成條文。我們可以想見，為執行貿易協議而制定的明確成文法，首度出現在商業貿易繁榮的城鎮和集市上。由於義大利諸城市居於商業發展前鋒，它們也率先出現法律形式正規化。然而，興盛的國際貿易，不可避免地將一個重要地區的貿易原則，吸收和納入區際貿易的所有法律之中。

商法中的一個重要部分，是債務和契約執行的行為準則。這些程序經由互相協定，或者在市場地區由封建教會法庭以外的商事法庭認可。隨著商業擴展，基本的商業習俗也跟著散播開來。於是，比薩的海商法成為巴塞隆納海商法的

---

⑥ J. A. Van Houtte, 'The Rise and Decline of the Market of Bruges', *The Economic History Review*, (April, 1966)，第29至48頁。

範本，接著在十三世紀初又編入《歐雷鴻法》（*charte d'Oleron*）[2]的條文中而受重視，成為尼德蘭和英國商法發展的範本。

為了獲得市場擴張的利益，一個地區須關注商業賴以生存的穩定且基本的法律，並且配合其他地區維持一致的執行。一個地區從擴張市場活動所得到的明顯利益，使現存的權貴熱切支持和推廣這種法律規則，無論政府是由國王、貴族或由（新興城市裡的）商人寡頭集團控制。不管是誰的手中握著錢包，利潤都來自安全、有秩序與有法律保護的貿易路線、市場位置，以及契約協定。

然而，由於這些可獲利的新協定只能靠法律制裁執行，而這又需要政府的強制權力來支持，因而一部分利潤必然要歸於治安當局，換取他們出力與制裁。貿易擴張顯然牽涉封建社會階級之間所得分配的改變。貿易利得如何分配，是爭端的來源。社會成員為利得分配而起的爭執，見於以下這個例子：萊茵河的過路費，從1200年的19種項目增加到1300年的35種以上。然而，無論怎麼分配，利得仍十分顯著。

國際集市和城市中心興盛，促進區域間的商業，同時也出現地方自治市鎮和集市。這些較次級的市場集合了地區產品以便出口、分配進口產品，以及便利當地產品在區域內的交換。儘管整體而言，此一時期城市人口的擴張落後於鄉

p.57

---

2　法國歐雷鴻（d'Oleron）當地的海上商事習慣法，因廣泛受到海商們遵照，而成為後來海商法的重要來源之一。

村，城鎮卻在規模和數量上絕對成長了。在英格蘭，跟其他地區一樣，新城鎮和集市的興建也受到國王和大貴族的鼓勵，他們出售創辦市場和建立行會的合法權利。

　　十三世紀城鎮興起，基本上是為了商業需要，而不是為了製造業。不過，手工藝在城市中心的地位變得更穩固，使繁忙的中世紀貿易商開始發覺，他們可以在城裡得到比莊園裡品質更好的商品，因為較大的市場促成專業化，導致手工藝品更為精巧。

　　透過製造更好的產品，專業化雖然證明了自身的價值，卻逐漸僵化成職業行會。一開始的時候，中世紀行會向現存強權（國王、大領主或城鎮市民團）購買在特定區域內進行某種貿易的排他權。這些作為早期壟斷者的行會成員，利用其地位為全體會員謀利，經常一起為流動資本貸款做擔保，也設立品質標準，以及（時常）限制產出的數量。

　　行會成員銷售他們製品的市場區域越大，所能進行的工 p.58
作便越受限制和越專業化。以低地國家的紡織業擴張為例，我們看到高度專業化行會的發展，法蘭德斯的紡織管制，將生羊毛到織品的過程細分成各自獨立的貿易區塊。婦女在貨棧裡將未經加工的羊毛分類和定級。在男人清除大片汙物後，生羊毛便交由婦女在家中加工，進行清洗、梳理、紡績和上漿。接下來再由男人加以紡織，並送入漂洗槽。之後再交給染色工，最後必須再經過數道加工才能出售。每個步驟都受到不同行會的控制。

　　勞動的分工如此有效率，以致在日益有效的市場制度幫

助下，法蘭德斯的織品竟能將全歐洲其他專業化程度較低的織品行會價格壓低。由於價格低廉的法蘭德斯織品充斥在越來越多的地方集市貨攤中，使英格蘭剛起步的紡織業特別受到威脅。熟練的法蘭德斯技術移民，實際上對十二世紀英格蘭紡織業的誕生是有幫助的，英國的織工行會在1150年以前便存在於較大的紡織城鎮，但它們只專注於為本地市場生產；而今法蘭德斯織品的進口，竟打破這些行會享有的地方壟斷。結果是英國織品生產被迫離開被壟斷的城市，來到不受管制的鄉間──部分是為了躲避地方行會耗費成本的限制，部分是為了用水力發動漂洗機（fulling mills）。在歐洲其他地區，有些產業座落於鄉間，則是出自一個更直接的原因：金、銀、銅、鐵、錫、鉛的原料開採，在這個世紀變得益發重要，雖然由於技術原始，挖掘一旦深入觸及水脈，開採成本便大幅增加。在十三世紀後期，採礦也普遍遭遇報酬遞減的狀況。

在十三世紀大多數地區，製造業是總生產的一部分，但並不如農業重要，可能也不如商業重要。然而，市場支配著生產型態。商業利潤擴大了信用，即使沒有實際上直接支配，也對製造業過程有決定性的影響。在數量上，如此得來的流動資本，比製造業使用的固定實質資本更重要。製造業普遍而言仍是高度勞力密集，而且受限於規模報酬固定，唯一的例外是採礦和冶煉產業，在那裡成本增加，產出也會跟著擴張。

中世紀歐洲社會，在十三世紀從商業成長得到的利益很

顯著。利用市場配置資源的成本大幅下降。結果是隨著市場 p.59
拓展，專業化的利益也跟著增加。西歐和南歐之間的貿易變
成例行且持續的。製造業和貿易的專業區域，如法蘭德斯和
布魯日，也跟著發展起來。其他地區則專門生產小麥、酒
類、羊毛及木材。

也許很容易就太過誇大這些發展，因為西歐大部分勞動
力仍直接受土地束縛。我們已經知道，正是這個在十三世紀
的主導部門生產力下降，才導致往後數個世紀的黯淡。我們
必須考慮的問題是，為何透過市場促成下降的成本，卻沒能
像促進商業和製造業那樣，提高農業這部門的生產力？

答案是，在某些方面的確有提高，但這些效益並不足以
抵消人口持續成長造成的生產力下降。農業通常會經歷勞動
力擴張造成的報酬遞減，此一狀況並未發生在工業或商業
上。當報酬遞減出現，而勞動力還在成長時，工業的生產力
和勞動力都會下降。除非貿易在組織和技術變動上的收益足
以抵消報酬遞減帶來的損失，否則生產力肯定會下降。無疑
的，農業部門可藉由專業化得到某些效率的利益。不同區域
在小麥、羊毛和酒方面的專業化，如前所述，的確為生產者
帶來某些貿易利得；為市場生產，比設法自給自足能得到更
大範圍、更高品質的消費商品。

雖然市場擴大獲致專業化利得，卻在組織效率上出現相
反效果。此時似乎出現一種趨勢，領主收回領地，改為直接
耕種，利用佃農必須為領主服務的強制勞役。先前朝固定貨
幣租金演變的趨勢，以及每年以固定貨幣給付替換勞役，在

某些莊園改走相反的回頭路。在那裡，我們看見傳統莊園組織的重返。

　　傳統莊園組織重返的原因並不難理解。在邊疆土地和莊園之間的土地全部被占用之後，如我們所看到，持續成長的人口明顯改變勞動與土地的相對價值。土地權的所有者現在擁有更高價值的財產，勞動所有者的財產價值則較低。因素價格的急劇變化，須修改莊園契約以適應新的相對稀少性，但為了避免情況複雜化會花費更高的成本，支付的變更必須在現存習俗的架構下訂定。由於物價膨脹大幅降低領主先前所得到固定貨幣支付的實際價值，而莊園習俗卻仍視這些給付並無改變，領主便有改變契約條款的額外誘因（的確，「農場」〔farm〕這個名詞即是從一個表示「固定的」〔fixed〕之義的詞衍生而來）。在物價膨脹的情況下，經常重新協議租金和替代給付，已經讓人見識到其成本高昂，幾乎跟完全破除莊園管制傳統的成本不相上下。

　　十三世紀的領主因而陷入雙重困境：他必須應付價格水準上升引起貨幣所得實際價值下降的問題，同時人口成長帶來的土地價值上升，在現行的固定比率下，並未使他受益，而是讓他的佃農受益。從領主的觀點來看，固定的實物租或分成租的建立，可以解決物價膨脹本身的問題。但為了應付土地實際價值上升，便需要定期重新議價，使自己比較有利——在十三世紀莊園經濟的制度結構下，這是一個花費高昂的過程。鑑於這樣的困難，花費較少的作法通常是領主運用他被承認的權利，將領地收回來直接耕作，而不是在現存

p.60

契約下對交易條款頻繁地議價。[3]

　　這個推理解釋了在市場經濟已經現身，而勞動實質價值下降的情況下，以耕種領地的方式恢復勞役這個看來矛盾的現象。勞動價值顯然低於十二世紀，那時固定金額的替代給付已經確立。但領主還是常選擇勞役（雖然它的實際價值很低），而非繼續收取貨幣支付和僱用自由勞動。此一轉變在許多地區都已發生，即使農民數量充裕，他們持有的土地並不足以達到人力充分僱用，即便強制勞動還會引來怠工之類的老問題。

　　這顯示由於物價膨脹，自由勞動的貨幣價格可能是增加的，儘管它的實質價值下降。貨幣工資上升至大於定額給付時，地主會選擇重新要求勞役義務。或許我們不應過分強調勞役恢復的程度，我們的證據並不足以估計此一情形有多普遍，只知道有些莊園的確回到勞役型態。

　　在固定租金和替代給付繼續存在的地方，領主可能採取其他作法，以適應相對和絕對價格變動。在這樣的情況下，　p.61
領主如果做得到，可能會逐步增加給付，使之與相對因素的價格變動更加一致。毫無意外的，領主會以其被承認的權利盡力設定與徵收一切給付。農奴和傳統的佃農（他們合起來

---

3　雖然此時市場已經發展，但是因為價格上漲的變化，使得市場價格不再是可靠的價值計算依據，領主收到的貨幣或商品支付，並不如直接掌控勞動符合自己的需要，於是寧可回復原來的莊園規定，要求農民服勞役或徵收勞動捐。也可以將這種現象當成是領主在面對物價不穩定時，所採取迴避價格變動風險的辦法。

構成農業的大部分人口）漸漸被看作是不自由的，一離開便會失去他們的土地。他們也不能未經領主許可，便買賣他們對土地的權利。此外，他們必須經過領主允許才能嫁女兒，有時連兒子娶妻也須經過允許。死亡必須繳納死亡捐（遺產稅和喪葬費），繼承人在他們能擁有土地之前，也要繳納越來越貴的註冊費。除勞役外，常要繳納年租，有些地區還要加上「tallage」這種家庭稅[4]。在其他地方，農民甚至須在出售牲畜前先拿到特許證。

以上每一項限制，在十三世紀漸漸成為佃農的負擔，都是領主獲取土地價值的手段。每項限制的設計若不是為了隨土地價值上漲而增加利益，就是為了保證領主能課徵到稅收。舉例而言，限制遷徙和出售，就是為了保證能課徵到繼承和喪葬稅。當然，在領主選擇轉讓許可權的時候，也可作為一種收入來源。入莊費可以提高，某種程度也掌握土地價值上升的利益。各種執照和許可隨著佃農財富多寡而變化，也是另一種手段。

因而，佃農的負擔便成為地權所有者用以增加土地給付相對於勞動給付的手段。每一項都是莊園習俗所擔保的領主的公認權利。整體而言，這些負擔不能超過持有土地的經濟價值，否則承租人會放棄。比較有效率的方法是設立名目與提高給付，而非創造新機制去適應這種情勢變化，因為新機制一開始會與莊園基本制度發生衝突。

---

4　一種普遍且苛重的莊園稅，徵稅範圍幾乎包括農民家中的一切財富。

　　不幸的是，農奴的基本限制隱含重要的影響力，攸關組織農業的效率。不能自由轉讓土地和嚴格限制勞力移動，明顯妨礙資源的有效配置。有效率的農民無法輕易獲得更多土地，無效率的農民不能隨意處置他的土地，這些都降低農業的整體效率。即使採取法律手段，結果只會增加成本。對勞力從勞動充裕地區移至勞動稀少地區的限制，也有同樣的效果。出售牲畜的許可稅妨礙牲畜飼養的專業化。每年的家庭稅及取得各種許可所需的給付，通常隨農民人數多寡而不一，妨礙財富和資本的累積。　　p.62

　　農奴的義務因而阻止了位居領導地位之農業部門資源的有效配置。一名農民所擁有及得到的必須與領主分享，使休閒價值高過真實的社會價值。農民被鼓勵在生產性活動中投入極少的努力。

　　如我們以上所看到的，勞役恢復起因於此一時期價格的變動，使農業部門的整體效率發生同樣災難性的後果。採用勞役耕耘領地的趨勢，使越來越多農業勞動力轉變成在一種鼓勵怠工的制度下工作，不僅需要嚴密的監督，更進一步降低因勞動相對於土地的充裕而大幅下降的勞動生產力。

　　這些改變雖然有壞處——它們使農業部門難以有效率地適應已經改變的環境——但它們還不是增加農業部門生產力的唯一阻礙。我們已看到農民沒有提升生產力的誘因，也沒有提升財富的誘因，因為無論利益有多少，領主都會從中拿走大部分。農民也不能靠逃跑來改善命運，因為到處都是這樣的狀況。擁有土地特殊權利的所有者——領主，卻能透過

農業生產力的提升獲利。

　　然而，因為領主人數很多，並沒有個別改變其勒索方式或進行研究、促進創新的誘因。改變莊園基本制度安排的成本很大，且並非所有農民都可從這些改變中受益，甚至在現存制度下增加規章，也會招來不滿和小型暴動。由於領主在改進農業過程和技術中，連一小部分的社會生產都得不到，當然就沒有誘因去試圖改進。合理的反應是等待其他地主來承擔研究和發展的成本，再對成功的作法加以模仿。當然，要是每個領主都選擇等待，就沒有進步可言了。

　　不過，並非所有農業部門的制度變革都與提高效率背道而馳。例如土地經濟價值提高，導致英國土地法產生重大變革。這些改變只影響擁有土地的自由民，而不影響農奴。雖然我們無從得知十三世紀英國土地有多大比例為自由民所持有，那比例顯然只占總數的一小部分。自由民只為領主服固定且特定的勞役，他們所擁有的土地，在那個世紀漸漸可以自由轉讓。

p.63

　　這在格蘭維爾時期（Glanvil's time）[5]（1180年代）還不可能發生，土地移轉必須採取出租形式。然而，到了十三世紀末，自由民置換的方式，獲得出售土地的權利，買方取代賣方成為主體。[6]因而，私有財產定義中的一項重要條件——

---

5　格蘭維爾即 Ranulf de Glanvill，有時也寫成 Glanvil 或 Glanville，十二世紀時英格蘭國王亨利二世（Henry II, 1133-1189）的著名宰相，他以拉丁文所寫的法律著作，對英國法律有很大的影響。

6　土地交易若只能以出租形式進行，就只有使用權的移轉，而非所有權的

享有權（the right to enjoy）和轉讓權（the right to alienate）
——在英格蘭法律中被確立了。雖然它只適用於英格蘭一小部分土地，卻是極其重要的先例。

　　財產權歷史上的發展，是經過重大爭論才發生的。土地實質價值上升，提供社會各敵對團體建立、重建和定義土地的誘因。這方面有兩項關鍵性的法令，一是1235年的《摩頓》（*Merton*）[7]，二是1285年的《西敏司特》（*Westminster*）[8]。這兩項法令允許莊園領主，在為佃農留有充裕土地的情形下圈占荒地。領主因此獲得先前屬於所有居民的莊園土地排他權。

　　這場持續中的爭論，關鍵因素之一是移轉土地的權利。

---

　　移轉，因此主體是在賣方。當土地權利的移轉主體轉為買方，則表示移轉的不只是暫時性的使用權，而是更完整的產權移轉，因此對私有產權的發展具有重大意義。

7　《摩頓條例》（*Statute of Merton*）是在《大憲章》（1215）之後英國最早為《普通法》奠定基礎的法令，其內容在於允許貴族將莊園附近的「公地」（common land）納入莊園領地，只要保留足夠的野放牧場用地給農民，這項法條被認為是對王室權利的限制。

8　《西敏司特條例》有兩項，都在愛德華一世（Edward I, 1239-1307）在位時通過，分別是1275年與1285年，此處所指的是《第二西敏司特條例》（*The second Statute of Westminster*），內容包括一項「有條件贈與」（De donis conditionlibus）的條款，對英國土地法發展有重大影響。依據原先的莊園習俗，土地繼承人只要是親屬即可，該條款則縮限為直系血親，如果沒有直系血親為繼承人，則土地將歸還原授與人，通常就是莊園領主。這項法條確立直系血親的繼承權，將土地的產權關係界定得更明確。不過，卻也因為繼承權僅限於直系血親，讓領主能將一些土地充公，在實施當時對其他親屬相當不利。

封建法律不承認土地所有權的概念。其基本特徵是幾個人對
同一塊土地都各自有裁判權（jurisdiction），或共有分享同
一塊土地的權利。國王、佃主、領地佃戶和下屬佃戶（或簡
言之，國王、領主和農民），都各自擁有從土地獲取收入
（叫作 incidents）的權利。

　　土地轉讓的方法有兩種，一是置換，二是封地分賜
（sub-infeudation）。前者要求把土地交給領主，領主再將土
地授與他人；後者則是由承租人將土地授與他人，承租人就
成為得到土地之人的地主。土地的權利或義務，在這兩種情
況下都仍保留。然而，封土分賜為封建增加另一種佃戶。發
生爭執時，領主只能對其佃戶採取行動，而不能對其佃戶的
佃戶採取行動。一旦佃戶消失，更高位的領主也就失去他們
的權利，因為他們並沒有對土地實際占有者的合法追索權。

　　當佃戶身為自由民時，特別容易發生這樣的狀況。領主
們非常關心這個問題，因此在 1217 年的《大憲章》（*Great
Charter*）重申：「自由民今後不得贈與或出售太多土地，以
免剩餘土地不足以繳納勞役稅。」[9] 十三世紀國王法庭頒布一
系列法令，逐漸允許自由民在未經領主許可的情形下，彼此
以置換方式轉讓土地。1290 年的《置地法》（*Quia emptores*）
只確認這個已成為慣例的行為。該法特別禁止封地分賜。[10]

p.64

---

9　《大憲章》在 1215 年頒布，接下來幾年有過幾次修訂，1217 年的修訂將
　　一些有關土地的法條納入，文中所引的文字即是其中之一。

10　《置地法》的重點在於限制佃戶以封地分賜的方式轉租土地給別人，因
　　為在可用封地分賜方式轉租的情況下，地主土地買賣的產權移轉就不

有趣的是，直到1327年，此一權利才推展至大佃戶。[11]

　　這裡揭示的是，一般英國的自由民是如何得到轉讓土地的權利，得到近似於付費取得的所有權（fee-simple ownership）。諾曼人的征服（Norman conquest）在英國造成一個比其他封建社會更強大的中央政府。英國國王法庭的中央集權跟歐洲大陸完全不同。十三世紀國王法庭相對於領主法庭，逐漸擴大了它的裁判權。這場鬥爭中一個關鍵的先例是，確認國王法庭對自由民擁有裁判權。自由民開始被定義為其義務受到嚴格界定的人。隨著莊園領主失去對自由民的裁判權，他們也就失去對其土地財產的控制。英國這些有利的發展在封建社會是獨一無二的。除了尼德蘭，其他地區的法律制度仍不承認土地的排他性財產權。《羅馬法》在歐洲大陸（特別是德國）被恢復與採用，並無法為承租人提供法律保護。佃戶的土地可以被任意收回，非常規的租約也不被允許。歐洲大陸上土地私人財產的發展，因而在十三世紀漸漸落後於英國。


## 第四節

　　人口成長及隨之而來有組織的市場，加上貨幣經濟擴張，改變封建社會興起的基本條件。在本章上一節，我們已

---

完整。

11　這幾段文字指出自由民的土地產權逐漸獲得確立，然而封建貴族為了保住權利，也努力試圖抗拒這種變化。

經看見農業和非農業兩個私部門的某些結果。公部門也有同樣革命性的後果。我們把封建主義視為一種契約性的財政關係，這種關係是以勞役交換保護和正義。地方領主為上級領主和國王提供騎士，以保護王國。在社會階級底層，農奴和自由勞動為社會生產商品與勞務。莊園是這種契約關係的焦點，雖然階層制度上達最大的領主——國王。我們看到，在典型的封建時代，保護和正義是地方領主主要的職權。到了1300年，這種關係發生變化，但我們應當細心地指出，即使在那時候，地方莊園領主仍是正義的主要施予者，在某些地區，保護也是如此。在英國，自由民受到國王法庭保護，但

p.65 農奴仍受制於莊園法庭。此外，在莊園之外，成長中的城鎮經常是自治的，本身提供地方性的正義和軍事保護。的確，城鎮一般都仍舊有一名領主，他是軍事和政治威脅的最終保護者。

雖然公共財主要仍是地方性的，十三世紀卻已為普遍性的變革指出道路。改變的來源有二：（1）貿易成長和長程貿易中對私有財產保護的需求增加；（2）貨幣經濟對軍事單位的最小有效規模（minimum efficient size）[12]產生的後果。

只有在提供保護的情形下，莊園邊境之外的貿易才有可能發生——有時候這非任何一名地方領主的能力所及。貿易

---

12 具有規模經濟的組織單位中，隨著規模擴大會呈現平均成本下降的情況，當下降至平均成本最低點，即達到「有效規模」。「最小有效規模」則是在最低平均成本的前提下，最小的組織規模。

潛在利益的成長，鼓勵較大規模的秩序維持。舉例而言，如
果得到香檳區的伯爵和法國國王的安全保證，商人們就湧入
香檳市集。外國商人享有貿易優惠，許多城鎮得到自由貿易
的保障──這些都顯現出保護已超出地方莊園的範圍。的
確，以上敘述十三世紀興起的貿易，都不可能在沒有大規模
保護的狀況下發生。前往香檳市集的商隊，確實到十三世紀
初還採成群結隊，並且利用重武裝保護，但保護的主力逐漸
從個人和莊園轉移至地方法庭和貴族，甚至到較大地區的國
王。如此，對長程貿易商品私人財產權的保護，便成為較大
政治組織發展的強大激發力量。隨著十三世紀地區和全國性
政府職能的擴張，其財政需求也跟著成長。

　　變革的第二個來源是軍事。在古典封建主義時代，地方
領主要為其上位領主提供許多騎士服軍役，通常是一年四十
天。服完役之後，騎士們各自返家。在這種情況下，延續性
的大規模戰爭很難發生。貨幣經濟發展帶來兵役免除稅──
以貨幣支付代替勞動投入（騎士役）。國王如今已有能力僱
用一支常備或臨時軍隊。雖然大規模僱用軍隊的全盛期尚未
到來，但十三世紀已有越來越多傭兵被僱用。最終結果是使
大規模和持久戰爭成為可能。這也削弱封臣相對於君王的權
力，因而提高國王對潛在不順從封臣的實質權威。

　　國家的保護延伸到貿易財產和龐大軍力僱用上，都是花
費昂貴的。君王或貴族們從哪裡得到這些額外收入呢？十三
世紀初（1202至1203年）法國和英國君王的收入來源如下：p.66

當年法國國王收入的第一部分由**市長**（prevots）和**鎮長**（baillis）的支付所組成，付過某些固定的地方費用之後，約有60,000巴黎幣（li. par.）[13]。這個總數是根據王室森林和農業領地的收益、各種領主權、裁判收益、市場和教會資助等推算出來的。此外，國王還會收到與戰爭緊急狀況直接相關的額外支付——來自於非貴族與陪臣（vavassors）的軍役代償支付、對領地徵收的人頭稅（taille），以及對領地內城鎮、教會與猶太人徵收的特別稅——總數約63,000巴黎幣。兩年後，英王約翰（King John）[14]的收入約有20,000鎊，主要來自於諸郡農地和自治城市、封建財產和附屬權利的孳息、手中閒置的教會地產，以及王室裁判的收益。然而，當時這個總額還包括部分兵役免除稅、軍役代償費、向領地和猶太人徵收的家庭稅（tallage），當年和次年總計有6,900鎊。英王約翰並在1202年完成對貿易的徵稅，1203年和1207年徵收了一般動產稅，後者的總額竟高達57,000鎊。關稅很快就被放棄，不過它和動產稅一樣，顯現未來財政制度的最初預兆。[7]

---

13 文中li. par. 乃是 livre parisis 的縮寫，意指巴黎製造的貨幣，是當時法國官方通行的貨幣。

14 英王約翰（1166-1216）在獅心王李察（Richard the Lionheart, 1157-1199）率領第三次十字軍東征（1190-1194）失蹤後繼位，領土減少，權位低落。在羅賓漢（Robin Hood）的傳奇故事中遭受後世嘲弄。

7 *Cambridge Economic History*, vol. 3, 第302至303頁。

　　我們可以看到，大宗收入仍來自於傳統封建君王的附屬權利；來自於地產和小領主的各種封建義務。但如同引文中所指出的，有些收入則是未來的預告。人頭稅，一種直接稅的形式已變成法國財政政策的支柱，如同關稅對英國的重要性。對猶太人和外國商人的特別稅或年度稅、通行費和壟斷特權的轉讓，是此一時期常見的收入來源（雖然是次要的）。我們應特別指出一個特徵。有時君王被迫召集一些資產豐饒的團體，為的是從他們那裡獲得一種特別稅。這就是代議機構的發軔。這樣的集會經常享有特權和當局的授權，以交換他們的同意納稅。在往後幾個世紀，我們將看見英國國會逐漸形成對財政事務的控制。

　　因此，在十三世紀初，王權已擁有不同的收入來源，但它們的源頭主要仍是封建性的。的確，大部分的君王收入仍經常是實物。法蘭德斯伯爵甚至被迫將他的宮廷遷到另一個地點，以享有實物稅收。此外，國王也總是在催逼稅收。這些政府需求比封建收入成長得更快。所有潛在收入來源都被利用了；從勃艮第公爵在當時對法國國王提出的領土要求，到對地產實施更有效率的管理，最後甚至是全部沒收徵用。 p.67

　　儘管需求的成長可以說是前所未有，貴族和國王卻必須小心，不能太過苛待其臣民，因為財富或所得受損的人很有可能掀起叛亂。《大憲章》的讓步和十四世紀初法國同盟所贏得的憲章（charters）[15]，都證明這種類型的反對真實存在。

---

15 早在 1300 年法國國王菲利普四世（Philip IV, 1268-1314，又稱 Philip the

到十三世紀結束時，王權和地區政府需求有了巨大的成長，但來自封建附屬權利的傳統財政收入並沒有增加，有時反而減少。

　　轉讓土地的重要權利受財政危機影響。以轉讓權為例，是由君王授與的；1210年在法國是由菲利普奧古斯都（Philip Augustus）[16]，在英國、香檳區和其他地區是由《置地法》來確保王權的收入。各地都遇到相同的問題，封建收入相對於需求而言都在減少，需要新的收入來源。透過檢視十三世紀末英國和法國的財政收入，可以發現與該世紀初不同的情況。

　　在愛德華一世（Edward I）和菲利普四世（Philip the Fair）的時代[17]，特別稅的課徵變得更頻繁、更普遍，而且更不可或缺。在愛德華一世統治下的英國，對教會課徵的稅收，為國王提供了200,000鎊左右。國會對動產課徵的稅收更高達500,000鎊之多，還建立國家的關稅制度。1275年，對羊毛、羊毛皮和皮革開徵出口稅；

Fair）召開第一次國家會議（Estates-General），1302年底被法蘭德斯市民組成的軍隊打敗之後，在1303年頒布 *La Grande Ordonnance*，宣示依照貴族的意見改革國家。之後又經過多次戰爭衝突，1314年菲利普四世死亡，路易十世（Louis X, 1289-1316）繼位，在1315年授與州省同盟憲章。不過，法國在此之後，王室與地方貴族的衝突仍然繼續發生。

16 又稱菲利普二世奧古斯都（Philip II Augustus, 1165-1223）。

17 英國國王愛德華一世（1239-1307）與法國國王菲利普四世（1268-1314）在位期間，大約是十三世紀中葉至十四世紀初。

1294 至 1297 年稅率一度上升，1303 年還與外國來英經商的商人為額外的出口和進口稅展開協商。在 1275 至 1294 年及 1299 至 1304 年之間，以 1275 年為關稅平均收益來看，每年約有 10,000 鎊，因而 1294 至 1297 年的貿易稅收入必然較高，而且在統治後期對外商開徵新稅後必然更甚。總之，愛德華一世在位期間，透過直接和間接稅的課徵，將收入提高 1,000,000 鎊以上。

　　法國的菲利普四世對稅收的需求也不遑多讓。他和愛德華一樣，經常要求教士捐獻。另一方面，他在建立一般直接稅方面，遭遇更難克服的阻礙，結果是憑藉經驗和即興式的試驗，包括對財產或動產的所得課稅、爐灶稅、任意劃分不同階級和團體開徵軍役代償費，還把封建義務擴展至下級封臣。在這當中，有某些稅收數目頗為可觀：1295 年補助金可能只有 350,000 到 360,000 巴黎幣，1304 年為 700,000 圖爾幣（li. tur.）以上，雖然這是貶值的通貨。[18]同時，繼續提高收入已愈形困難。國王被迫承認個別城鎮與共同體特殊的地位條件；早在1295 年，國王便必須讓貴族分享一部分領地的稅收，以買通貴族的默許。因此，直接稅必須輔以其他措施來提高收入。1291 年開徵銷售稅，但它激起盧昂地區的騷

<!-- p.68 -->

---

18　文中的 li. tur. 乃是 livre tournois 的縮寫，是圖爾（Tours）的貨幣。原先法國官方通行的是 li. par.（livre parisis），1203 年菲利普二世占領了圖爾附近區域，該地的貨幣就逐漸代替原來巴黎的貨幣，li. par. 與 li. tur. 這些貨幣單位的價值很難估計，此處說明 li. tur. 比 li. par. 貶值。

亂，城鎮和縣治因此得以免繳，該稅也在 1295 年被廢止（雖然 1296、1314 年和查理四世〔Charles IV〕統治期間還是徵收了類似費用）。猶太人不時被課徵稅金，單單在 1298 至 1301 年之間便徵收了 44,000 圖爾幣；後來他們還一度遭到驅逐，並於 1306 年遭沒收財產。義大利商人——金融家被迫花錢向國王買通才免遭濫權，這項收入在 1291 至 1292 年達到 221,000 圖爾幣，在 1295 年有 65,000 圖爾幣。強制貸款增加了，而且還不一定償還。大規模控制通貨或許是獲取資金最重要的手段：1298 至 1299 年以這種方式把注了 1,200,000 圖爾幣，相當於國庫總收入的三分之二。⑧

這段長引文明白指出收入來源是如何改變的。教士乃是中世紀財富的主要持有者，是收入的基本來源。我們看到英國徵收關稅和法國對封建領地課徵地方稅（不過仍具有付回扣給地方領主的重要特徵）的不同。對外國商人和猶太人課稅，以及使通貨貶值也是另一個收入來源。[19]

到了十三世紀中期，歐洲統治者在戰時的財政需求已超過正常收入，以致必須持續且大量舉債。在十三世紀初，借貸還不常見。當借貸發生時，貸款以土地作為擔保，貸方經

---

⑧ 前揭書，第 304 頁。

[19] 在商品貨幣時代，雖然錢幣以金屬鑄造，具有固定的價值，但是國王可以鑄質量較差的新幣，規定其與舊幣的兌換比率，高於其材質價值，達到貶值效果。

常是教會。對政府貸款的次數和性質，在該世紀都發生變化。王權以稅收或關稅當作抵押，「最佳」貸方則是義大利人（雖然初期法蘭德斯人和當地債權人有其重要性）。盧卡 p.69
的李嘉底（The Riccardi of Luca）因而在1272至1294年間借給愛德華一世 392,000 鎊（用於征服威爾斯和其他軍事費用）。國王將稅收分包出去是慣例。在當時，關稅交由貸方掌控，作為償還貸款的來源。繼李嘉底之後，佛羅倫斯的福列可巴底（Frescobaldi）扮演相同的角色。法國也有類似的例子，十三世紀時曾向巴黎的聖堂騎士團借貸。1287年菲利普四世積欠寺院 101,000 巴黎幣（約占每年王室收入的六分之一）。還有一例是法蘭德斯伯爵，手中握著擁有充裕資金的富有城鎮（如根特），就可向其借貸或徵稅。

然而，王室的借貸史中充斥著貸放人悲慘的故事，以及許多金融家和錢莊因王室拖欠，而在當時或後來宣告破產。利率反映了高風險，也就變得非常之高。我們將在後續幾章看到，公共和私人資本市場如何受到王公貴族籌資的影響。

## 第五節

我們現在可以開始對本章開頭的問題做一番總結。為何十三世紀的歐洲沒有掙脫馬爾薩斯陷阱？答案在於該世紀已發展或發展未成的財產權性質。

財產權的創造和執行，是政府武力統治特權的來源。政府武力統治和決策的範疇，已從地方轉移至較大的政治單

位。此一轉變是緩慢而曲折的，因為處處都受到互相衝突的權力掣肘。所以，即使當政府短期財政利益與更有效率的財產權發展一致時（如在長途貿易的保護當中，也提供給君主新的收入來源），因為對手的衝突，往往只能產生一些不完善的執行方法。新財產權發展最重要的因素是，政府只有在對其財政有利時才會進行。正如我們在前面所看到的，准許土地轉讓（這是無條件絕對所有權發展的關鍵步驟）已在英國、法國、安柔（Anjou）、普爾特（Poiters）和其他地區完成，為的是保證王權不會失去現存封建收入。對外國商人的財產權保護也有相同的原因，正如勃艮第人在安敦（Autun）和夏隆（Chalon）建立集市的情況。基於相同的理由，許多有害生產的作法被採用，如多設通行費、任意沒收、強迫貸款及其他相似的措施，為財產權帶來更大的不確定性。政府的傾向端看財政利益而決定。

p.70

　　儘管輔助性制度協定隨著商業貿易擴張和農業土地排他權發展而出現，並導致生產力提高，但它們還不足以使產出超過人口成長。從以上敘述可明顯看出，這些協定是零散的，經常是任意簽訂的，往往也任意被取消。貿易和商業只有在符合領主和君王利益時才受到保護，並常常因為同樣的理由受到阻礙。

　　我們已經在前文討論過，為何農業部門生產力的增加，不足以克服由報酬遞減和人口成長所引起的衰退。我們沒有討論的是，為何人口在所得下降時還持續成長。

　　隨著人口成長，普遍的報酬遞減開始作用，子女較多的

家庭，撫養的社會成本也跟著上升。但這些社會成本和個別
家庭所承擔的私人成本不同，個別家庭可能還會認為子女數
目多對他們有利。的確，十三世紀家庭只有很簡陋的方法可
用來防止額外的孩子出生。在實質所得下降時，的確總會有
一些作法來阻礙家庭擴大。我們所知被採用過的方法有遲婚
和某些原始的避孕方式。這些方法顯然不完善，因而在無法
有效避孕或發明有效的社會控制之情況下，人口成長趨勢是
無情的。

　　為了使生產力持續超過人口成長，必須使所有活動的社
會和私人報酬率趨於一致。這種情況發生在十三世紀的工業
和貿易身上，而非主導性的農業部門。特別在重要的發明和
創新領域，制度並沒有發展到社會與私人報酬率趨於一致的
地步。結果是人口成長率大於經濟成長率。

　　然而，以這樣陰鬱的注解來結束本章，可能會留下一個
不正確的印象。我們已經指出，基本制度安排正在緩慢改
變，有許多延續至嚴酷的十四世紀。當人口再度開始成長，
它們便為進一步的制度創新提供重要基礎。

## 第七章

# 十四世紀與十五世紀

　　十四、十五世紀中，經歷了緊縮、危機，甚至可能有過　p.71
經濟不景氣。歐洲地區反覆受到饑荒、瘟疫、戰爭和革命的
侵襲。隨著這些大災荒的來臨，人口下降，造成經濟、社會
秩序顛倒。對於大部分歐洲居民來說，這是一段「可憎的時
期」，但是，並非全部如此。此時，也是文藝復興的年代
美術和智識成就的復興。簡言之，很難輕易對這兩個世紀做
出評價。

## 第一節

　　然而，這個時代的一般輪廓是清晰的。對這個時代最有
影響的現象，是人口的絕對下降。所有歷史學者都同意這一
點，不過這也是他們的相同意見所能達到的極限。事實上，
我們對於西歐人口是何時開始下降、這種下降如何發生、下
降到多嚴重的程度，以及何時開始恢復，都不能確切得知。

不確定的主要原因在於統計資料不足。在沒有人口普查的時代，任何人口的估計都只比猜測稍微準確一點而已。的確有幾種估計存在，其中只有兩種值得在此提出。貝內特（M. K. Bennett）曾經建構過對歐洲人口的估計，見表7.1。只針對英國有較詳細的人口估計，是由中世紀人口統計權威羅素（J. C. Russell）所提出。他的估計見於表7.2。羅素的估計指出，英國人口在十四世紀下半葉顯著下降，且到1430年還沒開始恢復。確實，一直到十七世紀初，英國人口才超過1348年的水準。

表7.1　西歐人口：1200-1550

| 年 | 人口（百萬） | 年 | 人口（百萬） |
|------|------|------|------|
| 1200 | 61 | 1400 | 45 |
| 1250 | 69 | 1450 | 60 |
| 1300 | 73 | 1500 | 69 |
| 1350 | 51 | 1550 | 78 |

來源：M. K. Bennett, *The World's Food*（1954），第5頁。

表7.2　英國人口：1086-1603

| 年 | 人口 | 年 | 人口 |
|------|------|------|------|
| 1086 | 1,100,000 | 1374 | 2,250,000 |
| 1348 | 3,757,500 | 1377 | 2,223,373 |
| 1350 | 3,127,500 | 1400 | 2,100,000 |
| 1360-61 | 2,745,000 | 1430 | 2,100,000 |
| 1369 | 2,452,500 | 1603 | 3,780,000 |

來源：J. C. Russell, *British Medieval Population*（1948），第248、263和269-270頁。

　　顯然，即使以上的估計是正確的，它們也太過簡略，而不能解決上述提出的重要問題。然而，仍可依此來做一番詮釋。傳統上認為，死神的劊子手是**饑荒、瘟疫和戰爭**（fama, pestus et bellum）。單一或接踵而至的災難，反覆地在十四、十五世紀襲擊西歐。這些災難是如何、何時出現的呢？

　　在十四世紀的第一個十年中，就發生首次馬爾薩斯的抑制，其後還有許多次。在1315到1317年間，歐洲經歷一次饑荒，和其他的饑荒情況一樣，也跟著發生傳染疾病。這不是歐洲的第一場饑荒，也不是最後一場。在法國，有紀錄的饑荒有：1304、1305、1310、1315、1322、1325、1330至1334、1344、1349至1351、1358至1361、1371、1374至1375和1390年。此外，在法國南部，以下的幾個年分也是荒年：1312、1313、1323、1329、1335至1336、1337、1343和1361年。英國的情況稍微好些，有紀錄的是：1315至1316、1321、1351和1369年。食物短缺對十四世紀的歐洲人口是長年威脅，沒有一個地區可倖免。當饑荒發生，結果可能都很慘重。在一次饑荒中，以成衣工業為主的伊普爾（Ypres）有10%的人口，布魯日則有5.5%的人口死於飢餓。

　　儘管饑荒並不是與疾病相偕而來，也常是為疾病的流行鋪好舞台。最驚人的災疫，就是發生在1348至1351年的黑死病——淋巴腺腫及肺炎型瘟疫——起於克里米亞，然後蔓延到歐洲，隨著商人及牧羊人的路線，在1350年傳遍整個北歐。黑死病的打擊不只一次，不停地重複著。在西班牙，黑死病重複發生於1362至1363、1371、1375、1381、1396、

1397年，並且持續到十五世紀的1410、1429、1439、1448、
1465至1466、1476、1483、1486、1493至1494，以及1497
年。好在，並不是所有國家都像西班牙一樣飽受黑死病摧
p.73　殘，但是黑死病的威脅仍是長年籠罩著。在英國，黑死病發
生在1368至1369年，而在1374年捲土重來。光是在倫敦，
黑死病在十五世紀就發生了二十次之多。

　　人口下降和黑死病之間的牽連到底有多大？除了1347至
1351年的大瘟疫之外，還與接連而來的瘟疫有關嗎？我們永
遠無法確知。首先，黑死病的疫情在許多地方都有所不同，
有些地區的人口死亡超過五成，有些地區卻幾乎不受影響，
甚至有些地方完全避開了瘟疫。傳統的看法是，黑死病大概
帶走歐洲三分之一的人口，但後來學者有所懷疑，認為這個
數字過高。羅素認為英國在1349至1351年兩年半期間，死
亡率為人口的23.6%。[1]由於正常死亡率是每年約3%，黑死
病造成的額外死亡率應為16.6%。他還估計在1369這一年，
黑死病造成的額外死亡率在10%以上，使該年的**年度**死亡率
高於過去的年代。但是波斯坦則認為30%是最小值，40%至
50%都是有可能的。[2]不過在這兩個世紀中一再發生的黑死
病和饑荒，的確助長馬爾薩斯所主張對人口的有效抑制。

　　北歐的人口也沒能逃過第三位死亡使者的造訪——戰
爭。這一時期的戰爭很頻繁，但沒有捲入太多人員，也沒有

---

① 參見前引表7.2。
② 這個數字是波斯坦教授在德州大學的一次談話中發表的。

直接殺戮一大部分人口。戰爭所做的是毀壞周邊鄉村，以及因為劫掠而使居民逃離家園。整個地區的人口以這種方式週期性地減少。有組織的暴力在這個時期也在鄉里間出現：英國經歷薔薇戰爭[1]和農民大革命[2]，日耳曼邦國也有類似的戰火之害，法國則經歷百年戰爭[3]和農民起義[4]而嚴重失血。尤其是法國最飽受持續的戰爭、革命及劫掠之苦。饑荒和瘟疫肇因於上一個世紀人口增加，人口增長造成邊遠地方的土地開發、占用，但土地的生產力仍不足以維持居住者長久的生活。

　　這將我們帶至另一個問題：歐洲人口究竟下降了多長的時間？我們已經觀察到，下降或許始於十四世紀初，而在1350年則呈現急遽下降。下降究竟持續多久？可能只要有饑荒和瘟疫存在，人口下降就會持續進行。少數歷史學家認 p.74為，人口到十五世紀下半葉已經開始復甦，最近利用相對價

---

1　War of the Roses，發生在1455至1485年間英格蘭兩大王室家族的內戰，藍卡斯特家族（House of Lancaster）的徽章是紅薔薇，而約克家族（House of York）的徽章是白薔薇，因此有薔薇戰爭之稱。

2　Great Peasant Revolt，指的是1381年英格蘭爆發的農民暴動，起因是1377年以來為了應付英法百年戰爭，而多次課徵人頭稅。暴民曾攻入倫敦，迫使英王李察二世（Richard II, 1367-1400）承諾減輕農民負擔。

3　Hundred Years War，發生於英法之間，從1337至1453年，歷經116年，起因於英國主張擁有法國王位的任命權。法國在1453年的「卡斯提隆戰役」（The Battle of Castillon）勝利後，英國王室陷入薔薇戰爭，英法之間的戰爭出現長期的平息。

4　The Rising of Jacquerie，發生於1356至1358年，地點在法國北部。

格做的研究指出，英國一直到1470年才開始停止下降，到
十六世紀人口才再度迅速增加③。

　　雖然不可能直接觀察這幾個世紀的人口，但是我們可以
從存有的資料中，觀察絕對價格和相對價格的變動。無論是
產品還是生產因素的地區價格變動，在西歐各地都是相似的
情況。在十三世紀的前四分之三期間，一般價格水準具有劇
烈波動的特點，其頂點似乎與饑荒或黑死病相合。此後，價
格水準的起伏較不明顯，出現略微下滑的趨勢。因此，在
1375年以後的特點是價格下跌，貨幣緊縮一路持續到十六世
紀。英國的數據資料最完整（參見圖7.1），但歷史學家指出
別的地區也有相似趨勢。

p.75　　對我們的目的而言，最重要的不是價格水準的波動，而
是價格的相對波動。這裡我們所觀察到的現象，與十三世紀
發生的相對波動恰好相反。特別重要的是，農業產品價格相
對於工業產品下降了。一般來說，整個時期，用一蒲式耳
（bushel）⁵的小麥可以買到的紡織品越來越少；小麥相對於家
畜的價格也下跌。在這方面，英國也留下最完整的資料，不
過這個趨勢似乎存在於整個歐洲。

　　也許更重要的是生產因素的相對價格變動。勞工價格相

③　Clyde G. Reed, 'Price Data and European Economic History'（未出版的博
　　士論文，華盛頓大學〔University of Washington〕，1972年）。

5　英制容量及重量單位，主要用於度量乾貨，尤其是農產品的重量。通常
　　一蒲式耳等於八加侖（約36.37公升），但不同的農產品對蒲式耳的定
　　義各有不同，以小麥而言， 一蒲式耳約等於27.22公斤。

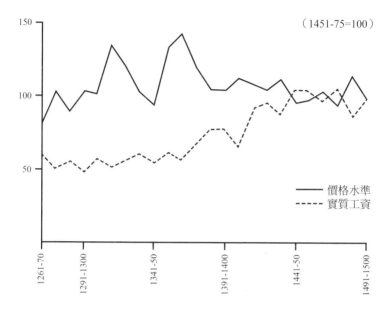

圖7.1　1261-1500年間英國平均每十年的價格水準指數和實質工資指數
資料來源：Phelps-Brown and Hopkins, 'Seven Centuries of the Prices of Consumables, Compared with Builders' Wage-Rates'。

對於土地價格上升了。雖然勞工價格相對於物價水準已然上升（亦即實質工資上升），但是要詳細地定量說明勞工價格相對於地租上升仍是相當困難的。這方面的質性資料很豐富，並且可以說明勞工價格相對於地租上升，是整個北歐的普遍現象。

　　總而言之，在十四和十五世紀，工業產品可以換得的農產品多於十三世紀，乃是無可置疑的；而勞工無論是以相對於農產品或工業產品來衡量，都更貴了（即一天的勞動可得

到更多的這兩種產品），勞工相對於土地的價值也上升了。
這兩個世紀相對價格的變動，似乎與十三世紀發生的變動相
反。

儘管人口大幅下降，市場在中世紀後期仍是組織經濟活
動的主要方法。還算豐富的價格統計資料，即使還不完備，
但已能夠證明這一點。市場交易的規模，相對於政府或自發
團體資源分配的比重則仍有待商榷。在十三世紀已經充分發
展的國際貿易依然存在，但數量可能有所下降，其性質也在
下降的趨勢中改變。

工業地區持續出口工業產品。舉例來說，法蘭德斯和一
些低地國家一直出口高品質的紡織品，以交換糧食進口。穀
物由日耳曼和法國進口，羊毛由英國和西班牙進口，魚則來
自北方。在整個北歐，紡織品、羊毛、酒、糧食、木材、鐵
和銅的交易，一直在地區間進行。

相同的，北歐和南歐的貿易幾乎和十三世紀一樣。貿易
的本質大致上沒有改變，北歐的民生用品被用來交換南歐的
奢侈品和工業產品。

雖然國際貿易的基本本質和前一個世紀沒有太大差別，
然而貿易量可能減少。因為沒有全面的貿易統計資料，所以
這是一個有條件的推論，當然也無從得知一個城市或一個地
區的貿易下降，是否可由另一個城市或地區的貿易上升補
回。然而，就保存下來的資料總合來說，可以表明貿易總量
大幅下降。例如，波爾多出口的酒在十四世紀的前十年，每
年大約為 100,000 噸，到了 1370 年代降到 13,000 至 14,000

p.76

噸。在1399至1479年間，英國的羊毛出口量下降到之前的三分之二。然而，此一時期的英國已經從原本的原料羊毛出口者成為織品出口者，因而貿易的數量或組成結構是否反映在統計數字中，是不清楚的。英國絨面呢的出口在十五世紀中葉的確稍有提升，但後來又下降，然後到同一世紀中的最後二十五年才再度上升。英國的進口酒數量下降了。馬賽、熱那亞和迪耶普（Dieppe）等個別城市特有的統計數字，都顯現出同一模式：貿易量在十四和十五世紀上半葉是下降的，而在十五世紀下半葉貿易開始復甦。

　　義大利城邦也沒有倖免於這個下降趨勢。威尼斯的武力和財富似乎在很長的時期中都沒有降低。然而，計算的結果顯示威尼斯人的貿易的確在十四世紀下降，雖然在十五世紀有些恢復，但在該世紀中葉以後又再下降。佛羅倫斯的大型毛織工業在十四世紀也同樣遭受衰落的命運。銀行業中心已經從隆巴底轉移到托斯卡尼（Tuscany），在十四世紀普遍出現破產情形。銀行業復興導致梅迪奇家族（Medici Family）在十五世紀異軍突起，使佛羅倫斯成為分行遍布歐洲的重要銀行業中心。十五世紀下半葉，南歐顯然仍處於衰退之中。如同維拉（Vilar）所記錄的，加泰隆尼亞的貿易量只占先前貿易量的五分之一。

　　在這紛亂的幾個世紀，低地國家的城市發展了。布魯日和安特渥普成為北歐主要的商業和金融業中心，當地的商人崛起，使義大利商人相形失色。

## 第二節

p.77　　造成十三世紀特有的成長停止，並且導致中世紀後期貿易蕭條的主要原因，是人口大幅度且長時間的下降。人口減少造成的即時效應，是價格的普遍提升。現在仍不清楚這種上升是實質上的還是表面的變化而已，因為瘟疫和饑荒可能已經出現，即使兩者不是同時出現，也是在同一個十年間出現。瘟疫的影響在於使倖存者繼承不幸者的財貨，而使**人均**的錢財擁有量上升，其影響使得所有商品價格上升。饑荒的效應也是如此，並且反映糧食價格相對的大幅上升。糧食的需求彈性小，使得在正常年分會花在其他商品的儲蓄和收入，在荒年被糧食吸走。簡言之，在饑荒的年分中，用在糧食的所得比例增加。糧食價格是最早出現於歷史記載中的價格。在我們有其他貨物的價格統計之前，我們先得知小麥的價格。不清楚的是糧價急遽上升，所反映的是**人均**錢財擁有量的上升，還是食物的短缺。簡言之，我們所擁有的該時期物價指數還是過於粗略，以致無法確定十四世紀的價格波動。

　　假定1375年物價指數的激烈波動，反映的是實質價格上漲，此後價格開始緩慢下滑，並且延續到這個時期的終點。價格緊縮的解釋之一是，貨幣從北歐外流到南歐，最後流向傳說中的東方。如果假設屬實，那麼貨幣供給持續下降，就可以說明物價下跌的原因。無論如何，現存的資料尚不足以推翻這個解釋。

　　然而，人口下降足以解釋貿易和相對因素價格的重要變

化。工資相對於地租上升，是由於邊遠次等土地被拋棄，引起農業勞動生產力提高所致。由於人口下降，勞工變得短缺，因而可以經由協商後，在地主、商人和製造業者那邊獲得較好的工資。

儘管農業勞動生產力提高，這是由於新土地充裕，以致只有優良土地會被耕作，但是在製造業中勞動生產力基本上沒有改變，此乃由於製造業只使用少數土地。並且由於農業勞動生產力比以往相對較高，而且製造業的勞動生產力沒有提升，因此製造業的價格相對於糧食價格上升。

因為勞動生產力整體而言提升了，並且隨著人口下降而上升，所以勞動的實質工資提高。依靠自身勞力維生的人們，生活情況因此獲得改善。一般來說，那些高度依賴地租維生的人，生活情況明顯惡化。因此，單就人口下降的影響來考量，大量農民的命運可能隨著其領主的遭遇惡化而有所改善。

從上述隱含的一般均衡模型中可以推理出，在整個中世 p.78紀後期，**人均**所得顯著增加，同時伴隨著封建階級之間的所得重分配。這種詮釋或許過於簡潔，雖然簡單是吸引人的優點。為了使此一樂觀的推論較為合理，並且要讓它能與這個時期全面性的衰退一致，有必要考慮一些前面忽略的因素。

首先必須解釋的是：為什麼人口下降的時間延續這麼久？持續一個多世紀的人口下降，需要一個比簡單的馬爾薩斯重新調整更為複雜的解釋。如果只是這種情況，就可以設想：一旦人口開始下降，便足以使人均產出提高，人口便會

呈現停滯，或再開始上升。

　　事實上，解釋要更複雜一些。先前從十世紀到十三世紀的擴張，在後期已經使人口增加到容易發生饑荒和瘟疫的程度。其中瘟疫一旦在西歐人口扎下根，便會傳染蔓延一段長時間。縱然人口過剩的後果早就不存在，這些反覆發作的瘟疫使得人口還是不能回升。顯然，只有當中世紀的民眾獲得一定程度的免疫力之後，才能克服鼠疫，並且重新恢復人口成長。

　　持續不斷的戰爭與政治鬥爭，助長此一時期的饑荒和瘟疫。這時期幾乎每個歐洲國家都有農民革命發生，而在城市化的低地國家中，則有工人暴動。革命之後緊接而來的鎮壓，在饑荒和瘟疫可能造成的結果之外，又增加人命損失及實體的破壞。

　　當時的平民表面上受惠於較高的工資和生活品質，但也因而受害於高度不確定的未來。新的稅負、財產隨時可能因盜竊、破壞或政府徵收而喪失，就連自身生命也有可能消失。不確定的未來確實減損提高生活水準的可能性。因此在中世紀末葉，具有較高的農業生產力所帶來的潛在利益是否落實在人民身上，仍是不明朗的。

　　人口下降，再加上戰爭，政府徵收、掠奪和革命縮減貿易量，刺激一種使各地朝向自給自足的趨勢。專業化的減低及分工的縮減，對社會造成的損害必然阻止生活水準上升。此一變化無異於提高利用市場的交易成本，由這種變化增強獨立團體依靠政府強權來組織經濟活動的誘因。試圖藉助政

府力量來壟斷貿易與製造業，比起尋求提高生產力的途徑更有利可圖。這時期民間團體和政府關係日益密切，創建的制度更有利於本身所得的再分配，都使得中世紀經濟的效率降低。這與前一世紀的發展大相逕庭，前一世紀的制度創新主要在於掌握生產力利得。

## 第三節

　　人口長時間大幅度下降，引發三個參數的變化，可以解釋當時制度的協議及所有權的情況。這些轉變包括：（1）相對因素價格的變化，其重點在於地租相對於勞動價值下降，造成極度依賴地租的封建歲入隨之下降；（2）政府必要支出的最低水準相對提高；（3）利用市場組織經濟活動的成本（交易成本）上升。這些變化直接影響中世紀後期制度和財產權的性質。

　　這些已改變的經濟條件，使莊園契約協定有必要調整。人口下降使許多農民和地主的土地至少有部分閒置。起初，領主企圖強迫現有佃戶依慣例租賃條件利用閒置土地，並且抗拒諸如《勞動法》（*Statute of Labourers*）[6] 之類所要求的增

---

6　英王愛德華三世（Edward III, 1312-1377）在1349年頒布《勞動令》（*Ordinance of Labourers*），國會於1351年配合通過《勞動法》，其作用是針對黑死病之後勞力短缺問題，訂定保障工資並懲罰不事生產的人民，不過由於保障工資的主要作用在保障地主利益，仍低於勞力短缺情況下的市場工資，《勞動法》很難執行。

加實質工資以符合新經濟條件，這些企圖很快落空。農民逃亡、領主間急於吸引佃戶競爭，以及農奴頑固地拒絕遵從秩序，使領主遭受挫敗。

在西歐，留住佃戶最好的方法，是降低地租及放寬勞役義務。後者促成租期延長創新，租約很快地成為終身性契約，按照這種契約，勞役義務和慣例租金結合成一種定租契約。由於前幾個世紀物價上漲，使固定租約的名目租金實質價值下降，新的契約內容更接近地租的現行實質價值，使得相互協議容易達成。終身租約只在佃戶亡故時才能再協商——這是領主在當時為獲得佃戶願意付出的代價。佃戶實際上獲得土地的終身受益權，是以同意給領主固定給付以作為回報，而領主仍提供莊園所需的公共財。

p.80　　　終身租約是領主為保有本身慣有權利，所做孤注一擲的努力，將權利轉讓給佃戶，但僅止於這一代。然而，頻仍的天災歷經數世代，人口無法擴張，這些協議本身衝擊慣例的效力，最後佃戶藉由慣例作法而獲得繼承權。在十五世紀下半葉和十六世紀，這種協議逐漸被視為法律上等同於登錄產權的效力，而且只受當時通行的定額貨幣給付及退租的約束。十六世紀中，價格水準持續上升，使契約的慣有限制到1600年減為單純的名目金額給付。如此，莊園經濟至此面臨死亡的命運，勞役被貨幣地租替代的趨勢已不可逆轉，如今土地是在自由佃戶和／或領取貨幣工資的勞工手中耕作，他們可以自由尋求較好的職業。

十四世紀和十五世紀中，第二項重要變革是，出現和城

市國家競爭，最後並使之相形失色的民族國家。在這個過程中，眾多的封建男爵、地方公國和小王國——這些都是中古盛世的標記——被一統成為英國、法國、西班牙和尼德蘭。我們在前幾章已經看到，此一過程可能是由貨幣經濟發展及貿易擴張所導致無可避免的結果。

對民族國家發展最有影響的參數變化是：因地租下降引起的封建稅收減少，以及使政府存續的必要支出相對增加。前者可以直接歸因於人口下降，以及相隨而來的偏遠土地荒廢。後者部分基於勞動工資上升——連帶影響到軍隊費用增加，部分歸因於軍事技術的變化——要有效率地運用新技術，就必須有一支訓練有素及協調一致的軍隊，並非一支急就章的臨時編制。

因此，國王和爵爺們察覺他們必須增加軍事編制的支出時，也發現傳統來源帶來的歲收確實下降。整體而言，這種變化導致軍事單位的數目較以往少，而每個單位的規模擴大，因而進一步要求減少政府單位數目，這要透過聯合、吞併及征服來完成。不管透過什麼方式，這個過程通常帶給社會動亂。也許民族國家的合併和興起是不可避免的，但每個地區政府聯合的過程則受當地條件影響，而有地區性的差異。

增加國家稅收的潛在手法之一，是擴大國家可影響的地理範圍及可控制的區域。征服是達到此一目的最顯而易見的手段，結果導致兩個世紀的戰爭。這樣的方式當然是一場零和遊戲（zero sum game），一方受益就有另一方受損。新興國家的和平永遠是脆弱的，最好的情況也不確定、不穩固。

p.81

另一種途徑是在現存有名分的權限範圍內，實行鞏固國家權力。此階段的幾次階級戰爭——英格蘭、日耳曼、西班牙的農民革命、法國的農民起義——在在證明維持國內安寧需要的是軍隊，而非騎士。常備軍使貴族領主的地位相對於國王遭到削弱。最後，通過聯姻的合併，往往伴隨著陰謀詭計，甚至偶爾有暗殺，乃是一個國家擴大控制的可能手段。

另一個增加新興民族國家所急需收入的途徑，是尋找新的稅收來源。新稅、貸款和獲得特權必須付的支出，都是能得到所需金錢的可行辦法。尋找這些新辦法對此一時期制度和財產權的發展有重要意義。我們已經在之前提過，獨立軍事單位的減少是不可避免的，但是完成縮減的方法很多。我們接著會簡要考察某些變化，但首先概述一下戰爭的發展。

1032年，科翠戰爭（The Battle of Courtrai）[7]揭開這個時代的序幕，在這場戰役中，法國精銳的武裝騎士遭到法蘭德斯平民百姓用長矛方陣屠殺。這預見了重騎兵時代的結束。百年戰爭時期，特別在克雷西（Crecy，1346年）、普爾特（Poitiers，1356年），和阿讓庫爾（Agincourt，1415年）幾場戰爭中，英國人長弓的優勢使法國人陷入絕望，法國人在野戰中缺乏有效對應的方法。法國人最後採用桂斯林（Bertrand de Gueselin）指揮的騷擾戰術，以及聖女貞德（Joan of Arc）[8]

---

7　通常稱為金馬刺之役（The Battle of the Golden Spurs），戰場在法蘭德斯的科翠，因此也稱科翠戰爭，起因是法王菲利普四世要併吞法蘭德斯，卻遭遇平民頑強抵抗。

8　聖女貞德（1412-1431）在1429年鼓勵當時不能繼任法國王位的查理王

帶動的士氣。1453 年，在這場戰爭的最後一場戰役中，以壕溝掩護的法國大砲對付英國的弓箭手及長矛兵，法國獲得勝利，這次成功標記弓箭優勢的時代已經結束。像弓箭一般，長矛同樣改變這兩個世紀的作戰手法。如果說英國的弓箭手曾使法國一籌莫展，瑞士的長矛兵也以訓練有素的隊伍，在整個西歐的近距離戰爭中占有優勢，削弱中世紀裝甲騎兵的威力。

以火藥為基礎的武器應用改進得雖然緩慢，但是土耳其人成功突破君士坦丁堡的城牆（1453 年），表示老式圍有城牆的城市已經陳舊無用。到了十五世紀末，大砲和（不算成功的）手持槍枝改變了軍事技術。

貨幣經濟興起，不只鼓勵專業發展——熱那亞的十字弓 p.82
箭手、英國的長弓手，以及瑞士和德國長矛兵——並且使專業化的傭兵組織成為一門有利可圖的生意。儘管這種武裝力量在中古後期非常有效，然而這種力量本身是昂貴且危險的。不僅對敵人危險，對雇主也一樣危險，當傭兵不再受僱或是經常拿不到薪水時，他們便會在鄉間四處劫掠。馬基維里（Machiavelli）⁹厭惡僱用他們，但是又主張專制君主如果

---

子（Charles the Dauphin）反抗英國統治，在奧爾良（Orleans）之役打敗英軍，桂斯林（姓名通常寫為 Bertrand du Guesclin, 1320-1380）則是法軍正規的將領，屢建戰功。聖女貞德在 1431 被英軍俘虜後燒死時，年僅十九歲。

9　馬基維里（1469-1527）是文藝復興時期義大利學者，著有《君王論》（*The Prince*）。

沒有傭兵將會一事無成。另一個選擇是常備軍，常備軍有其優點，但是費用卻更昂貴，因為無論戰時、平時都要支付軍餉。不過在這幾個世紀中，常備軍取代僱用傭兵。法國的查理七世在1445年建立效令部隊（Compagnies d'Ordonnance），[10] 逐漸成為一萬兩千人編制的軍隊，自備武器的人月薪是10圖爾幣，若是隨行人員（vetinue）則是每人4或5圖爾幣。

　　總而言之，兩個世紀顯示戰爭型態的變化，相隨而來的是一場越演越烈的財政危機。為生存所需的財政資源，即是迅速將一支現代化的軍隊投入戰場所需，遠超過傳統封建爵爺的領地歲入。結果，這個時代充滿令人難以相信的騷動、兼併、恐怖、謀殺，內憂外患和勾心鬥角。無法一言道盡，更遑論細數百年戰爭、薔薇戰爭中所施展的種種計謀，或是法國查理七世，以及其子路易十一[11] 的內部紛爭。路易十一在他自己的男爵、有權勢的勃艮第公爵之間施展恩威並施的權術，直到獲得最後的勝利，短短數語無法道盡。這種種騷亂在日耳曼各城邦、西班牙、葡萄牙或義大利各城邦中也都

---

10　查理七世（1403-1461）因為受到聖女貞德的鼓勵，起而率軍反抗英國統治，在聖女貞德死後，法國進行軍事改革，軍隊以騎兵、弓箭手、步兵等各式武力組合而成常備軍，稱為效令部隊。在卡斯提隆戰役中還加入大砲，法國在該戰役中獲勝，效令部隊被認為是原因之一

11　路易十一（1423-1483）雖然是查理七世之子，但與父親不合，很早就圖謀奪位，終於在1461年父親死後就位。在位期間，採用各種方法對付諸侯貴族，利用英國薔薇戰爭的機會，聯合一方打擊另一方，擴大法國的勢力與王權。

同樣難以詳述。不過結局倒是完整而清楚的。無論是透過聯姻、收買、叛變、陰謀或是軍事征服，到這個時期結束時，民族國家終於替代貴族領地而成為專制權力的中心。不過就每位君主對其臣民的掌握而言，國與國之間有很大的不同。

　　由於百年戰爭的拖累，法國亟需採取緊急方法來解決十四世紀的財務問題。英國入侵的現實威脅，加上不易對出口貿易徵稅，查理五世[12]在1370年成功課徵一種直接稅「Taille」（人頭稅），由沒有貴族身分的人來繳納（教士也可以免繳）。「Taille」加上「Aides」（銷售稅）以及「Gabelle」（食鹽專賣稅）一起構成法國稅收的新來源——起初都被當成額外的稅收。到查理七世在位中期，它們已然成為永久的稅收，並超出傳統「封建」稅收的三十三倍。事實上，在十五世紀查理七世統治下，直接稅帶來的稅收已從120萬圖爾幣增長到1481年的460萬圖爾幣。法國和英國不同，國家和地區的代議機構放棄對直接稅的控制。[4]貴族和教士作為這些機構的成員，本身已經被免除徵稅，而他們之中的一些人也是稅收當中的既得利益者。他們負責所在地的徵稅，並且往往被允許自己保留一部分，或者他們從國王那裡得到的津貼，是以稅金來支付。三級會議（Estates General）喪失徵稅權的結果相當嚴重，法國的代議機構實際上已經衰弱，到

p.83

---

12　查理五世（1338-1380）在位期間正值英法百年戰爭的高峰期，財政問題嚴重。

④　我們將在第十章詳細討論法國財政政策的歷史。

路易十一統治終結時，他們對國王的活動已無政治上的約束力。「專制統治者」（absolute ruler）一詞常被用在法國國王身上，不過，這種說法會使人誤解，因為一名統治者必須常常考慮可能遭遇外來的征服，以及臣民的反叛。法國君王達到的自由程度，顯然不同於他的競爭對手英國。這種差異，對兩國之後的經濟發展很有影響。

英國也和法國一樣，傳統的封建稅收所得是國家總歲入中的減少項。世俗的津貼和教會的津貼（實際上是一種財產稅），要分別經過國家和宗教會議的同意。不過英國的對外貿易為已經強大的王權提供大量歲入。進口酒、一般商品和羊毛織品的課稅收入是所得來源。在十三世紀，主要來源為羊毛貿易，羊毛稅成為王權增加歲入的主要途徑。到十五世紀下半葉，僅這一項關稅，一年就可增加30,000磅的稅收。

參與羊毛貿易的三個集團（出口商、羊毛生產者在國會中的代表、王權）如何達成協議的真相，已由包爾（Eileen Power）做了精湛的說明。[5]依此協議，大宗羊毛批發商獲得對出口貿易的壟斷權，以及在加萊（Calais）的一間倉庫，國會獲得規定課稅的權力，王權則獲得收入。與法國不同，稅負由某種擁有政治權力的集團來承受，即商人及地主。在英國，在《大憲章》之後，我們便觀察到王權不得不用特權來換取**歲入**。史陶伯將這整個過程描述得很生動：

---

[5] Eileen Power, *The Wool Trade In English Medieval History*（Clarendon Press, 1941）。

國會實際上是用錢買到愛德華一世和愛德華三世[13]對其
立法、調查舞弊及分享國家政策指導的權力承認，即使
愛德華一世已經有一個正確的國家統一論，且愛德華三
世很少大展政治遠見，而是投身於並運用正確的遠見，
尋求國家對其規畫的認可。有道是英國人民雖然為了捍　　p.84
衛自由從不怕流血，但是他們在不同時期成功地約束王
權的限制，卻是用錢買來的；大家用期約付款討價還
價，任何黨派都不認為有損顏面。1225 年亨利三世批准
的特許狀，直截了當地承認實情：「為了這一讓步、為
了能享有這些自由權和那些森林特許狀中的權利，大主
教、主教、修道院院長、伯爵、男爵、騎士、自由民和
王國所有人，都從他們的動產中拿出十五分之一轉讓給
我們。」

制定全國自由的章程，實際上和制定一個特權城市的章
程一樣。1297 年，愛德華一世以同樣坦率的條件承認他
所要求的價格，來延續其父親的特許。1301 年，在林肯
郡，男爵代表當地全體向國王請命，如果他們的要求獲
准，他們會增加歲貢十分之一或十五分之一不等；1310
年，他們向愛德華一世呈請他們按二十分之一的歲貢，
來購買對拘押及其他苦痛的免除；1339 年，國王公告子

---

13　愛德華一世（1239-1307）在位時對政府進行一些改革，並且宣揚民族
　　主義，也曾壓制蘇格蘭的獨立。愛德華三世（1312-1377）宣稱有權繼
　　任法國王位，因此發動百年戰爭，在位期間發生許多政治法律上的改
　　革，例如通過《勞動法》，以及透過國會的同意而加稅。

民，順應人民得享自由，已授權大臣核准為國家興利，「准為人民所請」（as grantz et petitz de la commune），對此他們在下一次會議中做了答覆，如果他們的條件未獲滿足，便不受前准贈金的約束。1340 年及其後的法令，那些准予贈金的條件在那幾年裡一再重演，顯示已司空見慣。事實上，它為一個理論上無解的難題提供一種實際的解決辦法。國王擁有作為其人民領主的權利，而人民則有作為自由民及國王所賦予王國之中各種等級身分的權利；每一種權利在理論上極難確認，在實務上，簡化為一種買賣的討價還價問題時，卻變得容易多了。⑥

在尼德蘭，國家和私人部門之間的關係，所經歷的故事太過複雜，在此無法詳述。在那些紛雜時代中，低地國家的封建和國家利益衝突，受到來自近乎獨立的各城市行會的手工業工匠，以及城市顯貴們的內鬨影響，而使情況更加複雜。不過，低地國家羊毛織品和金屬製品的大宗出口貿易，也使整個地區成為一塊寶地。當勃艮第人到這個地區之後，便透過鼓勵商業貿易增加財政收入。在好人菲利普（Philip the Good）¹⁴統治下，安特渥普成了歐洲的大商業中心。他在

p.85

---

⑥ William Stubbs, *The Constitutional History of England*（Clarendon Press, 1896), vol. 2，第 599 至 601 頁。

14 菲利普三世（Philip III, 1396-1467）史稱「好人菲利普」或稱 Phillippe le Bon，在 1419 年之後擔任勃艮第公爵，也統治著法蘭德斯，因此安特渥普和尼德蘭都受其影響。

1433年統一幣制。因為受城市行會限制而萎縮的紡織業，被鼓勵轉向鄉間的自由環境。航運業和漁業的發達，如同紡織業一般，是以忍受漢撒同盟（Hanse）行會的壓迫作為代價。不過在政治結構中，還是可以發現一種長期有效的財產權涵義。下面簡要地對勃艮第人的制度做一番敘述：

公爵創建了一套相當於聯邦制的中央制度。議會（The Great Council）由各省代表組成，漸漸地對當地憲章以外的所有事物施展權威。其司法部分在1473年成為馬利聶斯議會（The Parlement of Malines），是最高上訴法院。1471年在效令部隊中建立一支常備軍。[15]最重要的是菲利普三世所召集的三級會議，是由地方三個等級的代表所組成。稅金要經過地方政府同意方可徵收，這樣三級會議事實上是地方會議的代表大會。新的聯邦君主制度仍是受到限制的，雖然公爵具有極權的趨向，那是該時代的普遍特徵。簡言之，有了個別企業享有的自由，又有內部安定和正義的組織，以及在幅員廣大的全國範圍的資金，尼德蘭正在經歷從中世紀後期到近代的緩慢曲折演進。⑦

---

15 前文提及效令部隊是查理七世在1445年建立的，此處是指勃艮第在1471年也以效令部隊的形式組成常備軍。

⑦ *The Shorter Cambridge Medieval History*（Cambridge University Press, 1952), vol 2，第1044至1045頁。

　　西班牙民族國家的逐步形成，具有人們熟悉的內部動亂和對外侵略的模式特點。在西班牙，摩爾人建立的各個國家，使上述情形更複雜，摩爾人建立的城邦直到1492年收復格瑞那達（Grenada）後才完全擊敗。在卡斯提爾（Castile）統治西班牙以前，顯然有多種形式的政治結構，但值得注意的是，加泰隆尼亞議會（The Cortes of Catalonia）與英國議會相似，對王室財力有影響，並在整個時期保留某種財政自主權。儘管西班牙發展的主要歷史是關於卡斯提爾，但值得注意加泰隆尼亞在經濟上的發展遠大於西班牙的其他部分。該地議會在十三世紀時具有影響力，貴族被免除最主要的土地稅，須設法分擔歲入。早期的稅收，如銷售稅（alcabala）和營業稅（sisa），是附加在地方稅上徵收的。然而，從羊主團得來的歲入，仍是王室財政歲入主要及成長最快的來源。

　　當土地仍然肥沃時，羊毛業就隨之興起，而且夏季在高地、冬季在低地放牧成了一種模式。地方牧羊人同業工會叫作羊主團，在1273年，[16]由阿方索十世[17]將各地的羊主團合併成一個行會，稱作卡斯提爾榮譽羊主團會（The Honorable Assembly of the Mesta of the Shepherds of Castile）。

　　成立的動機僅出自國王在財政上的一次困境；國王知道

---

16　原文誤植為1723年。

17　Alfonso X（1221-1284）統治卡斯提爾，當時還未建立西班牙王國。

對牲畜徵稅比對人徵稅容易得多，便將羊主團合併，成
為一個可提供王朝可觀款項的組織。牧羊主便用此來交
換，從阿方索十世那裡獲得一連串的特權。其中，最重
要的是擴大對整個卡斯提爾王國所有羊群的放牧，其中
也包含監督迷途羊群。此種監督的功能逐漸擴大，最後
甚至擴大到各地羊主團「定牧」（permanent）的羊群，
以及「不換牧場」（riberiegas）的羊群，這些牲畜是沿
著個別城鎮的河岸來放牧的。[8]

在斐迪南和伊莎貝拉[18]統治下，民族國家從內亂中崛
起，隨著地方領主的衰落，權力漸漸集中於王朝。國家的歲
入因而由1470年的80萬西班牙幣（marovedis）增加到1504
年的2200萬西班牙幣。此外，他們的聯合，政治性質仍大
於經濟，因為根據各種具體規定，加泰隆尼亞人被排除在經
濟參與之外。伊莎貝拉和斐迪南之所以能成功，如同其他地
方的情形一樣，是來自平民百姓對貴族們發動的恐怖內亂深
惡痛絕，甚至甘心放棄代議權力來結束這種局面。1480年
後，卡斯提爾議會便極少召開，這樣一個「有序的專制」
（orderly despotism）便應運而生。

---

[8] Jaime Vicens Vives, *An Economic History of Spain*（Princeton University Press, 1969），第25頁。

[18] 卡斯提斯的伊莎貝拉一世（Isabella I）與亞拉崗（Aragon）的斐迪南二世（Ferdinand II）在1469年聯姻，讓兩國合併，建立西班牙王國，其他小國只能接受統治。

如此一來，民族國家就在尼德蘭、英國、法國和西班牙逐漸成形。國家的性質在地區間有所不同。法國和西班牙發展「極權」的君主制度，而尼德蘭和英國，則成功以議會形式對其統治者形成制約。國家的性質和君主面對的不同限制，如我們即將討論的，影響制度及財產權的性格。

## 第四節

十四世紀始於人口持續成長受到馬爾薩斯型態的制約。西歐人口在這個世紀下降，而且或許有一個半世紀仍然處於低水準狀態。人口下降使上個世紀普遍發生的相對因素短缺顛倒過來。這影響社會經濟組織，使得十三世紀發生的改變在某種程度上發生逆轉，但並未發生完全倒退到十世紀那種相對自給自足的封建莊園經濟。例如，貨幣經濟就像前幾個世紀形成的許多習俗一樣，被保留下來。

封建社會的制度結構，已經勢無可逆地被民族國家取代。實際上，自願的制度協定、市場和政府之間混合的組成基本上發生改變。貨幣經濟和技術革命擴大戰爭規模，也擴大政府規模。無政府狀態、失序混亂及人口縮減，提高許多地方的交易成本，從而擴大政府組織及自願組織規模，卻損害市場。在農業中，相互衝突的力量發生作用。莊園瓦解導致市場的利用擴大，同時如上所述，交易成本上升導致逆轉為自給自足。

最引人注目的是民族國家興起。靠著大興戰爭而崛起，

p.87

靠著陰謀詭計、背信棄義而發跡，那些頭戴王冠的首領性格比較像是黑幫老大，而非一個世紀後洛克（John Locke）所設想的國王特性。路易十一在徵稅方面的「絕對主義」（absolutism）使王室歲入大增。而對其歲入的限制是由什麼來決定呢？和歐洲其他王權國家相同，法國國王歲入也經常極度短缺。顯然限制是很實在的，而且反映在可能發生暴動或人民叛逃。不過，黑幫的比喻有相當真實的重要成分。市民購買保護，甘願為此付錢。領主之間不斷地戰爭、傭兵在鄉間四處劫掠、外國入侵的可能性，都對人民構成威脅。一位可以提供可靠保護的君王──即使是個暴君──也遠比盛行的混亂狀態可取。儘管在暴君統治下，現有財產權的安全仍是脆弱的，但情況比無政府狀態下好得多。最突出的特點是君王對國家財政控制結構的不同。在英國和低地國家，代議機構設定稅制，而國王用特權（財產權）和政策交換更多歲入。在法國和西班牙，三級會議和議會逐漸失去權力。儘管這一章提出的解釋當然只是嘗試性的，卻開啟潛在的歲入來源、這些歲入來源的徵收範圍，以及賦稅承受者擁有的政治力量。

　　國家從莊園和地方貴族那裡，接收提供正義和保護的大部分功能（雖然前面提過的差異性應該要考慮在內）。

　　整個時期，勞動實質價值持續增長，使農奴能以一種接近自由勞工的身分議價，正如領主逐漸轉變為現代地主一般。在農業領域中，因此可以看見市場外的制度協議，正逐漸朝向一種涉及市場關係的制度協議演變；地租、工資和家 p.88

族農場取代了莊園結構。不過，農業中也出現一些往自給自足方向的退化，這個地方因為持續著無政府狀態及人口縮減（因此交易成本很高），使市場成為一種比十三世紀時更昂貴的資源配置手段。

在非農業部門，中古後期出現持續超過一個世紀的市場萎縮局面。誠然有例外存在，如義大利城市似乎就不受影響，熱那亞的市場遠超過對手，甚至擴大。不過，一般而言，市場城鎮衰落，原有的區域間和國際的貿易展開激烈競爭。漢撒同盟發展成為一種保護現有市場的聯合壟斷安排，逐漸被低地國家的競爭取代。最特殊的是行會權力持續增長，無論是農業的（羊主團）、多城市的（加盟城市），或是市鎮中的手工業者行會，權力都在成長。這個階段中，因為市場不斷萎縮而激烈競爭的行會，其主要目的在發展一定程度的壟斷勢力，而後限制供給。其結果和沒有行會的情況相比，產品價格上漲，而產量下降。實際後果是出現脫離市場的趨勢，轉向利用其他制度安排，使用市場的情況少於更具競爭力的組織安排。

壟斷勢力的關鍵在於限制進入市場的強制力。這兩個世紀中，最顯著的特徵是強制力量從私人維持治安或地方貴族提供保護，一步一步轉入民族國家之手。如同正義和保護由貴族轉向國王手中一樣，對行會壟斷的許可和保護，也由國王控制。到中古末期，國王已經能對其王國範圍內的市場施行排他權。由工匠組成的自願組織，以及由商人組成的行會，願意為只能由國王提供的獨占特權付出代價。

　　很難不下結論說這的確是悲慘的幾個世紀，充滿饑荒、瘟疫、持續的戰禍，以及戰火稍歇時失業的傭兵集團在鄉間四處劫掠。它是一個時代的終結：傳統的社會組織型態瓦解，經過漫長的痛苦過程，一種新的秩序終究出現。

　　生活水準究竟是上升還是下降了？無庸置疑，一直到1450年，較有利的土地人口比率，導致農業勞動者的實質工資上升。另一方面，地租下降，造成收取固定地租者收入減少。總合來說，僅僅只是這兩種變化，應該導致**人均**所得上升。但是，如果我們再將市場規模縮小，並且將無政府狀態和增加的交易成本考慮進來，總體結果並不很清楚。 p.89

　　我們應該用比較肯定的基調來結束這一章。民族國家不僅是對貴族無政府狀態的改善（依照大多數人的想法），並且在十五世紀後半，可以觀察到人口再次成長，市場隨之復興，人們向歐陸以外探索，拓展商業。葡萄牙航海家亨利親王鼓勵的探險，只有靠商業復興及造船與航海改進才有可能。至這個世紀末，他們不僅開拓新的商業來源，並且開拓一個殖民的新大陸。

第三篇

# 西元1500-1700年

第八章

# 財政政策與財產權

　　我們在第一章已經論證，有效率的經濟組織是經濟成長 p.91
的基本要求。若存在這樣的組織，則一個社會只要渴望成
長，便會成長。理想上，藉著提供適當誘因，一個完全效率
的經濟組織將保證各項經濟活動的私人與社會報酬率相等，
而且所有的經濟活動都如此。這種情形的先決條件是每個人
渴望極大化其財富，並擁有對土地、勞動、資本和其他財產
的排他性權利，能依其所需而使用，而且個人也有權將資源
移轉給他人，以及財產權的界定可使個人使用其財產時，他
人並不會從中獲益或受害。[1]

　　若能為社會制定出這樣一個經濟的香格里拉（Shangri-
La），則適量的研究和發展會展現、新知識會適時被應用於

---

1　在此除了假設個人追求財富的欲望，對財產權的要求包括：完整（排
　他）的使用權、移轉權，以及沒有外部性（externalities）。有了這些假
　設，可以推斷個人在追求財富時，會盡可能利用資源，並且考慮一切須
　付出的代價。

經濟活動、適量的人力和實質資本不但可得而且會被正確利用，以及每種生產因素會按各自對邊際產出的貢獻得到報酬。總之，社會最適成長率將依其對於當期產品相對於未來產品之偏好來決定。[2]

上述條件即使在現代也不存在，因為建立這樣一個經濟組織的交易成本實在太高。當財產權定義或執行不完全時，某些活動的私人和社會報酬便持續存有差異，因為個人利用或移轉其資源的某些成本或利益，將轉而落在第三者身上。這種差異會一直持續的理由是，在給定的現存政治和經濟組織中，為消除各種外部性所須花費的成本將超過收益。在任何特定情況下，和所有被經濟活動影響的人協商出一種契約安排，代價也許太昂貴；或者，根本不可能有效衡量外部成本或利益，衡量影響政府去改變情勢的成本或利益也是不可能的。因此，修正的關鍵在於契約和衡量成本，只要其中一者出現，則外部性會一直存在，直到經濟世界的變化使內部化的利益超過成本。

p.92

## 第一節

我們已經看到，此種相對價值的變動，在某種程度上是由中世紀人口成長引起，結果使西歐經濟組織大幅改進。例

---

2 這是新古典成長模型的基本論點，當期不消費的儲蓄將轉為投資，形成資本累積，決定成長率，因此社會最適成長率將依據跨期偏好來決定。

如領主─農奴關係，漸漸轉為地主─占用者（或地主─佃戶）和工資賺取者之間的關係。同樣審慎的，隨著大量殘存的習慣權利被吸收合併，不成文的「習慣法」越來越屈居於明確定義個人權利和財產權的成文法之下。特別是在條件已獲改善的因素市場，勞動通常可自由尋找其最高報酬，並保有大部分所得，土地也被視為可移轉的財產。

　　然而，資本市場和商業組織仍背負著高利貸法規（usury laws）和「公正」價格（'just' price）的道德重擔，只好另外仰賴更昂貴的協定才能擺脫。特別對製造商而言，產品市場通常是被壟斷的，外人不得進入參與交易。很少有誘因鼓勵對研究發展的投資。即使私人財產權已經產生，它們的執行仍是不確定的，而且還受限於民族國家形成所引發的動盪政治情勢。這些經濟和政治變動，都牽動未來協定的不確定性所引起的額外成本。

　　為了延續人口成長引發中世紀條件改變的論述，我們要重申當市場擴大時，效率的要求將在新契約協議中促使以貨幣給付取代勞役（labor dues）。在農奴制滅亡的過程中，勞動變成可自由尋找其最高報酬，土地得到租金，基本的封建──莊園制度也隨之凋謝衰亡。此外，多虧市場經濟，政府能獲得貨幣形式而非勞役形式的稅收，從而僱用所需的專業化官僚和軍隊。

　　一般而言，除了資本市場，中古時代因素市場組織的改進要早於產品市場。國際集市以外的產品市場，仍遭受享有特許權的公會和壟斷者所擾。儘管有上述種種障礙，市場經

濟擴張仍為整個歐洲帶來利益。

## 第二節

p.93　　近代初期之所以可獲得最大利益，來自改善物品交換的
效率。為市場進行的生產，除了產品本身的生產，還牽涉直
到商品送達消費者之前所經歷許多商品移轉的過程。農產品
及製造品生產方法上的改進，因缺乏保護新技術的財產權而
受阻。因此這個時期的技術變動當真發生時，通常也跟中古
時代[3]一樣，是市場擴張引發專業化的結果。一方面，農產品
的生產因為土地數量固定，而受限於報酬遞減；另一方面，
製造品則不受此項限制，呈現報酬固定的狀態。

　　資源除了直接被用來生產，也被用來移轉商品。商品在
經濟單位間的移轉，要求必須提供關於交換機會的資訊——
**搜尋成本**（search cost），以及就交換條件進行的協商——**協
商成本**（negotiation cost），和確定契約執行的步驟——**執行
成本**（enforcement cost）。所有提供這些勞務的成本，在這
裡通稱為**交易成本**。

　　交易部門對這些勞務的經濟需求，源自對產品交換的需
求——有此必有彼。對商品的市場需求是貿易潛在利益的函
數，正如我們之前已了解的，它視個人偏好及各地區的稟賦

---

3　本書對歷史的分期大致以世紀為單位，本章進入十六世紀乃近代開始，
　　在此之前的十至十五世紀，則為中世紀或中古時代。

資源而定。[4]當近代初期的人口開始成長時，它便持續擴大整個西歐的貿易潛在收益，和中古時代發生過的情形一樣。

凡是貿易潛在利益擴大的地方，交易的需求也同樣成長。交易部門不同於工業或農產品的生產，它受限於規模經濟。也就是說，當一個部門的產出增加時，貿易的單位成本會下降。規模經濟對應著一種有固定成分的成本函數。當一個部門的產出增加時，固定成分的單位成本就會下降。因此，在沒有技術變動的情況下，規模經濟在交易面的利益若大過農業生產力下降的損失，則一個擴張中的市場經濟可以增加其居民的**人均**所得。[5]

三種交易成本都包含某些固定成本。例如搜尋成本，就包含蒐集市場資訊的固定費用。資訊一旦被蒐集到，任何數量的潛在買者和賣者就都可以使用它。蒐集資訊的成本不受 p.94使用人數影響。因此，人數越多，單位成本越低。散播市場資訊的成本可能與距離呈現比例關係，但同一市場買者和賣者的集中化卻會降低單位成本。任何時點的協商成本可能是變動的，但隨著交易規模擴大，制定標準常規或基本貿易條件將變得有利，從而使協商得以展開。如此一來，就不會在協議中為每一項條款爭論不休。執行成本也受限於規模經

---

4　這是指商品需求是由貿易利益決定，貿易利益則是受消費偏好，以及該地本來已有的資源決定。「靠山吃山、靠海吃海」，山上的居民若想吃海產，就有了貿易需求。

5　在沒有技術變動的情況下，農業生產擴大雖然遭遇報酬遞減，但是只要區域貿易的規模報酬遞增效果夠大，就能使平均所得增加。

濟，它的固定成本包含建立程序、法規，以及推行管理。因此，當交易規模擴大時，使用市場的單位成本便降低。

假定中古時代的因素市場曾經發生改進，交易部門和與其關係密切的資本市場仍有重大的機會改進。但直到此一時期結束，仍缺乏刺激發明的有效方法，新生產技術的發展也因此受到阻礙。不過，早先由義大利人所發展、增進市場效率的必要知識已為人所知，剩下的就只是隨著交易規模擴大如何適應這些改進等問題。

## 第三節

有些國家改變基本制度安排，透過利用這些機會而成長，但並不見得全都如此。因為隨著貿易擴張，需要較大的政治單位在更大區域內界定、保護和執行財產權（因此有些遠距離商業交流的成本可以被內部化）。政府的勞務提供也受限於某種產出的規模經濟。一旦有一組財產權被確立下來，它就幾乎可被無限延伸至其他領域，而且只需要很少的額外成本。以調解爭端和執行法律的法院系統為例，專業化程度越高，運作就越有效率。能夠僱用所需的傭兵或維持一支常備軍，就能為更大的區域提供更有效的保護。

十三與十五世紀之間，在軍事戰爭方面有一連串重大的技術變動，其中最重要的是長弓、長矛和火藥（以及隨之而來的大砲和毛瑟槍）。究竟是交換經濟的發展構成擴張戰爭最適規模的充分條件，還是上述的創新擴大戰爭，我們並不

清楚。總之，結果是政治的生存條件發生劇變，不僅軍隊有效規模的人數增多，也更講求訓練和紀律（對有戰鬥力的長矛手尤其重要），而且像大砲和前膛槍之類的裝備則更昂貴。披矛戴甲、講究騎士精神的時代已經過去。取而代之的是熱那亞的弩手、英格蘭（或威爾斯）的長弓手和瑞士的長矛手，受僱於出價最高的買主。 p.95

市場經濟的成長，造成必須建立更大政府單位的壓力，許多地方莊園的民眾面臨這樣的抉擇：將自身的司法權擴張至鄰近莊園，與其他莊園聯合行使權力，或者放棄傳統的政治特權。在市場興起時刻，有越來越多政府功能開始由區域性及全國性的政治單位承擔，在驚天動地的變化中終於朝向民族國家的創建。

到此我們要將歷史記述暫停一下，拿經濟理論做個類比。以小公司數量眾多的競爭性產業為例，引進一項能使產出發生規模經濟的創新，公司的有效規模就變大了。從過去的競爭均衡到新的（可能是不穩定的）寡占狀態，就是沿著這條路線完成的。原先的小公司必須擴張其規模、合併，或被迫破產。結果是少數最適規模的大公司應運而生，不過，即使如此當時的結果也是不穩定的。勾結和操縱價格的作為層出不窮，但對個別公司而言，違背協議同樣有利。結果是休戰期往往被割喉式的競爭打斷。

當我們把以上描述移到這個時代的政治世界，就會發現一種精確的類比。西元1200到1500年間，西歐許多政治單位在一個充滿陰謀和戰亂的世界中，經歷無止境的擴張、結

盟和聯合。甚至在主要的民族國家出現之後，和平時期仍不
停被打斷。總之，這是一個戰火連綿、縱橫捭闔和陰謀離間
的時代，成本的劇增使人驚愕。為期一年的戰爭意味著政府
成本至少增加四倍，而且幾乎連年爭戰，沒有和平。君王不
斷為鉅額債務所擾，只得鋌而走險。破產是揮之不去的威
脅，而且許多國家都得面對這樣的現實。問題的實際情況
是，貴族公侯們並不自由，他們受失控的財政危機束縛。

　　此一過程既非平和，也非毫無痛苦。每個成長中的政治
單位，不但遇到令人煩惱的財政問題，還得與野心勃勃的敵
手競爭，以致被捲入無止境的政治結盟、聯合、陰謀，甚至
戰爭之中。無論是以何種途徑進行合併和擴張，成本都遠超
過傳統封建收入的規模。

p.96

　　十四世紀人口減少，而且到了下一個世紀仍未能恢復，
更加劇這樣的情況。十四和十五世紀那些掙扎崛起的地區性
和民族性國家已經發現，受過訓練、有紀律的職業士兵，增
大軍隊的最適規模，並且因為人口減少造成工資相對上升，
每一位士兵的成本也提高。基於相同的理由，常以地租為基
礎的封建義務貨幣價值下降了。面對接連不斷的財務危機，
初期競爭中的民族國家很快發現，生存所需的稅收越來越
大，且這只能從新的來源獲得。能相對有效率地解決財政問
題的政治單位便能生存下去，而相對無效率的政治單位便被
敵手吞併。

　　在收入減少和財務需求增加的情況下，歐洲貴族面臨一
個日益棘手的難題。習俗和傳統限制他們從小領主那裡可得

到的稅捐限度，正如《大憲章》詳盡宣誓的，國王如果逾越
公認的習俗界限，就得面對隨時可能爆發的反叛。許多國王
的封臣幾乎和他一樣強大（事實上勃艮第公爵就比法國國王
強大得多），如果聯合起來鐵定會更強大。覬覦王位的競爭
者往往不只一位，而且即使沒有積極的競爭者，強大的封臣
也始終是一種近在眼前的威脅，不是從內部，就是和外來入
侵者勾結（如勃艮第人勾結英格蘭反抗法國王權）。正如早
先義大利和後來德國銀行家所證實的，君主可能借錢，而且
這還不失為一種應付短期戰爭危機的重要辦法。然而，貴族
是不能被控告的，因此貸方會要求高利率（通常會為了規避
高利貸法律，而用其他名義偽裝）以應付高風險，或索取擔
保品（早期為王室土地，再來是王室珠寶，或承包關稅，或
壟斷特權）。但拖欠仍是常事。愛德華三世使佩努茲
（Peruzzi）和巴迪（Bardi）破產，[6]接著查理五世和菲利普二
世也使熱那亞人和福格家族（Fuggers）破產。[7]貴族的資本市
場不僅是這時期最興盛的活動之一，還是佛羅倫斯、安特渥

---

6　佩努茲家族是佛羅倫斯著名的銀行家，家族財富始於十一世紀，在十四
　　世紀達到頂峰，當時梅迪奇家族還未完全掌控佛羅倫斯。十四世紀初佩
　　努茲家族對教士、貴族大舉貸款，獲取壟斷權，然而在1345年宣告破產，
　　聲勢下降。巴迪家族的遭遇與佩努茲家族相同，在1345年也宣告破產。

7　查理五世（1500-1558）與菲利普二世（1527-1598）是父子，查理五世
　　從日耳曼富商福格家族獲得鉅額貸款，才得以當選神聖羅馬帝國的皇帝
　　（1519）。菲利普二世為西班牙國王，對海外大肆拓展，獲利不少，然
　　而花費巨大，引發財政危機，在1557年導致西班牙破產，主要債主就
　　是熱那亞人和奧茲柏格（Augsburg）的福格家族。

普和阿姆斯特丹等金融中心發展的主要力量。

　　如果想償還貸款，便需要財政收入。貸款在戰爭時可以讓國王債務纏身，但隨後國王將面對令人畏懼的償還任務。如果說貸款給貴族，造成資本市場發展的重大影響，那麼為償還貸款而發展出來、有固定來源的收入，則指引出國家和私人部門間的新關係。

p.97　　無疑的，較大的政治單位最終一定會形成，但問題是：在許多小國家中，哪一個可以表現出相對效率，證明其繼續存在的權利？每個捲入生存之戰的國家，都不顧一切尋找財政收入的新來源。沒收財產提供一個短期的解決方法，但長期而言即使不會致命，可能也必須付出昂貴的代價。此外，國家可以重新界定或改變財產權，或更有效率地執行那些已經形諸文字的權利，使私人部門付出代價換得利益。國家可能透過開放許可徵收費用，讓民眾開發新的獲利機會，或者利用正在擴張或縮小中的市場獲利。

　　由於好處都由出價最高者獲得，從社會觀點來看，這些制度變遷未必會更有效率，以1500年的財產權而言，大部分活動的私人報酬率明顯與社會報酬率不同。這正是我們論述的一個重點：西元1500至1700年間，西歐經濟表現的差別，主要歸因於新興各國為應付持續的財政危機，而創造的財產權形式。讓我們看看為何如此。

## 第四節

　　為了了解其背景原因，我們必須將國家功能放在一個比單獨處理封建世界時更寬闊的背景來解釋。即使是現今，政府基本上是一個出售保護和正義給選民的制度安排。它的作法是靠獨占商品和資源財產權的界定和執行，以及授與資產移轉權。此種服務的報酬是，國家獲得稅金形式的支付。因為提供保護和正義具規模經濟，對選民而言這筆交易相當划算，因此被統治者和政府間的互利交易便有了基礎。只要規模經濟繼續存在，國家擴張對財產權的保護和執行，就可以增加所有選民的所得，而這筆利益在選民和國家之間以某種方式分配。

　　是什麼決定了這些利益的分配？公民們想盡可能增加所得，而國家也是如此，因為這一時期的生存通常得倚賴現期收入的極大化。讓我們回想一下第七章所描述十四和十五世紀的歷史證據。

　　在這動盪不安的兩個世紀，我們看到不只一名潛在供給者熱中於為地區提供政府服務以換取收入。在任何一個政治單位之內，許多強大的諸侯封臣都已準備好掌權。同樣的，敵方國王或其他政治單位的公爵等外地人，也隨時準備取而代之。按理說，選民應該會接受提供最多保護和正義的「國家」。但事實上，對選民而言，「理想的」解決方法是被授與設定價格（稅收）的「憲法」權力。相對的，從君主的觀點來看剛好相反，其安全取決於君主可以任意處置稅源和稅 p.98

率的程度。一名王侯擁有的獨占權力越大——亦即,其敵手
的威脅越小——國家所能支配租金的比例便越高。

我們已經指出英國與法國出現不同模式的種種原因。就
前者而言,議會可從國王那裡爭取課稅權;就後者而言,在
十五世紀的混亂當中,一切財產權都是不穩定的,致使二級
會議將課稅權讓與查理七世,以換取君主的承諾,增強秩序
和保護,以免外國傭兵劫掠與英國人入侵。在履行諾言的過
程中,法國國王肅清實力相近的對手,使王室能要求更多政
府創造的社會利益份額。

經濟結構總是能決定國家對哪些經濟部門課稅最有利。

國家任一部門從改變和保護財產權所得的淨益,不僅由
社會收益決定,還視牽涉在內的交易成本而定。國家設計新
財產權的利得,取決於實際創造的收益或節省,減去新制度
安排所需的成本。國家所能獲得的收益,必須從社會節省中
扣除談判、設計新協定、衡量收益、徵集適當稅收,以及執
行新財產權所需的成本。近代初期每一個活在緊迫壓力下的
新興民族國家,都對能極大化其現期所得的新協定設計備感
興趣。無庸置疑,在給定緊迫壓力之下,這些被創造出來的
新制度安排,常常不能夠極大化社會利得。

舉例而言,政府可以很容易地繼續授與和(或)保護無
效率財產權(如獨占和行會),它也可以創造出更有效率的
權利,如保證開放市場。獨占的受益者容易被認定,私人利
益的衡量和稅收也不難溝通。國家實施獨占並不困難,因為
獨占者可以向當局告發違約,稅收的徵集也很容易。授與特

權對國家而言，是一種有利可圖且相對較不昂貴的收入來源。反之，建立開放的市場在受益者的識別和溝通上有很大的限制，在徵稅上也有許多不確定性和困難。然而，如果國家因面臨種種約束，而這種形式的財產權卻被證明是最有利的收入來源，它仍會被創造出來。

在整個歐洲，君主在尋找收入時，所能擁有的自由程度差異很大。他可以沒收財產，但以此作為收入來源只能僅此一次。當臣民們被說服，相信他們面臨攻擊或入侵的威脅時，君主也可以勒索一筆強制性貸款。他還可以用特權授與來交換收入。這些特權必須包括財產權的授與，或保證對財產權予以保護。很顯然的，國家從自願團體手中接管對財產權的保護，是具有規模經濟的。隨著貿易和商業發展超出莊園和城鎮的邊界，農民、商人和輸運者發現，保護的私人成本可因一個強大的統治權威而降低。政府和被統治者之間互利交換的基礎已經存在，但沒有兩名君主遭遇相同的經濟狀況。由於私部門中的個人總有「白搭便車」的動機逃稅，君主因而必須尋找可測量且容易徵集的所得來源。與現代稅收結構相較，當時並沒有進行這些活動所需的制度結構，結果是在絕大多數的情形下，資訊成本過高，以致妨礙現代的其他可行辦法。兩種極端說明奮鬥中的國家面臨的兩難困境和可能性：（1）在對外貿易為經濟重心的地方，稅收量和徵集所需的成本較低——而在水路貿易方面就更低了，因為港口數目是有限的。（2）在以地方貿易為主，範圍不超過城鎮或小地理區域，或內部貿易為主的地方，衡量和徵集稅收所需

的成本便高出許多。

　　在前者的情況下，進出口稅對國家而言可能是最有效率的。在後者的情況下，授與獨占權或對生產因素課稅可能是最有效率的方式。無論是何種情況，稅的性質和徵收方式對經濟效率而言都非常重要。

　　限於本章的篇幅，我們只能列出幾種君主以財產權換取收入的多樣化（而且巧妙的）手法。土地轉讓權在英國是1290年（對貴族則是1327年）由《置地法》（*The Statute of Quia emptores*）批准的，若不如此，國王便會因土地分封制而失去收入；稍後頒布的《遺囑法》（*The Statute of Wills*）（1540年）則允許繼承，各類「用法」的設計使他失去收入。在法國、香檳區和安柔（Anjou）也有類似的發展，不僅防止收入流失，還在十三世紀對土地轉移課稅。城鎮被授與貿易和獨占特權以換取收入，外國商人也因此獲得合法地位，以及不受行會限制的特許權利。行會被授與獨占特權，並向君主輸納作為報償；進出口關稅的創立，也以獨占特權作為回報。在某些情況下，君主被迫將稅率控制權授與「代表」機構，也是為了換取收入。

　　最後一點還須特別強調與進一步闡述，因為它是西元1500年以後不同發展模式的關鍵。君主為獲得生存所需的稅收，而不得不放棄的是什麼？換句話說，是什麼決定了君主對其「選民」的議價實力（bargaining strength）？上述論點提出三項基本考量：（1）選民可以從國家取代民間團體對財產權的保護中所增加的利得；（2）競爭者能提供相同服務的

p.100

接近程度；(3)足以決定王室面對不同徵稅方式之收益和成本的經濟結構。

## 第五節

現在我們可以回到中心議題上。上述變數的組合並不保證任何新興國家都會建立一套能使經濟長期成長的財產權。在這個時代，最大的利得是來自鼓勵交易部門中獲得的。然而，政府的財政需求永遠是最重要的，君主很少有餘力奢望規畫幾年後的改革結果。生存是當務之急。給定這樣緊繃的時間，為追求國家收入現值極大化，改革財產權的後果經常是扼殺經濟擴張，這一點也不令人驚訝。另一方面，不同因素的搭配之下，也許只是意外的，可能出現更有益於長期經濟成長的財產權。

在後續章節，我們將（在可得證據的限制下）檢視西歐經濟的不同成就，再利用先前發展的架構，追溯一下兩組不同財產權的出現，一組造就尼德蘭和英國的持續經濟成長，另一組則導致法國的遲緩和西班牙的停滯與衰退。

# 第九章

# 近代初期

西元 1500 年普遍被史學家認為是中世紀與現代世界的分　p.102
水嶺。這一新紀元的最初兩個世紀，發生許多歷史上的重大
事件，諸如價格革命、商業革命、宗教改革、文藝復興、地
理大發現、殖民新大陸、世界貿易的發展，以及成為歐洲主
要政治組織型態的民族國家興起。

歷史學的本質說明了部分理由，為何這兩個世紀出現許
多重大事件，但缺乏一致的解釋。大多數專業史學家都有一
種流行的傾向，摒棄一般化論述，寧可專注於一時一地。因
此，幾乎沒有學者試圖對十六和十七世紀歐洲這麼大的題目
進行有系統且廣泛的考察。

馬克思學派的歷史學家或許是上述論點的一個重要例
外，但他們的歷史理論在處理這兩個世紀時遇到難題。依照
他們的信條，封建主義是被資本主義所取代。問題是西歐封
建主義到 1500 年已經滅亡，那時資本主義就目前所知尚未誕
生，工業革命更是兩個半世紀以後的事。因此，「新興資本

主義」（nascent capitalism）或「商業資本主義」（commercial capitalism）被發明出來填補這一段空白，作為馬克思動力學（Marxian dynamics）的一個完整經濟組織階段──十六世紀為擴張期，十七世紀為危機（收縮）期──它引發資本主義和工業革命。我們的解釋則沒有這樣的問題。十五世紀之際，一個新的馬爾薩斯循環便已經開始。新的人口成長彌補了十四世紀的損失，直到報酬遞減的情形再度發生。十三世紀許多經濟因素明顯在十六世紀重現，而十四世紀的某些問題也在十七世紀重演。然而，在這個時期出現新現象：雖然十六世紀全歐洲的人口都在成長，但隨後出現的「危機」原本可能會同樣遍及各地，事實上卻隨地域而有不同。有些地區和國家顯然能夠調整，甚至保持廣泛而密集的成長；有些地區則重演十四世紀的緊縮狀況並衰落下去。

p.103

十七世紀末期，荷蘭和英國顯然已經勝出，法國仍在追趕，而西班牙、義大利和日耳曼則已經落敗。史上第一次有地區和國家可逃出馬爾薩斯陷阱的牢籠，其他國家則失敗。到底是什麼造成這個重大差異呢？

## 第一節

讓我們檢視一下西歐經濟在這兩個世紀的整體表現。歐洲人口不知何時已從十四世紀的馬爾薩斯抑制中恢復，有間接證據指出英國的恢復期在1460至1480年之間。不過，十六世紀歐洲各地的人口都在成長，這一點是非常清楚的。

　　雖然發生的確切時間，因這些時期統計不發達，留下的證據稀少而模糊不清，但在那時，西歐人口已超過黑死病之前的水準。試圖對歐洲人口做出估計的歷史學家普遍同意，1600年左右人口已恢復到1300年的水準，雖然如表9.1所示，有資料來源認為這是1550年前後發生的事。

表9.1　1300-1600年歐洲人口（以百萬為單位）

|  | M.K.Bennett |  | Russell |
|---|---|---|---|
| 1300 | 73 |  |  |
| 1350 | 51 | 1348 | 54.4 |
| 1400 | 45 | 1400 | 35.4 |
| 1450 | 60 | 1450 | - |
| 1500 | 69 | 1500 | - |
| 1550 | 78 | 1550 | 45.7 |
| 1600 | 89 | 1600 | - |

資料來源：Slicher van Bath, *The Agrarian History of Western Europe*，第80頁

　　儘管沒有強而有力的統計證據支持，一般公認整個西歐在十六世紀經歷人口的持續擴張。一位著名歷史學家的結論很有道理：

　　　雖然個別數字是可疑的，十六世紀資料所揭示的全貌，
　　　大致上仍是清楚的：所有的證據、統計及其他資料，都
　　　指出歐洲人口明顯回升。[1]

p.104　　十六世紀沒有瘟疫，可能是這個現象的部分解釋。饑荒並不嚴重，至少與下個世紀的饑荒相較是如此。另一方面，戰爭非常普遍，整個十六世紀只有25年的時間在某些地區沒有大規模衝突。不過，人口似乎到處都繁盛成長。

　　隨著人口規模擴大，住在城市裡的歐洲人也增多了。在這個世紀，西歐大城市的發展遠勝以往。然而，都市化——或者說城市人口占總人口的比例——是否增加仍是可疑的。就整個世紀而言，它更有可能是下降的。大城市的擴張犧牲了上個世紀的小市鎮。

　　人口普遍增加是整個十六世紀的特點，十七世紀則恰恰相反。對西歐而言，那是一個無情的時代，戰爭、饑荒和瘟疫，都造成無數傷亡。不過，這與十四世紀的抑制不同，十七世紀的死神是以不同的嚴酷程度和結局降臨西歐各國。有些國家在它們面前毫無招架之力，有些則能趨吉避凶。

　　日耳曼、西班牙所屬的低地國、西班牙，以及可能也包含葡萄牙在內的諸國，在十七世紀人口有所損失。三十年戰爭（1618-1648）[1]使日耳曼田園荒蕪，伴隨痢疾、斑疹傷寒、天花、鼠疫和饑荒。人口下降的估計（幾乎高達40%，

---

① Karl F. Helleiner, 'The Population of Europe from the Black Death to the Eve of the Vital Revolution',《劍橋經濟史》第四卷（*Cambridge Economic History*, Vol.4），第22至23頁。

1　The Thrity Years War，三十年戰爭名義上是新教徒與天主教徒之間的衝突，也是哈布斯堡（Habsburg）王朝對抗各國勢力的戰爭。戰爭地點主要發生在日耳曼。

或許有些誇大）似乎暗示，日耳曼的損失遠超過其他國家。

西班牙，或許還有葡萄牙，也因為饑荒和鼠疫而使人口銳減。據估計，西班牙在1600至1700年間喪失四分之一的人口。西班牙屬尼德蘭為這個世紀爭戰不休的國家提供好戰場，結果使布拉邦特（Brabant）到這個世紀末只剩下比1526年多一點的人口。其他西屬尼德蘭的情況也一樣糟。有趣的是，大部分人口減少都發生在鄉村；市區受到的影響不大，根特的人口實際上還增加了，列支（Liege）也是。與十六世紀七〇和八〇年代人口劇減相比，安特渥普的人口反而穩定成長。

除了有明顯損失的國家之外，其他國家在這段期間內最好也不過保持在停滯狀態，義大利和法國是其中最引人注意的。饑荒和鼠疫的馬爾薩斯抑制再度成為主因。如同西屬尼德蘭，義大利也是戰亂頻仍之地，饑荒早已司空見慣，1630至1631年及1656至1657年的鼠疫使田園荒蕪，以致1700年義大利人口並沒有比1600年時成長多少。 p.105

十七世紀的法國人口也飽受饑荒與鼠疫之苦。1628至1638年、1646至1652年、1674至1675年及1679年，兩者同時肆虐，1693至1694年則發生所謂「大饑荒」的嚴重災情。此外，國家還失去17萬5千名因宗教因素而逃亡的新教徒。在這個世紀初的25年期間，人口可能有增加，之後法國人口似乎一直呈下降趨勢，直到該世紀末，可能還沒超過前四分之一世紀的人口水準。

當法國和義大利處於停滯狀態時，荷蘭共和國和英國則

經歷了人口擴張。與西屬低地國不同的是，尼德蘭聯省國（The United Provinces of the Netherlands）成功驅逐了人禍的入侵，雖然他們在抵抗鼠疫時失敗了，1623至1625年、1635至1637年、1654至1655年、1663至1664年，鼠疫重創那些地區。為反抗法國而進行的痛苦奮鬥，特別是在1672年，也造成一些領土荒廢。不過，它們很快就恢復了，一般認為聯合各省的人口在這個世紀大幅成長。此一成長部分歸因於正的自然增加率，部分歸因於對外來移民的友好態度，正如荷蘭人向外國人敞開大門——不僅對新教徒夥伴，還有來自伊比利半島的猶太人。都市化成長得更快，直到荷蘭省（Holland，該區都市化程度最高的省）早在1622年就有60%的人口成為城市居民。荷蘭的城市在這個世紀的大部分時間裡，都是繁榮擴展的。

　　另一個在十七世紀人口成長的重要國家是英國，儘管它也遭到諸如倫敦在1603年、1625年、1636至1637年和1665年的鼠疫侵襲，但總合的影響不如義大利那兩場嚴重，英格蘭和威爾斯的人口在1700年左右，無疑成長得比1600年時快。為了方便說明，在此引用一個普遍為人所接受的十七世紀英國人口估計，它顯示英國人口在這個世紀增加了25%。1600年人口估計為480萬，1630年為560萬，1670年為580萬，1700年為610萬，雖然這些數字有可能過高。

　　總之，十六世紀歐洲各地人口似乎都成長，但這樣的情景卻在近代第二個世紀發生劇變。荷蘭聯合各省、英格蘭和威爾斯的人口到十七世紀仍持續增加，義大利和法國在這個

世紀處於停滯狀態，西屬尼德蘭、西班牙（或許還有葡萄
牙）和日耳曼的人口則下降。

## 第二節

p.106

　　價格史的演變與人口史並行。十六世紀西歐各地的價格
水準急遽提高，而且價格型態也產生變化。絕對價格水準提
高，和工資落後於其他價格的差距如此顯著，以致這個時代

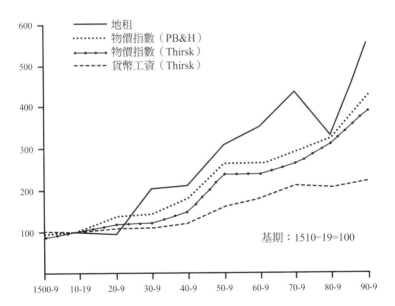

**圖9.1　1500至1600年英國總合物價指數、地租和工資**

資料來源：Thirsk, *The Agrarian History of England and Wales*，vol. 4，第 862
及 865 頁；Phelps-Brown and Hopkins, 'Wage-Rates and Prices:Evidence for
Population Pressure in the Sixteenth Century'，第 306 頁；Kerridge, 'The
Movement of Rent, 1540-1640'，第 25 頁。

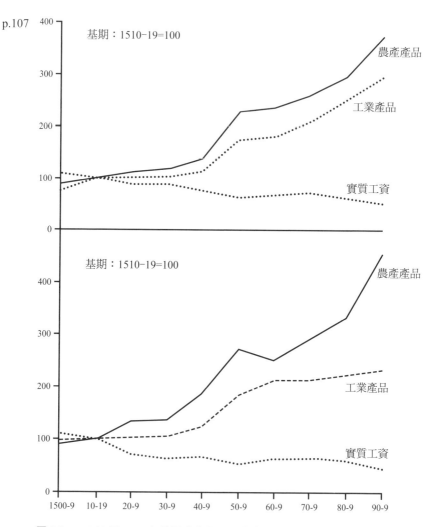

p.107

基期：1510-19=100

農產產品

工業產品

實質工資

基期：1510-19=100

農產產品

工業產品

實質工資

圖9.2a　1500至1600年英國農產品、工業產品和實質工資的價格指數

資料來源：Thirsk, *The Agrarian History of England and Wales*，vol. 4，第862及865頁。

圖9.2b　1500至1600年英國農產品、工業產品和實質工資的價格指數

資料來源：Phelps-Brown and Hopkins, 'Wage-Rates and Prices: Evidence for Population Pressure in the Sixteenth Century'，第306頁；與 'Seven Centuries of the Prices of Consumables, Compared with Builders' Wage-Rates'，第311至314頁。

以「價格革命」聞名。物價上漲席捲整個西歐，1600年的一般物價水準比1500年上升200%至300%。以西班牙為例，到這個世紀末物價高出世紀初3.4倍，法國則是2.2倍，英國是2.6倍，荷蘭的紡織大城萊登（Leyden）是3.0倍；亞爾薩斯（Alsace）、義大利和瑞典的價格幾乎翻了一倍。一般物價水準的增加看起來可能比實際狀況要來得戲劇化，因為價 p.108格在一個世紀內成長一倍的年增率只需0.72%。以現代標準來看，這的確是一種非常溫和的物價上漲。十七世紀一般物價就停止上漲，物價水準也未呈現明顯的趨勢。

　　十六世紀物價上漲，並沒有同樣抬高所有價格。圖9.1顯示英國的地租指數是所有價格中增加最快的，提高500%以上。農產品價格（參見圖9.2a和9.2b）次高，工資和工業產品價格的成長就小多了。

　　圖9.3a顯示貿易條件變得對農產品有利——與世紀初相較，到這個世紀末，要用更多工業產品才能買到一個單位的農產品。勞工消費的產品價格比工資成長更多，這反映實質工資（大眾生活水準的指標）劇降。由於地租漲得最多，工資漲得最少（見圖9.1），相對因素價格（見9.3b）顯然就轉而對地主有利。

　　產品和相對因素價格的改變不是英國所特有，只是英國的量化資料最完整。圖9.4和9.5的證據再度顯示，英國發生 p.109的改變也普遍在西歐各地發生。日耳曼、法國和西班牙的貿易條件都轉而對農作物有利，實質工資顯著下降，因素相對價格的變化在各地也都很相似。法國的地租在這個世紀似乎

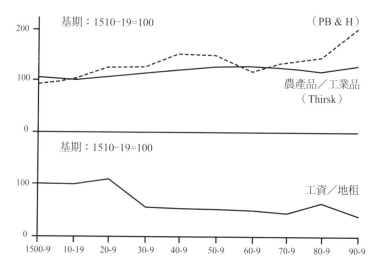

**圖9.3a　1500至1600年英國農產品與工業產品價格之間的貿易條件**

資料來源：Thirsk, *The Agrarian History of England and Wales*，vol. 4，第862及865頁；Phelps-Brown and Hopkins, 'Wage-rates and Prices:Evidence for Population Pressure in the Sixteenth Century'，第306頁。

**圖9.3b　1500至1600年英國的工資——地租比率**

資料來源：Thirsk, *The Agrarian History of England and Wales*，vol. 4，第862及865頁；Kerridge, 'The Movement of Rent, 1540-1640'，第25頁。

增加了380%，而工資卻只上升130%。

　　總之，十六世紀物價水準上漲是普遍現象。產品和因素相對價格也有類似形式的變化。農產品價格相對於製造業產品價格上升更多，再加上地租比工資成長更快，使勞工的實質工資顯著下降。

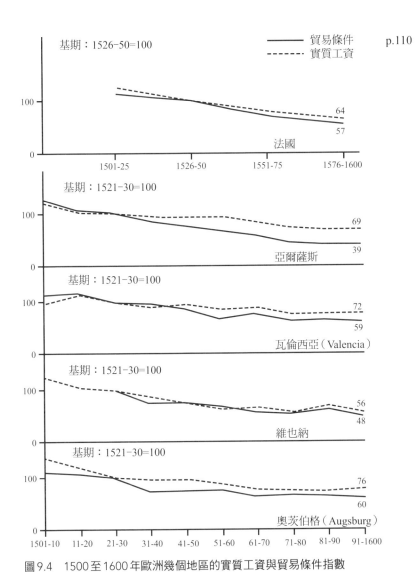

圖9.4　1500至1600年歐洲幾個地區的實質工資與貿易條件指數

資料來源：Phelps-Brown and Hopkins, 'Wage-Rates and Prices: Evidence for Population Pressure in the Sixteenth Century'，第305-306頁；與 'Builders' Wage-Rates, Prices and Population: Some Further Evidence', *Economica*, 26, no. 101，第35至38頁。

p.111

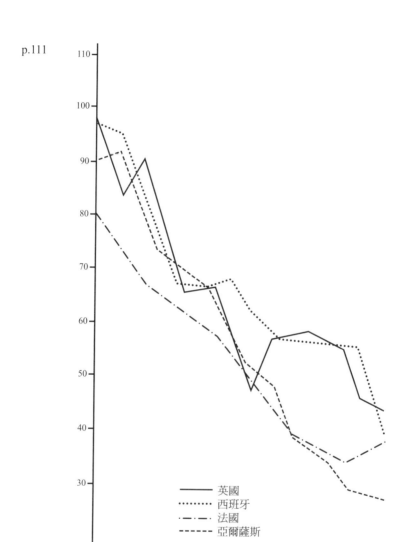

圖9.5　十六世紀英國、西班牙、法國與亞爾薩斯的實質工資指數

資料來源：Phelps-Brown and Hopkins, 'Builders' Wage-Rates, and Population: Some Further Evidence'，第18至38頁。

# 第三節

　　十六世紀西歐發生的普遍現象，正符合我們之前指出的相似型態。一是各地貿易量都成長了，尤其是國際商業繁榮的北歐。越來越多歐洲船隻沿傳統水路航行，駛往地中海，而最戲劇性的是往大海冒險，與陌生的亞洲和新大陸貿易。十六世紀初，商業中心仍位於義大利北部，米蘭、佛羅倫斯、熱那亞、威尼斯和鄰近一些小城市都專門從事製造業與貿易。歐洲其他地區，穀物、鹽、鹽醃食品（主要是魚），還有油、酒和乳酪貿易一直蓬勃發展。有些船則滿載製造用的羊毛、生絲及皮革。原礦的貿易雖不重要，但隨著對明礬、珊瑚、鐵和銅的需求出現，這方面的貿易也一直成長。因此，整個十六世紀地中海都承擔著豐富而多樣的貨物輸送。

　　然而，歷史上最重要的地中海貿易並不是本地的，而是以印度、錫蘭和印尼為起點，再接通陸路的商業貿易。在傳說的香料貿易中，胡椒比肉荳蔻和丁香更重要。成捆成袋的中國和波斯絲綢、印度棉花、中國大黃和寶石充實外來品交易，引起整個歐洲的羨慕，從而使威尼斯這個貿易中心成為世界大港之一。

　　中古時期的奢侈品貿易，一直因地理因素被地中海沿岸的商人壟斷，這種局面在十六世紀初期受到葡萄牙人的挑戰。葡萄牙水手試圖以武力轉移傳統貿易航線，從大西洋水域推展到印度。早期此一嘗試失敗，直到十七世紀，荷蘭不採取暴力手段，而是靠著提高船舶和經濟組織效率，引發價 p.112

格競爭，才摧毀威尼斯在奢侈品貿易上的地位。

　　十六世紀北歐與英國、法國、葡萄牙、西班牙、低地國與波羅的海之間的商業貿易，剛開始和地中海貿易相比是微不足道的。如同地中海地區支撐著多產的義大利城邦，北歐也倚靠著位於荷蘭和法蘭德斯的製造業與貿易中心。

　　十六世紀初，在北歐尚未出現可與威尼斯或熱那亞相提並論的都市時，卻出現兩個專門從事海上貿易的都市群。一是北日耳曼漢撒聯盟的城鎮（North German Hanse），一是尼德蘭諸港。布魯日港淤塞，使尼德蘭的安特渥普市逐漸取得主導權，成為十六世紀北歐主要的商業港口，直到被戰爭摧毀為止。到這個世紀末，離海岸只有幾英里的阿姆斯特丹已取代安特渥普。

　　北歐的主要貿易商品，是寒帶出產的耐寒穀物、鹽和醃魚、羊毛織品、毛皮、鐵和木材。穀物貿易在進口國——西班牙、葡萄牙和尼德蘭的工業化地區，與出口國——法國和波羅的海沿岸之間是經常性的。這個世紀充分的貿易發展，足以使某些遭受暫時性饑荒的地區得到食物供應。特別是穀物貿易擴展的範圍，由通過波羅的海的船隻數目增加便可見一斑。船隻數量由世紀初的年平均1300艘，到世紀末已成長至年平均5000艘以上。由於船隻的平均規模也增大，用此描述波羅的海實際的商業擴張仍嫌保守。這個世紀初北歐完全依賴波羅的海供給一種重要食品——醃魚，尤其是醃鯡魚。隨著荷蘭在北海發展新漁場，波羅的海貿易的重要性也就相對下降。

　　北歐貿易最重要的製造品是羊毛織品，而最重要的製造
業中心（除義大利北部外）在法國北部、法蘭德斯、布拉班
特、荷蘭和英格蘭東部。法蘭德斯無疑是其中最突出的，在
這個世紀的前四分之三，安特渥普已成為當地的貿易中心。
在法蘭德斯紡織的生絲，大多從西班牙及英國進口，但英國　p.113
也大規模出口織品到安特渥普和波羅的海沿岸。不過，出口
的主要是尚未染色、有待進口者進一步加工的未完成品。

　　在此同時，一種獨立貿易在大西洋沿岸逐漸興盛起來。
西班牙、英國、法國和尼德蘭都忙於羊毛、織品、酒和鹽的
交易。在這個世紀，這種貿易逐漸結合地中海與波羅的海上
商業圈，直到三者形成一條商業鏈。

　　歐洲其他地區經常性貿易的建立，是十六世紀重要的成
就。早先被當作漁獲來源的海洋，到十六世紀末已成為國王
的交通幹道，從里斯本到印度，或從塞維爾（Seville）到西
印度群島（The West Indies）的航行已是司空見慣。很明顯
的，海洋貿易中最重要的是在世紀中發現世界最豐富的銀礦
之後，西班牙與新大陸之間進行的貿易，那財富不只資助西
班牙，連整個歐洲都一同受益。

## 第四節

　　到此為止，我們對十六世紀人口、價格和商業所做的概
述，已可一併顯示當時經濟發展的主要型態，西歐各地絕對
和相對價格的發展趨勢及人口成長皆相同。此一現象不僅使

我們的任務相對變得簡單，而且強調不論是地理性與暫時性的現象，人口成長正是關鍵所在。人口成長使這個世紀初發生勞動邊際報酬遞減的狀況。隨著人口持續擴張，勞動工資相對於土地價格下降了。農產品價格相對於工業產品之所以上升，是因為農業大量使用日益昂貴的生產因素——土地。

在金融方面，產品與生產因素價格上升，部分歸因於貨幣數量增加，是用歐洲新開發的礦藏鑄造的貨幣，以及新大陸進口的白銀；另外就是商業步調加快。西班牙對白銀進口的壟斷也使國際貿易量增大，因為銀塊進口提高西班牙當地的物價，使商品與勞務的出售比買入更具吸引力。西班牙購置軍隊、武器與奢侈品，支付方式是用來自新大陸的白銀向歐洲其他國家出口。

p.114 這對國際貿易產生多大的刺激是難以評估的，因為伴隨新大陸財富而來的另一個（或許是更重要的）因素——十六世紀人口普遍成長，降低市場配置資源的成本。由於市場出現，新的制度安排萌芽茁壯，從而使生產和交換專業化，也增強不同地區的比較利益。在這片沃土上，所有部門的對外貿易都欣欣向榮，特別是從安特渥普和倫敦這些快速發展的都市市場中受惠。在此同時，規模較小的地方性與區域性市場，因為無法與那些更有效率的敵手競爭，而陷入衰退狀態。

少數大市場的興起可用市場本身的性質來解釋。在交易過程中，市場創造可成交的價格訊息，這些價格對在場每個人都有用，任何人皆可決定買進抑或賣出，此一生產力增加可能就是單一市場最重要的好處。在貿易擴張期間，因為交

易具有規模經濟，市場越大就越有效率。因此，在市場與市場之間的競爭中，位於中央的都市犧牲其他不幸的對手，並由此獲得利益。

當我們把一個將農業與工業部門連結，並連結至最終消費者的交易部門放入分析時，對於十六世紀消費者福利能做的論述就複雜多了。很明顯的，在報酬遞減的狀況下，人口成長直接降低經濟的整體效率，導致**人均**所得普遍下降。但在間接影響方面，人口成長也提升生產力和**人均**所得，因為人口成長擴大市場，從而刺激商業貿易。

交易部門效率提高與人口成長，同樣影響相對生產價格和貿易條件。農產品的消費價格相對於生產因素價格下降的幅度，比供給完全彈性的工業產品相對於生產因素價格下降的幅度小。因此，市場的貿易條件變得對農產品有利。農產價格相對提高歸因於農業生產力下降，使收入降低；又因為農產品交易效率提高，使收入增加。社會福利將在給定的時點或狀態下，視何種效果較大而定。

總而言之，十六世紀的資產平衡表顯示，農業生產力下降，製造業的生產力持平，市場交易部門的生產力則增加。西歐的物質福利是否上升，端看市場效率的增進是否能抵消 p.115報酬遞減引起的農業生產力下降。一般而言，結果並不美好，報酬遞減將西歐導引至十七世紀的馬爾薩斯抑制。饑荒和瘟疫再度襲捲歐洲各國。

## 第五節

正如我們之前對人口的討論，十七世紀這些災難的影響是選擇性的，不像十四世紀那種普遍的破壞。某些地區，例如英國，便相對未受什麼損失；但其他地區，例如西班牙，卻遭受重創。可以公允地假設，經濟組織的效率在馬爾薩斯抑制效力上扮演極重要的角色。這就是十七世紀與十四世紀最明顯的差異，十四世紀西歐的經濟組織幾乎完全一樣，但在十七世紀，新興民族國家的制度和財產權，在一、兩百年內走上分歧的道路。

十六世紀西歐的商業並非在和平且井然有序的自由貿易環境中演進，須面臨敵對民族國家之間的戰爭、敵意與猜忌等種種障礙。國家首腦們堅信，只有犧牲其他國家才能擴大其影響力；他們也同樣相信，唯有犧牲其他國家才能擴張經濟體的貿易。此一哲學最好的範例，便是葡萄牙人企圖以武力改變香料貿易，最後卻以失敗收場，其他政治單位也曾或明或暗地試圖調整內外經濟關係。由於近代初期的偉大民族鬥爭，對收入產生迫切需求，造成重商主義（mercantilism）[2]時代誕生。

前一章描述的諸多因素，都是組成重商主義的關鍵。其結果使得政策互異，導致十七世紀各種截然不同的結局。因

---

2　重商主義泛指以政府政策保護國內產業、管制進口，以及鼓勵出口賺取貨幣或外匯的主張。

此，這個世紀的經濟事件必須（或至少在某種程度上）按國
別進行檢視。單一的人口模型已無法解釋歐洲主要的經濟發
展。

　　十七世紀初，人口變動只是影響經濟成長的重要參數之
一。任何已知民族國家的出現與其性質，以及市場的效率、
範圍，皆為共同因素。西歐各國的關係是矛盾的，雖然希望
從相互貿易中獲利，卻又渴望支配他國。　　　　　　p.116

　　在如此緊張的背景下，讓我們簡要地思考一下，十七世
紀尼德蘭、英國、法國及西班牙這四個歐洲主要敵對國家，
它們的價格如何發展。我們對實質工資，以及哪些因素支配
了它們的水準格外感興趣。雖然我們在此提出的證據比前幾
個世紀要好得多，我們的結論仍應被視為嘗試性的。

　　低地國北方七省在成功結束對西班牙長達八十年（1568
至1648）的艱苦反抗之後，合併成荷蘭共和國，即便在那段
艱苦的時間，荷蘭仍是繁榮的。十六世紀普遍下降的實質工
資（見圖9.6a）在十七世紀已經恢復，並在後四分之三個世
紀成長約50%。較好的工資資料（特別是1600至1625年這 p.117
段時期）或許呈現實質工資更壯觀的成長。此外，此一改善
情況發生時，人口仍穩定成長。英國也開始從十六世紀的谷
底回升。英國的實質工資（見圖9.6b）在1601至1610年與
1711至1720年兩個時期之間上升36.5%。實質**人均**所得與人
口無疑同時成長。

　　這也許是西歐經濟史上頭一遭，荷蘭和英國在農業報酬
遞減的壓力下，成功提高**人均**所得。顯然某些（或所有）部

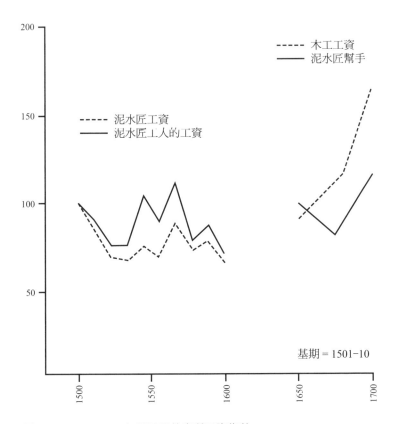

**圖 9.6a　1500-1700 年低地國的實質工資指數**

資料來源：H. van der Wee, *The Growth of the Antwerp Market and the European Economy*（Martinus Nijhoff, 1963），vol. 1，第 543 頁；N. W. Posthumus, *Lakenhandel*, vol. 2，第 217 頁，第 1014 至 1017 頁。

門的生產力比人口成長還要快得多。我們將在第十和十一章對此一現象加以檢驗。

　　很明顯的，法國並沒有像荷蘭或英國那樣獲致成功。法國的實質工資指數從 1551 至 1575 年的 44（見圖 9.6c），一路

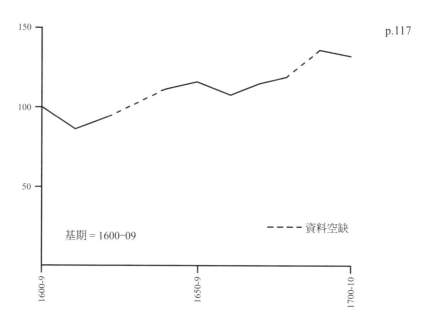

p.117

圖9.6b　1600-1700年英國實質工資指數

資料來源：Phelps-Brown and Hopkins, 'Seven Centuries of the Prices of Consumables, Compared with Builders' Wage-Rates'，第296至314頁。

下降到1576至1600年的34；隨後在十七世紀的前二十五年回升到42，整個世紀則平均在41上下波動。即使人口沒有太大成長（或許還下降），法國在這個世紀仍無法明顯改善其國民福利。

　　西班牙的狀況則更糟，國民福利受到的損失更明顯。人口變動持續支配著經濟：當瘟疫來襲，人口減少，實質工資便上升（見圖9.6d）；當人口再度增加，實質工資便又下降。1589至1591年、1629至1631年、1650至1654年及

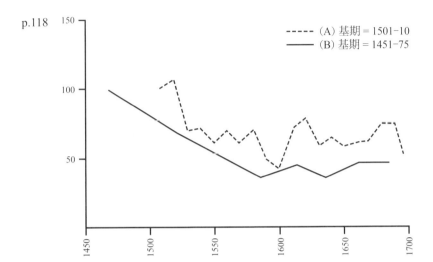

圖9.6c　十七世紀法國的實質工資指數

資料來源：（A）建築工人的工資除以小麥價格，M. Baulant, 'Le Salaire des Ouvriers du Batiment à Paris de 1400 à 1726', *Annales*, 26 annee no. 2，第463至481頁；與 'Le Prix des Grains à Paris de 1481 à 1788', *Annles*, 25 annee no. 3，第520至540頁。（B）Phelps-Brown and Hopkins, 'Wage-Rates and Prices: Evidence for Population Pressure in the Sixteenth Century'，第281至306頁。

1694年，瘟疫侵襲使實質工資上升，如此慘痛的代價竟可使西班牙經濟獲得些許改善。它沒有力量應付人口成長引發的效應。

　　因此，十七世紀的資料證據顯示西歐各國不同的經濟成長形式。尼德蘭聯合各省和英國，首次在人口成長的情況下成功提高生活水準。其他國家則與現代熟知的經濟福利與人口成長模式反其道而行。我們將在後面幾章檢視，在這場持續經濟成長的長期競賽中，勝負雙方顯現的特徵。

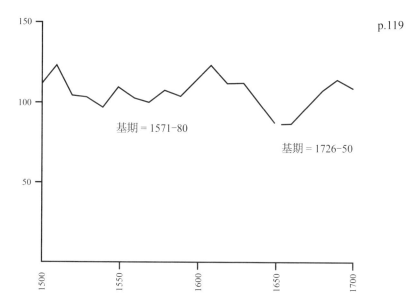

基期 = 1571-80

基期 = 1726-50

p.119

**圖9.6d　西班牙實質工資指數**

資料來源：Earl J. Hamilton，《1501—1650年美洲財富與西班牙價格革命》（*American Treasure and the Price Revolution in Spain, 1501-1650*）（Octagon Books，1965年），第279頁；《1650—1800年西班牙的戰爭與價格》（*War and Prices in Spain, 1651-1800*）（哈佛大學出版社，1947年），第215頁。

這兩個序列資料，1500至1650年與1650至1700年，雖然基期不同不能拿來嚴格比較，但我們認為它們仍能如上被準確地連在一起。

第十章

# 法國與西班牙
## 競爭失敗的國家

我們已經看見，儘管法國與西班牙宮廷華麗、野心勃 p.120
勃，卻無法與尼德蘭及英國並駕齊驅。這兩個君主專制國家
陷入政治鬥爭的競賽中，因而無法創造一套增進經濟效率的
財產權，經濟也陷入停滯狀態。

## 第一節

我們必須回顧一下前幾個世紀的法國政治史。英法百年
戰爭的悲慘時期，法國不但受到英軍入侵、外國傭兵劫掠，
本國大貴族之間也有無止境的紛爭。1422 年查理六世去世，
在同意接受英國國王作為繼承人之後，法國才在名義上成為
一個國家。一位競爭者——查理王子（Dauphin Charles）[1]——
在英國與勃艮第人控制的領土之外（這部分便是今天的法

---

1　他就是後來的查理七世。

國）擁有阿馬邑（Armagnac）貴族們的支持，而想取得王位。[2] 他所面臨的艱鉅任務是，從英國和勃艮第人手中收復一半以上的土地——這是一項代價昂貴，且不惜鋌而走險的要務。在查理即位初期，他發現必須再三敦請三級會議合作，以使獲得各種財政措施。雖然 1383 年以來課徵食鹽專賣稅（Gabelle）並未經過同意，而且其他諸如人頭稅（Taille）、銷售稅（Aides）和強制貸款仍間歇性地為國王所開徵，但是他已意識到過重的稅負可能會將他的臣民逼到敵方陣營去。國王的煩惱還不僅止於此，因為實際提供財源的是地方議會，查理七世便被迫在國民議會「授權」之後，直接與這些地方議會交涉。

　　法國有許多敵對的統治者，為爭取市民支持而直接競爭。統有英屬法國領地的貝德福（Bedford）公爵，及勃艮第公爵大膽約翰（John the Fearless），在徵稅權方面都跟查理一樣，被敵手的行動牽制。1418 年，當大膽約翰無法從其法國領地徵取銷售稅時，查理身為王室家族的國王（Valois king）[3]，為保住「臣民」的忠誠，也不得不在其領地採取同樣

---

2　查理六世（1368-1422）逝世時並未將王位傳給兒子，而是傳給年幼的外甥英國亨利六世（Henry VI），作為簽訂條約（Treaty of Troyes, 1420）結束英法戰爭的條件。根據條約，英國擁有法國北部，當時查理王子不願接受條約，避走希農（Chinon），展開與亨利六世的競爭，直到 1429 年聖女貞德鼓動他稱王，成為法國國王查理七世。

3　此處的查理指的是查理六世。大膽約翰（1371-1419）是法國強大的貴族，年輕時因作戰勇猛而得到大膽的綽號，受封為公爵後，頗有外交手段，與英國的亨利六世友好。前文提到查理六世死後，王位繼承引起民

p.121

慷慨的措施。

　　這場權力鬥爭的轉折點，似乎發生在1428年英國襲擊奧爾良（Orleans）之時。此一威脅使得在希農[4]召開的議會裡，容許查理提高50萬圖爾幣的稅收。此項財政支持加上聖女貞德戲劇性地出現，成功解除奧爾良的危機，讓查理王子在蘭斯（Reims）加冕即位，使得情勢轉而對法國國王有利，英國人或勃艮第人在法國都不曾如此強大過。查理的權力在徵收固定貨幣稅金中增強，卻依舊受到挑戰。雖然在1435年與勃艮第人締結和平之後，查理的命運在與英國奮戰中獲得穩定改善，但失業士兵和傭兵成群劫掠的問題仍日益嚴重。查理在翦除王位競爭者的同時，還能向臣民提高稅金徵收，以肅清武裝盜匪對鄉間的劫掠，沒有一個敵國或殘存的貴族能達成此一任務，因此，查理獲得保護法國的壟斷權。漸漸的，在1430年代，國王將銷售稅與食鹽專賣稅視為同樣不經同意便可徵收的特權。1439年，在奧爾良的議會成為最後一次有權批准人頭稅的國民議會。雖然查理七世遲至1451年才向地方議會請求資金，但國王的徵稅權實際上早在1439年後就完成。三級會議在提供查理七世維持軍隊保衛邊境和剿除內亂所需的財源時，拱手讓出徵稅權。

　　在復興法國的過程中，查理進行一連串的軍事改革，透

---

眾的反應，並且出現聖女貞德喚起法國人的國家意識，作者因此在本節
第一段主張此時法國在名義上才成為一個國家。本段之後的查理，是指
查理七世。

4　書中原文是Chenon，應該是Chinon之誤。

過設立二十個重騎兵常態部隊，創建一支職業軍隊，好處是再也不須倚賴那些不堪信任的傭兵。查理為這支軍隊購置大砲、延請精通砲術的人員，規模之大堪稱前所未有。結果法國扭轉先前與英國屢戰屢敗的情勢，最後贏得英法百年戰爭的勝利。1453年，英國人幾乎完全被驅逐出法國領土。

　　儘管法國王權日益高漲，但法國各地就某種程度而言還是相互隔絕的。地方性和省級三級會議的確持續召開，也一直擁有徵稅權，直到下個世紀，宗教戰爭一再嘗試恢復三級會議，但都失敗才宣告終止。三級會議於1576至1577年在布洛瓦（Blois）召開，或許是最後一次以和平方式推翻絕對王權的機會。

p.122　　十六世紀末爆發的宗教戰爭，又使各省陷入無政府狀態。胡格諾教徒（Huguenot）[5]攻占省分並占用王室收入，對國王構成實際的威脅。不過，王權最終還是贏得勝利，戰爭再次證明和平對法國的價值。當戰爭結束時，和平的維護者——王權，也取得稅收結構的無上支配權。

　　我們花了不少篇幅講述查理七世時代，因為王權對財政的絕對控制正是這一時期發展的。肅清國內競爭者及增強對外競爭力的結果，是路易十一時代驚人的稅收成長（在位期間約成長四倍）；路易十二時代或許有些下降，但又在十六世紀初法蘭西斯一世（Francis I）時再度上揚。[6]整個文藝復

---

5　十六、十七世紀法國宗教改革後出現的教派信徒，又稱法國的喀爾文教徒（French Calvinist）。

6　路易十一（1423-1483）；路易十二（1462-1515）；法蘭西斯一世（1494-

興時期，人頭稅收入從120萬圖爾幣增加至1100萬圖爾幣（以當期價格計算），或實際上翻漲二至三倍。

　　隨著王室徵稅權力高漲，王室財政政策對財產權結構也有重大影響。擴張中的官僚體系出售公職，此一行為直接為王室帶來收入。到法蘭西斯一世時，它已成為法國財政系統重要的一環。不只大小官職（包括法官）可以出售，許多沒有實缺的職位也一樣被拿來販賣。購買者只不過得到一個稱號。通常，擁有官職者可免繳人頭稅、銷售稅和食鹽專賣稅。因此，對擁有官職者來說，光在所得以外的利益就頗為可觀。

　　法國文藝復興時期的財政制度一直沿用下去，到十七世紀在**舊王朝**（Ancien Régime）下變得精細，甚至還法典化（或許就僵化了）。黎賽留（Richelieu）和柯爾伯（Colbert）[7]未能改變此一財政結構，反而在這個基礎之上，建立更精細堂皇的結構，為法國建構財產權細部組織。了解舊王朝下財產權結構的關鍵，在於明白王室對稅收的控制是絕對的，還有一個龐大的官僚組織依附著王室特權。

---

1547）。

7　黎賽留全名為Armand Jean du Plessis de Richelieu（1585-1642），從1624年到他死前，擔任路易十三（1601-1643）的首相。柯爾伯全名為Jean-Baptiste Colbert（1619-1683），從1665年至他死前，擔任路易十四（1638-1715）的財政大臣，振興工商業，也加強管制，將當時的法國從瀕臨破產的邊緣拯救，是法國重商主義的代表人物。

## 第二節

　　法國王室的財政政策，有意無意地用盡一切手段去阻撓市場擴展，因而失去其中可能得到的利益。各個地區被國內關稅制度分隔且孤立起來。市場範圍通常無法擴及一些大城市和港口近郊的外圍。舊王朝時代的法國可被視為由三十多個孤立的市場區域所組成，其中只有巴黎必須依賴廣大的內地，其他地區則可從鄰近區域獲得供給。

p.123

　　然而，法國並不是沒有自己的都市區。巴黎畢竟是歐洲舉足輕重的大城市之一。盧昂可被視為巴黎的港口，或許也是王國的第二大城市。其他重要城市如里昂、馬賽，次要的還有圖爾、布洛瓦和奧爾良。里昂特別值得一提，因為它是重要的國際金融與商業中心之一，是法國對外資金往來的中心。

　　雖然法國也從事對外貿易，出口酒、穀物和紡織品，這部分對整體經濟卻不大重要。很可能有90%的酒由法國自行生產且自行消費。部分是因為國內政策，部分是因為幅員廣闊與資源差異，使得法國幾乎完全自給自足。

　　甚至在那些有限的地區性市場，市場的功用也受限。獨占、行會，甚至連出售特定種類農產品的權利，都被視為特權。這些權利對持有者而言是有利的，因此也成為政府收入的豐厚來源。國家政策似乎把法國市場維持在一個可管理的合理規模之內。

## 第三節

　　莊園瓦解的趨勢始於十二世紀，至近代初期，貴族已經不再能直接控制土地。法國貴族主要以向農民收取固定地租和特許權維生。這個時期的法國一直是農民國家，農村財產分別屬於為數眾多的農民和許多小貴族所持有。這些小貴族耕種部分自己的土地，並從其他土地收取固定地租。此一時期的君主政體支持農民世襲土地占有權，實際上給予繳交固定地租的承租人合法所有權。

　　此時基本上仍沿用中世紀的農業技術──在分成許多零星小塊的土地上，實施二或三部分輪作。小麥和黑麥是主要作物，在氣候允許的地方，也栽種葡萄。法國幾乎每個地區都產酒，但大多數酒的品質都很低劣。酒由當地出產，而不從品質較佳的區域輸入，在在證明法國國內市場之受限。

　　十六世紀的人口成長，引發嚴重的報酬遞減，提高土地 p.124
價值，同時使勞動價值下降。十六世紀的物價膨脹明顯降低貴族收取固定地租的價值，使佃戶受益。於是，貴族便轉而致力於恢復其身為領主的權利與義務。原本是這波物價上漲受益者的農民，在這個世紀結束時也遭到宗教戰爭蹂躪。價格系統導致的收益，受實質工資下降影響而減少。以工資維生的勞動階級，則陷入嚴重貧困的境地。

　　農民也承擔人頭稅、食鹽專賣稅和銷售稅。這些都不是習慣固有的，常因國王的意願而增加。這種徵稅方式需要一個龐大的官僚體系來執行。到最後，農民必須負擔這批廣布

各地的文官們的花費。君主體制以官僚體系取代**封建領主**
（seigneurie）主持的地方正義。

除了諾曼第之外，法國其他地區沒有發生大規模的圈地
運動（enclosure movement）[8]。有限市場所能提供的誘因，以
及改變官僚充斥的司法制度所需的成本，已遠超過任何地主
或自願團體獲得的利益。社會收益當然大得多，但採收此一
收益來源果實的機制並不存在。然而，某些圈地的狀況竟然
發生了，一些殘存的公地和荒地被圈占，小面積的帶狀地則
成功抵抗種種圈地的企圖。近代初期的法國在更有效率地重
整耕地上，沒有多大的進展。

十六世紀**佃耕分益制**（sharecropping, metayage）越來越
被當作組織農業的方法。佃耕分益制很早就為葡萄園所採
用，但遲至1500年以後才推展至法國其他農業地區，以至
於全國。地主收取部分作物當作地租，而佃戶可得剩下的作
物。地主所得的那部分，通常占產出的四分之一至二分之一
不等。儘管佃耕分益制已在全國各地出現，文獻指出其特別
與法國較貧困的地區有關。地區的貧困常被歸咎於佃耕分益
制，近來已有理論證明這種看法是不正確的，佃耕分益制的
效率比起其他農業契約形式並不來得特別好或不好，譬如固
定地租契約。

佃耕分益制之所以被認為較無效率，是因為產出共享的

---

8　圈地運動是指將封建莊園的公有地圈圍成私人所有的過程，以英國最著
　　名，從十二世紀起，一直延續到十九世紀。

緣故。地主提供土地，佃農提供勞動；土地數量是固定的，但佃農可如其所願地提供勞動。他提供的勞動越多，產出便越高，但有一定比例的產出屬於地主。因此，如同有稅收一般，農民的勞動所得少於他所生產的價值，如此也相對提高他的休閒價值。因而，佃農不會貢獻太多單位的勞動，而土地的極大經濟價值也無法達成。佃農工作或投資土地的誘因，被地租給付的性質削弱。誘因減弱的情況也同樣影響投入土地的資本數量。 p.125

　　此種看法忽略一個事實：地主可在租約上規定投入土地的勞動和資本數量。如果佃農不履行契約，地主便會收回土地。在佃耕分益制普及之前的重要發展之一，乃是土地財產權的安定保障。此一制度的廣泛應用，需要有良好保障的財產權。所有者必須為人所共知，而他對土地的權利也必須被公認。在民族國家建立的同時，此一條件也在法國發展出來。

　　由於資本與勞動投入土地的比例和數量須協商決定，而契約是可被執行的，因此佃耕分益制跟其他制度一樣有效率。舉例來說，無論地主要求農民增加對土地的投資，而後減少對作物的收取比例；或自行增加對土地的投資，再收取較高比例的作物，結果都是一樣的。如果投資是有利可圖的，就會被進行。地主收取的比例不可能高到讓農民在別的地方能獲得更多利益，換言之，如果地主收取的比例過高，就會失去農民。無論是佃耕分益制或固定地租契約，農民都得到他所付出勞動的市場價值，而地主也得到地租的價值，

既沒多也沒少。佃耕分益制沒必要為法國的貧窮負責。我們必須從別處尋找解釋。

發展出來的稅收政策也對近代初期法國的土地分配有重大影響。貴族和官員無須為他們的土地或財產繳稅。因此，土地對這些人而言，比沒有特權的人更有價值。貿易、出售和交換的基礎於焉產生，結果使大塊地產被組合起來。所謂大地產的恢復（雖然法國史家誇大此一過程的範圍）便可用此種方法解釋。法國在近代初期是一個大地產國家的看法，是一種誤解。小型自耕農才是典型的代表。

近代初期法國農業的貧困，導因於報酬遞減和制度環境，阻撓有效率的調整與新技術的發明。阻礙全國市場發展的限制，主要是由於近代初期的法國農業還保留大量的中世紀特徵。

p.126　　　法國的產業管制史是經常被提到的故事。一個效忠於王權的龐大官僚體系，是這個管制系統的一部分，而另一部分則是行會的力量增強，並成為政府管制的主要代理工具。1581 年亨利三世、1597 年亨利四世和 1673 年路易十四[9]——實際上由柯爾伯提出——的敕令規定基本指導方針。前兩道敕令不及最後一道來得有效，柯爾伯憑著最後一道敕令，將行會系統收為己用。「簡言之，此一方案使行會成為普遍的貿易模式，不管是城市、集鎮還是鄉村。」[1]如此，行會和

---

9　法國國王亨利三世（1551-1589）、亨利四世（1553-1610）與路易十四（1638-1715），都曾加強對行會的管制。

產業官員這一雙重行政機制，便成為製造業和商業活動各方面細節管制的支柱。前者受到法院支持，甚至當他們的中世紀式和限制型管制與政府視察員相左時也不例外。行會可說是法國產業組織的基礎。

國家管制已演進到涵蓋產業生產過程所有細節的地步。以織物染色為例，管制法律多達317條。管制法律是在與行會官員商議之後決定的，一般反映中世紀的生產技術。由行會官員控制和檢查的制度無所不在，在柯爾伯時代，甚至連普通織物都須經過至少六道檢查。

國家的基本目標是財政。實際上，國家長久施行行會壟斷是為了交換國庫收入。行會從國王那裡購買他們的壟斷權。這是一項有價值的君王特權。1597年，當國王資金短絀、無法支付他的瑞士傭兵部隊薪水時，軍隊首領受命以出售行會雇主權作為補救。壟斷或其他特權的價格是可以改變的，特別是在國家危急存亡的時刻。舉例而言，1673年柯爾伯的敕令，明顯將巨額的當期支出連接上收費的新規模。1691年，特別又對行會雇主課徵一項王室費用。

法國在朝向知識財產權的建立上做得比較多。國王在不同時期將專有權授與投資者，其中一些無疑是有生產性的，但國王的顧問們卻老是尋求藝術品和奢侈品，而不顧那些可能提高民生產業效率的產品。在任何情況下，沒有新發明能

---

① Eli Heckscher，*Mercantilism*，修訂版，E. F. Soderlund編訂，（Allen and Unwin出版，1955年），卷一，第145頁。

與現存特權一爭長短。如果新發明會威脅到現存的壟斷,國
王授與壟斷權就必須推翻先前的授權。獲得的授權通常只適
用於有限的市場區域,而非整個法國。在當時的法國,發明
的過程無法從這些行動得到有力的鼓勵。

p.127

　　法國產業制度的經濟效率結果如下:(1)勞動的流動到
處受限,進入產業不是不可能,就是極度困難;(2)資本流
動也同樣受到限制;(3)不得違背習俗的繁冗生產過程管
制,使創新受到障礙或抑制;(4)在許多情況下,例如1571
年頒布的敕令,所有織物價格都是固定的。

　　如果行會控制與王室檢查制度還不足以妨礙經濟成長,
王室主辦和補助的產業也會拖累法國經濟。雖然王室主辦的
藝術和奢侈品素有盛名,但如果沒有王室的資助,也很少能
存活下來。簡而言之,王室的喜好常支持沒有效率的產業。
王室產業的狀況也同樣適用於對外貿易公司。

## 第四節

　　法國經濟無法表現出長期持續的成長,顯示法國未能發
展出一組有效率的財產權。除資本市場外,因素市場有所進
展。土地財產權已被建立並受到保護。土地變成可轉移的,
而勞動仍維持著勞役義務。另一方面,產品市場像在中古後
期一樣,持續承受不完善的國家政策造成的結果。行會、壟
斷和對地方市場的保護一直持續。因此,法國失去了可從交
易部門得到的利益。

## 第五節

　　法國和西班牙在政治發展上具有驚人的相似性。從這兩個例子當中，我們觀察到代議機構為了穩定和秩序，放棄對徵稅的有效控制；在這兩個例子中，國王逐步得到某種程度的壟斷權力，能單方面改變稅務結構和設定應納稅款。此外，還有另一些相似之處。在這兩個國家，政治統一花了很長一段時間才完成，有些地區還頑強地保留某種程度的地方自治（因此，在這些地區國王的壟斷權力較小），這兩個地區也都經歷叛亂，貿易也都受到來自內部的阻礙。如第七章所述，加泰隆尼亞並沒有與西班牙卡斯提爾的經濟整合，在經濟上還受到歧視；它到十七世紀才真正進行革命。低地國 p.128 也在近代初期起而反抗哈布斯堡王朝。革命是改變政府的手段之一，也是對專制主義的反制。潛在的革命設定了絕對權力的界限。

　　兩個國家資源稟賦和稅收來源的不同，為經濟發展模式的相異提供重要解釋。在法國，因為缺乏顯而易見的稅基，所以創造一個直接徵稅的官僚結構，必須先付出很高的交易成本；不過，這個官僚結構一旦被創造出來，國王在壟斷限度內便可以非常少的額外成本增加稅收。此一模式與西班牙的銷售稅（alcabala）有些相似，但西班牙國王三項重要的收入來源——羊主團、低地國與其他領地的繳款，以及新大陸的財寶——其中有兩種是外來的，決定了西班牙的命運。外部來源提供現成且不斷成長的收入來源，這不但解釋了西

班牙統治權力與哈布斯堡王朝查理五世和菲利普二世的興起，也同樣解釋了在菲利普二世時代，西班牙統治權力已漸露衰落跡象——到菲利普三世和菲利普四世時代[10]，由於收入來源喪失，國力更加每況愈下。西班牙帝國依賴非西班牙本地的收入，也隨之起起落落。

西班牙的故事，要從我們在第七章打住的地方開始講起。「1476年前後，在西班牙大部分地區，沒有人能說『這是我的』和『那是你的』，因為一場戰爭的運氣、一位君主的好惡、甚至一個情況的改變，都足以使一個人的財產遭到沒收和讓與他人。這是一個普遍混亂的國家。斐迪南和伊莎貝拉重建了和平而穩定的財產。」[②]如同我們先前所指出的，國內和平與財產權安全的代價，是喪失國會自由，王室享有制定稅收的唯一權力。

以上討論的羊主團，在哈布斯堡王朝之前，已是西班牙王權的財政支柱。然而，我們仍想知道，為什麼斐迪南和伊莎貝拉沒有走上農業興盛的長久道路，如果他們剝奪羊主團的壟斷特權，並鼓勵可耕地財產權的發展，他們是可以做到的。針對這一點，維夫（Vicens Vives）做了精確的回答：

> 因而，君主沒有等到數年後農業發展開花結果，而是跟隨他們祖先所走的省力道路，那就是像對羊群這種顯而

---

10 菲利普三世（1578-1621）和菲利普四世（1605-1665）的時代，西班牙國力大不如前。

② Vicens Vives, *Economic History of Spain*，第294頁。

易見又容易課稅的財產收錢。這將我們引導到第二層動
機：**1484年以後王權所經歷的財政危機**。由於宗教審判　p.129
（Inquisition）的擴張和**異端分子**（conversos）手上的資
本外逃，而後1492年猶太人又遭到驅逐，這種情形必
須盡快補救；另外，沒有什麼比出口羊毛更容易下手
的，因此才產生對羊主團的保護。也因為如此，在斐迪
南和伊莎貝拉的時代之後，才可以說「對牧羊人的利用
和保護，是王國的主要資金來源」。③

　　查理五世於1516年即位，象徵西班牙全盛時期與稱霸
歐洲大部分地區的開始。至少在這個繁榮的年代初期，國家
財政資源有巨大成長。羊主團成為相對較不重要的收入來
源；銷售稅仍是卡斯提爾地區重要的收入來源，而來自亞拉
岡（Aragon）、那不勒斯和米蘭的收入亦同等重要；但來自
低地國的收入使其他地區相形失色，在某幾年，它的收入是
其他個別地區的十倍，包括來自西印度群島的匯款。④
　　然而，維持與試圖擴張帝國的支出，超過西班牙帝國的
收入，使查理五世在危急時刻常求助於貸款。這些**專門合約**
（asientos）以國家財政收入為擔保。到1562年，光是之前貸

---

③ 前揭書，第304頁。
④ 前揭書，第382頁列出收入如下：銷售稅267,000 ducats（硬幣）；亞拉岡
　200,000 ducats；那不勒斯290,000 ducats；米蘭300,000 ducats；低地國
　4,000,000 ducats；西印度群島350—400,000 ducats。總計5,407,300—
　5,457,000 ducats。這些是十六世紀的數字，沒有特定的日期。

款的利息就已達143萬硬幣，或占當年預算的四分之一以上。國家越來越倚賴那些飲鴆止渴的辦法：延長付款期限、降低利率、提高黃金價格，1557年還自行宣告破產。這項政策在1575年、1576年、1607年、1627年和1647年一再重複。

費用增加的原因並不難解釋。哈布斯堡王朝對歐洲大部分地區的霸權，意味著經常性的戰爭和一支歐洲規模最大（訓練也最精良）的軍隊、海軍的發展，以及處理經常叛亂所需的費用。

查理五世和菲利普二世為了維持這個空殼帝國，每年支出不斷增加，且入不敷出。來自低地國的收入，因其反叛及北方七省獨立成功而下降，國王被迫壓榨傳統收入來源。十六世紀的最後三年，銷售稅和「millones」（一次開徵若干種稅）實際上急遽上升。來自新大陸的財富為國王掌握，但當這最後的外部收入來源在十六世紀末趨於平緩，並從1630年代迅速下滑時，國王迫不得已，只得越來越倚賴鋌而走險的權宜之計。銅幣取代銀幣的結果，艾略特（J. H. Elliott）簡述如下：

p.130

> 卡斯提爾的貨幣購買力嚴重下降，奧利佛（Olivares）[11]
> 試圖補救，特別提高卡斯提爾的稅收、使用各種苛刻的

---

11 奧利佛是指西班牙的奧利佛公爵（Count of Olivares, 1587-1645），是當時掌權的大臣。

財政手段，設法從特權者及免稅者身上聚斂錢財。在許多方面他是非常成功的。卡斯提爾的貴族受罰之廣，以致這些稱號頭銜原先是免稅的標誌，反而變成扎實的負擔。1638年來到此地的威尼斯大使向奧利佛報告，如果戰爭再繼續下去，便沒有人需要考慮擁有自己的錢財，因為一切都歸國王所有。儘管這項財政政策被運用在卡斯提爾的貴族身上時，只引來一陣無力的不滿聲浪，但當它被用來對付尚存的卡斯提爾商人團體時，就完全行不通了。一連串強制沒收個別塞爾維亞商人的美洲白銀匯款，給他們的「補償」則是授與沒什麼價值的永久所有權（juros），結果是對城鎮商業生活帶來毀滅性的影響。奧利佛在位期間，最後使西班牙本國商業團體與國王分道揚鑣，並且以王室需要為名，徹底摧毀本國企業。塞爾維亞複雜信用結構的瓦解，以及1639年至1641年間與新大陸貿易體系的崩潰，乃是奧利佛傲慢地對待西班牙商人所付出的代價。[5]

西班牙王權的財政政策，對有效率的財產權造成的後果，可以很快做出總結。在農業方面，對羊主團有利的法令阻礙土地發展出有效率的財產權。以1480年的王室命令為例，它取消農民在公有地圈占的土地；1489年的敕令重新規

---

[5] J. H. Elliott, 'The Decline of Spain', *Past and Present*, 20（1961年11月），第71頁。

畫（擴大）格拉那達（Granada）的牧羊路線；1491年的敕令禁止在格拉那達圈地；1501年的土地租借法實際上准許在任何地方放牧羊群，而在此之前只能任意占用幾個月，又允許羊主可永遠按最初規定的租金付費；如果羊群放牧不為土地主人所知，便可以不付租金。1539年實施小麥最高價格限制時，灌溉農業的發展又進一步被削弱。在物價膨脹的世紀，固定土地租金並限制小麥最高價格，造成的後果是可想而知的，那就是鄉村人口減少和不斷發生饑荒。沒有任何從事灌溉農業的誘因，更別提改進了。的確，在十七世紀初期，驅逐摩爾人後裔（Morisco）[12]使西班牙喪失一群熟悉灌溉農業技術的農民。西班牙的農業組織還維持以往的老樣子。

p.131

　　然而，西班牙衰落和停滯的悲劇，不是只用剝奪其少數民族的財產（先是1492年的猶太人，接下來是摩爾人）就可以簡單說明的。如上引文所述，它是一切財產權皆無保障的症狀。隨著王權財政日益困難，侵占、沒收，或是單方面改變契約的情況便一再發生，最後終於影響商業或工業，以至於農業的每個團體。結果人們只好放棄對生產的努力。由於財產權沒有保障，經濟發展遲緩是不可避免的結果。艾略特對此做了簡要的總結：「經濟制度的本質如此，使一個人不是當學者就是當僧侶，不是當乞丐就是當官僚。除此之外

---

12 Morisco原指長得像摩爾人的基督徒。西元1400年末期至1600年初期，伊比利半島上原本信奉伊斯蘭教的摩爾人被迫改信基督教，然而在西班牙的宗教審判時，這些人仍遭驅離西班牙。

別無他途。」⑥

　　西班牙的衰落引起不少學者們的注意。就某種意義來
說，這些努力都白費了。[13]的確，西班牙試圖統治西方世界
失敗了，但它是試著以國外收入來達成。西班牙本身在全盛
時期也只占帝國收入的10%左右。它的經濟在爭奪政治統治
時一直維持中世紀的型態。在政治統治力所及的地方，如西
屬尼德蘭，其地區經濟便跟著萎縮衰落。西班牙在發展有效
率經濟組織上的失敗，提供一個極佳的範例。

---

⑥　J. H. Elliott，前揭書，第87頁。關於羊主團的權威研究是Julius Klein的
　　*The Mesta*（Harvard University Press, 1920），特別參見第322頁關於「財
　　產」法的敘述。

13　作者在此指出，以往的研究並未掌握重點。西班牙由盛轉衰並非有效率
　　的組織發生改變，而是沒有發展出有效率的組織。因此，當其他國家崛
　　起之後，西班牙就在競爭中落敗。

# 第十一章

# 荷蘭和成功的經濟成長

尼德蘭，特別在北方七省，是西歐第一個逃離馬爾薩斯 p.132 抑制的地區。正如我們所看到的，聯合各省在十七世紀發生**人均**所得的持續增加，同時它們也支持不斷增加的人口。

在這個地區，國家利益和社會先進部門的利益幸運地結合。從中古時期以來，低地國一直是西歐天然的進出口中心，整個十七世紀都樂於繼續扮演這個角色，獲得歐洲運輸和國際商業實際上的壟斷。此一優勢由於地理位置、優越的商業技術和鄰國的遠遠落後，直到十八世紀的前四分之一都不曾動搖。

荷蘭的成功之所以別具意義，是因為它是一個天然資源相對稀少的小國家。不倚賴天然的恩賜，荷蘭發展比對手更有效率的經濟組織，並且達到與其小規模不相稱的政治與經濟上的重要性。

皮倫指出，勃艮第國家確實是個特殊的政治現象，它融合這個地區各自不同且互相猜忌的城市和鄉鎮①。十四世紀

末到十六世紀中，勃艮第的四位公爵（以及在哈布斯堡王朝繼承之後的查理五世）扮演重要的角色，讓此地崛起成為北歐商業領導者。一般說來，這些統治者的經濟利益在於增進國際貿易、減少行會排外與壟斷，並防止地方行會將其限制性措施加於國家產業發展之上。這些剛好有利於有效率經濟組織的發展。勃艮第公爵們遭到布魯日和根特等舊有特權城鎮的反對，卻得到新興工業與商業中心的支持，它們就是因為效率而在國際競爭中繁榮起來。它們的相對效率性，一方面歸因於地理位置，一方面則歸因於摒除限制性措施，以及歡迎來自德國南部和義大利北部諸城的外國商人及金融家。十六世紀安特渥普興起，在貿易和金融方面的重要性已是無可匹敵，不僅是自由貿易政策的結果——這吸引了織品貿易，並使安特渥普成為葡萄牙香料貿易中心和國際金融中心——更得利於勃艮第公爵們支持在當地發展的制度。

> 伴隨安特渥普成長的，是織物製造在鄉間相對不受拘束地發展起來：不同於城鎮的精緻紡織品貿易，鄉間織物的製造有了驚人的進步。整個中世紀，紡織製造被城鎮裡嫉妒又防衛性高的特權打壓到只能苟延殘喘，卻在困難重重、抱怨不斷之下，從勃艮第時期開始擴張到各處。而後，在十六世紀的前三分之一結束時，突然變得

---

① 參見 Henri Pirenne, 'The Formation and Constitution of the Burgundian State', *American Historical Review*, 14，第477至502頁。

欣欣向榮。結果是產業新制度的成長，與舊團體組織截然不同，不過兩種制度依舊並存，而新制度適應於新經濟秩序，同時行會制度不見容於新經濟秩序。不受都市對工匠的種種管制，新發展滿足了資本主義企業所有的要求。在新情勢之下，產出沒有限制，也沒有工藝將工匠聯合起來反抗雇主[1]、干涉工資率、規定學徒條件和限制工作時數。最重要的是，沒有特權限制只許自治市民才能貿易，排除「外國人」，因為所有新市民早已入境隨俗。這裡的每個人都確信自己會被僱用，只要他身體健壯，知道怎麼拋梭子織布。[2]

　　鄉村在農業效率方面也有明顯進展，我們將在下面討論。總而言之，尼德蘭在各方面的發展都是令人驚奇的。低地國為增進農業效率所做的研究，甚至還比商業、貿易與產業發展更多。

　　為了解釋所有超前的發展，我們必須檢視基本制度結構，特別是私有財產的建立與保護。我們曾提到1500年土地和勞力都已無須負擔莊園義務。隨勃艮第時代而來的另一個重要特徵是，對生產因素流動的積極鼓勵。舉例而言，儘 p.134

---

1　工匠若要聯合起來向雇主爭取利益，必須具備某些難以取代的工藝能力。此時的工匠並不具有這樣的工藝。

② Henri Pirenne, *Early Democracy in the Low Countries*（W. W. Norton，1963年），第206至207頁。在列支（Liege）、納莫（Namur）和海瑙特（Hainault）諸省，煤鐵產業也有類似的發展。

管地方行會反對，外國商人和具備特殊技術的工匠，仍可繼續從事貿易。大多數的壟斷企圖都受到遏抑。使交易成本降低的商業創新，得到法律的認可。貿易和商業在發展成熟的制度環境裡欣欣向榮。此時此刻，能刺激經濟成長的財產權之中唯一缺少的，是一套能有效率地保護知識的制度。

　　儘管勃艮第公爵們鼓勵了經濟發展的過程，卻因為新興工業與商業威脅，並激怒舊的特權城鎮，所以他們是在未取代省議會或地方行政長官權力的情況下發展其施政。1463年，好人菲利普創立國會，由各省議會代表組成，國會通過法律，還有最重要的一點，保留批准國王課稅的權力。

　　大體而言，勃艮第和哈布斯堡王朝的政策是促進統一和貿易，這有助於繁榮經濟和增進王權。在十六世紀查理五世發動的戰爭中，十七個省分一直效忠王室，並為成長中的帝國提供遞增的收入。低地國家因其繁榮而成為哈布斯堡王朝的珍寶，供應王權巨額收入。勃艮第和哈布斯堡王朝為統一所做的努力獲致成功，最後也為聯合反對派提供基礎。陷入頻繁戰爭的哈布斯堡王朝，面臨一個接一個的財政危機，並持續向低地國家尋求越來越多的收入。雖然低地國家容忍查理五世，卻不願再忍受繼承者菲利普二世的苛刻要求。低地國家改而承認奧倫治家族（The House of Orange）的領導權，起而反抗，接著又因為宗教爭議而使情況變得複雜，進行一段長時間的鬥爭。安特渥普的陷落導致阿姆斯特丹興起和北方獨立，聯合七省就是這樣形成的。阿姆斯特丹領導的共和政體，帶來勃艮第統治下已發展的法律和財產權結構。

## 第二節[2]

　　貿易和商業的成長，是近代初期荷蘭經濟的原動力。歐
洲人口的成長，特別是十六世紀，使位於中心位置的尼德蘭
頗受其益。市場或交易部門將農業、工業和消費者連接起　p.135
來，是這個時期生產力大幅增進的部門。交易部門是尼德蘭
史上最重要的部門，也是能直接獲取大筆政府歲入的部門。
除危機時期之外，國家總是竭盡所能地降低交易成本，以刺
激商業。

　　因此，位於中心位置的低地國家，便展開歐洲人口成長
刺激創新、藉著交易成本降低又使經濟組織效率增加的過
程。這個時期的商業創新並非首見，有許多早已為義大利人
所發展。然而，唯有在此才能受到相對大規模的採用。擴張
中的市場再加上適宜的政治氣氛，創造有利條件。創新直接
降低使用市場的成本，新商業組織恰好為小商人提供有利的
機會，特別是荷蘭經濟史上資本市場的建立。

　　利用市場組織起經濟的成本，是達成交易所需的成本。
正如我們所見，這些成本可被分成搜尋成本、談判成本和執
行成本。它們其中每一項在荷蘭經濟中都變得比較有效率。

　　搜尋成本是潛在買者或賣者彼此協商交易所牽涉的成
本，尼德蘭的市場採取一種降低搜尋成本的方法。在低地國
家，區域市集各有興衰，最先是布魯日，而後是安特渥普，

---

2　原書誤植，因此本章沒有第一節。

最後是阿姆斯特丹居於優勢；每個市場都比前一個規模更大。一個市場固有的經濟規模，保證同一時間只能有一個中心居於支配地位。這些中心有國際市場功能，又因為它們本身的特有性質，大大降低搜尋成本。這裡比北歐其他地方集中更多買者和賣者。在這些中心，產品種類和議價空間也比其他地方大。大市場保證生產與銷售條件的專業化。永久性的交易所（或bourses）被建立。專業商人可持續將商品或樣品在那裡展示。之前的交易所只有在開市期間才能租用。此一時期，對外貿易成為一種全年進行的職業。

　　達成一項交易牽涉的成本，可用「平等互惠」（quid pro quo）來形容[3]。儘管單純的交易價格明顯是中心變數，但一項交易還牽涉許多其他因素。用來交易的商品品質必須議定，交易時間和地點也同樣必須被商定。此外，還必須決定以何種方式付款。這些非價格因素，在任何交易中都是重要的。買方和賣方必須在簽定貿易契約前同意所有的非價格因素。由於有大量的買者和賣者集中在低地國家的市場，談成一項有利交易的機會自然比其他地方多。從這些日常進行的大量交易中，逐漸形成標準化的進行模式。由於它們降低談判成本，合乎慣例的銷售條件經法律認可後，便運用在許多交易中，或至少提供一個起點，讓特殊交易可以進行談判。

　　個別商品大量且連續的交易，使銷售開始以樣品進行。

p.136

---

3　拉丁文quid pro quo翻成英文是something for something，類似中文「禮尚往來」、「一分錢一分貨」的意思，並不專指市場交易。

舉例而言，倫敦商人可在這些市場購買來自波羅的海的穀物，只須看見與驗收樣品即可。賣方則擔保交付的商品和樣品一樣好或更好。按等級銷售和期貨市場的成長，是這種交易方式的直接延伸。穀物、酒、木材和羊毛，甚至在收成之前便可出售。

執行成本，即保證貿易契約條款能如約履行的成本，在這個時期也下降。合乎慣例的交易方式為政府批准。如果契約的任何一條遭到破壞，受到損害的商人可向市場附近的法院提出控告要求調解。法院所做的判決不能被忽視不顧，如果違法的商人還想在西歐最有效率的市場繼續營業的話。政府的公證人在市場附近設立辦事處，為契約作證和紀錄，並調解商業糾紛。公證人因此取代地方行政長官行使此一功能，經由專業化增加契約執行的效率。

當市場成長得夠大時，為了方便大量交易，已知品質的產品可依慣例的契約條件進行銷售，這點非常重要。它允許自由訂定的市場價格完全由供給與需求力量決定。在十六世紀的後四分之一時期，這些價格被定期蒐集與印行。阿姆斯特丹的「商品行情表」（price current）流傳甚廣，提供有關成交條件的資訊。這些商品行情表可在歐洲所有重要城市的文獻檔案室看到。它們為商人提供一個在低地國家和外國洽談生意的起點。只要運送成本許可，沒有商人會留在當地低價銷貨，而不去可獲利較多的阿姆斯特丹做生意。

十六和十七世紀國際商業的擴張，也受到運輸成本明顯 p.137 下降之助。陸運和海運的成本都下降了，使低價又笨重的商

品貿易得以成長。在此一發展中,海洋貿易居於領導地位。海商將地中海、波羅的海、非洲大陸、亞洲和新大陸連結起來。內陸貿易路線和集市的絕對數目成長了,比起臨海地區卻相對下降。十六和十七世紀擴張中的大市場,藉由可通航的水系彼此相連。

十六世紀初期的小型船舶,適合近代初期受限的海洋貿易。許多港口如安特渥普、盧昂、倫敦和賽維爾,距離河口都還有一段陸路,只有吃水淺的船隻才能進入。當貿易範圍不廣時,小型船隻具有往返快速的優勢。法國、英國和荷蘭海盜的存在,也使商人將貨物分裝到幾艘船上較為有利,因而降低全部損失的風險。

1500年以後,專業化的貿易發展,如波羅的海的木材貿易,使大型船隻的使用更經濟划算。海盜的肅清或減少、國際貨物量的擴張和海上保險的結合,使大型船隻逐漸在一條條航線上更為經濟,船隻的平均噸位緩慢地增加。上述所有發展的結果,使海洋運輸的生產力在1600到1750年之間以**每年**0.5%到1%的速度成長,貿易效率也隨之提高。

船運業生產力增加,大部分歸因於創新的推廣。一種叫長身快艇(flute)[4]的新型貨運帆船是一大進步,與早期的武裝貨運帆船截然有別。荷蘭約在1595年發展這種新型貨運帆

---

4　荷蘭的flute原意是長笛,一般認為由於船身狹長而得名,速度快、載貨多是其特色,而且製造成本較低。能夠採取此種設計的主因,即如文中所說,是因為解除了船上的武裝。

船，但世界各商業航線是否採用，則取決於各貿易地區大規模、經常且有效率的市場成長，也取決於航線上海盜的肅清。長身快艇為了載貨空間和操作簡易，犧牲加固結構（可以支撐大砲的重量和後座力，和其他軍備及複雜索具的重量），因此也減少船員數量。結果明顯降低直接的營運成本。這種船立刻在波羅的海被採用，那裡有大規模的經常性交易，海盜也已經被肅清。但由於船隻是為大量載貨設計的，相對而言防禦力較差，載貨不足的可能性和保護（或保險）成本，在海盜出沒的地中海航線上，便抵消節省下來的成本。這種普通形式船隻的運用一直被遲延，直到航線上經常　p.138
性的市場發展起來，海盜減少或被肅清之後，才得以推廣。

　　位於內陸的市場區域是不容忽視的。某些公司專門從事陸上貿易，因而致力於降低旅行風險。商隊或陸上護衛保護貨物通行。這使得小商人也能參與長距離的陸上貿易。著名的德國黑鄉（Hesse）貨車隊和義大利大型公司興起的目的，都在維持和保護陸上貿易路線。

　　商業組織在這個世紀的演變，一般而言並非新發明，而是早先義大利發現的技術再創新。低地國家市場迅速擴張，使原本在企業活動不發達時無效率的新制度安排得以發展。

　　在這兩個世紀，商業組織的新元素在於方法創新，使公眾能更彈性運用有利的商業機會，得以勝過早先德國和義大利大而集中的家族公司。股份公司和代理商就是最好的例子。舉例而言，在暫時的組合中以股份的形式匯集資本，使許多小商人可以提供遠洋航運所需的巨額資金，並分擔龐大

風險。付出固定的佣金,利用其他市場的同行商人進行買賣,也使小商人得以參與本地市場以外的貿易。這些組織技術為小商人提供參與大型企業與橫貫大陸貿易所需的工具。儘管大體上商人仍維持家族企業或小型合夥的組織,但他們使用的方法變得比較複雜。他們不僅對貿易機會的消息靈通,而且更能善加利用它們。商人的人力資本在此一時期成長驚人。正規的商業訓練成為一種被接受的作法。複式簿記(double entry book-keeping)技術被廣泛傳授,並成為標準的會計作業。

## 第三節

這個時期資本市場發展和商業興起,以及主要民族國家之間不斷衝突的關係密不可分。歐洲王權成為危機時期的借貸者,任何團體只要夠富裕,便可成為大量出借款項的一方。尋求特許權的商人,是貸款的最初來源,也是最容易被壓榨出強迫貸款的一個團體。我們在前面幾章已經看到,義大利和德國的大家族公司成為國王的債主,得到委任、礦山租約、壟斷權和(或)徵稅權作為回報。最後,或許沒有例外,這些商人的君主們都拖欠債款或乾脆公然沒收,搞垮了債權人。而起訴一名國王是很困難的。

政府的財政需求是貸款的因素之一,國際和地區經濟專業化的成長,則是另一原因。資本通常被認為是使用年限超過一年的生產因素。資本使製造商能完成一個比較專業化的

p.139

迂迴生產過程，達成分工所能獲致的利益，或連接不同時段各個互補的生產過程。資本的本質就是時間，無論是政府還是個別經濟單位，都能以不同的方式受益，假如他們能先得到資源，稍後付款的話。以後償付得越少，現在便想借得越多。也有人願意放棄一些現期資源，交換未來的償付並加上溢酬（利息）。利息越高，他們便越想貸款給他人。因此便出現兩個團體都能在貿易中獲利的情形。

　　資本市場將潛在的借方和貸方結合在一起達成交易。一筆貸款的創造，就如同任何對雙方皆有利的自願交易一樣，都需要資源。當潛在的借貸雙方互相尋求聯繫時，就存在搜尋成本。另外，還有談判成本，即雙方就所借款項目、借款地點、價格，以及（對貸款而言尤其重要）為保證償付所提供的擔保等項目達成協議所需的成本。貸款不像直接購買小麥，是在兩個不同時期進行的：貸款在一個時期，還款在另一個時期。如此便產生執行成本，確保契約的所有條件都會被履行。因此，和其他交易一樣，一筆貸款的創造也存在許多變數。

　　市場越有效率，創造貸款所需的搜尋、談判和執行成本也就越低。資本市場是貨幣市場；貨幣被借來用於各種目的，和利息一起被歸還。資本市場在西歐發展的天然地點便是商業中心。歐洲資本市場最早在地區集市發展，而後在布魯日與安特渥普，最後和商業一起轉移到阿姆斯特丹。十六世紀初期，安特渥普已支配歐洲的票據交易和其他信用工具，例如即期票據（demand note）、存單（deposit certificate）　p.140

和國家與城鎮的債券交易。這種交易一度擁有5千名參加者。商品是在城市其他地方交易，而貨幣交易則專門在信用工具的所在地。到了下一個世紀，阿姆斯特丹的貨幣市場規模就更大。

1312年教宗克來蒙五世（Pope Clement V）[5]禁止有息放款，資本市場的發展因而受到阻礙。當然，此一禁令不怎麼有效，但也沒受到直接抵抗。相反的，他們用一些更迂迴的方法取巧；譬如以不實租借代替抵押，以及用匿名合夥代替直接貸款。如此一來，搜尋、談判，特別是執行成本便提高，也降低信用的有效性。甚至在宗教改革時期，收取利息是否道德、高利貸等問題仍被爭論不休。然而，年輕的民族國家需要資本市場。最後在1543年，查理五世批准有息放款。而在其他地方，同樣的，貪得無厭的心理也勝過道德疑慮，有息放款為大眾接受，也使西歐有效率資本市場的發展成為可能。

在安特渥普和阿姆斯特丹發展的資本市場，如產品市場一樣是混合體。或許最好將資本市場分成兩部分，以便我們能先追溯與商業貸款密切相關的短期信用發展，以及之後探討與政府貸款有關的長期資本市場。

兩種遞延付款的方式，促進短期資本市場的創立。契約書是一種到未來某一日遞延付款的方法。付款金額、日期和

---

5　克來蒙五世（1264-1314）另一項有名的事蹟，是嚴刑懲治聖堂武士（Knight Templar）。

地點是明確指定的，和借據「我欠你」（I.O.U）有些類似。

　　漸漸的，越來越多人在「你」處寫上「應付持票人」的字句。如此一來，個人便可以此票據支付抵債，而他或他的受讓人也可在到期日收到款項。這稱作讓渡（assignment），是極重要的一種發展，因為它提供另一種可能的付款方式。為了使此種讓渡被廣泛使用，必須先建立背書（endorsement）的合法權利。此舉需要法律承認背書人一旦讓渡他人的借據付款，他仍必須為這項債務負責，直到票據被付清。這保證假使契約義務無法被履行，背書人仍會為債務負責。若沒有這項基本保證，很少人能接受以他人票據作為支付的方式。

　　到了1507年，安特渥普的**鄉紳會**（turba，由一群市民組成，他們曾經宣誓為特定地區背誦出合法慣例的內容）已經決定背書是慣例。很快的，此種作法便在低地國家的其他地區普及開來。在1537年，它成為整個尼德蘭的法律。此後，讓渡原則由國家執行。商人們很自然地從下一步開始將票據貼現（discount）。如果商人手中持有未來才到期的票據，而現在就需要現金的話，他可以把票據出售給壓力不那麼沉重的旁人，售出金額會低於面值。於是，商人得到現金，而買者得到實際支付與面值的差額。 p.141

　　讓渡原則也被運用在匯票上。舉例而言，匯票可以讓一個人在倫敦購物，而另一國——例如阿姆斯特丹——以外國貨幣進行最終支付。無庸置疑的，契約義務或匯票的承兌取決於立據人的聲譽。如果出票人是像福格（Fugger）那樣的大商人，那麼就不被懷疑會倒帳。如此一來，小商人便可以

把款項存入大公司，並依此開立匯票。

最後，銀行業的發展終於超出這種作法。以阿姆斯特丹的匯兌銀行為例，存款最終由政府本身擔保。雖然存款本身不付給利息，但是很安全，這在動亂時期可是一種不小的優勢。

商人有多種支付方式，因而從物物交換或現金交易擴展成可遞延付款。現在，商人擁有新工具去拓展他的業務。這種情形曾被一位歷史學家描述過，十六世紀荷蘭商人發展的技術配備「已如此精練，如此合理，以致風險越來越來自於自然現象——例如天候——的影響。」③這麼說或許過於誇張，但在尼德蘭，適合有效率產品市場與短期資本市場發展的財產權已然確立。正如我們將要看到的，這些發展將全面滲入荷蘭經濟。

長期資本源自於國家對貸款的需求，並且主要都是為此目的。舉例而言，查理五世就成為全歐洲最大的債務人，福格家族則是西班牙王室最大的債主。在這個時期，對西班牙王室的貸款和對西屬尼德蘭的信貸已很難分得清楚，因為王室強迫城市和政府出借款項給它。借款大都是在安特渥普的交易所完成的。隨後，西班牙王室在1557、1575、1596、1607、1627和1647年六次宣告破產，拖垮福格家族，也嚴重傷害長期信貸市場。然而，長期貸款對借貸雙方的好處實

---

③ Herman van der Wee, *The Growth of the Antwerp Market and the European Economy*（Martinus Nijhoff，1963），卷二，第295頁。

在太大，連如此慘重的挫折都無法消滅它。

　　在這幾個世紀，所有國家首腦都以借款的方式，應付接 p.142
連不斷的危急狀況和財政危機。一種借款形式是終身年金，
必須永遠為這筆貸款支付年息。在需款孔急時，常用高壓政
治以獲得這種方式的貸款。然而，這種作法到最後總是注定
要失敗。十七世紀時，由於國家政策的關係，長期貸款市場
變成全國性的。在此時，阿姆斯特丹已脫離西班牙統治，透
過健全的財政措施，創造有效率的長期資本市場，利率低到
只有3%。其他地方利率較高，則是與財政地位、市場效率
和政府名聲直接相關。

　　荷蘭資本市場之所以有效率，在於它一開始就是西歐貨
幣市場的集中地。事實上，就是因為對外貿易都集中在那
裡，才使歐洲資本市場得以被創造與擴展。搜尋成本下降，
基礎和輔助制度也被創造出來，降低交易成本。

　　在低地國家，有效率資本市場的發展，對商業和工業的
運作都有極重大的影響。資本市場由一群連絡借貸雙方的中
介者組成。這些手握新金融工具的中介者非常有效率，以致
利率大幅降低，從1500年的20%至30%，降到1550年的9%
至12%，到了十七世紀，更降到3%或3%以下。因此，資本
成本與其他生產因素相比，價格相對大幅下降。在尼德蘭的
經濟中，沒有哪個部門能不受相對因素價格急遽改變的影
響。無論是金融資本還是實質資本，在農業和工業上都跟商
業一樣，逐漸取代其他生產因素。

## 第四節

　　農業變得比較資本密集，荒地被排乾與清整，圍欄改進了，肥料也被廣泛應用。信貸越來越常被用於籌集經濟活動所需的資金，也發展出更多間接且專業化的生產方式。工業生產不僅規模變大，也更加專業化。

　　在之前的章節，我們已經指出早期土地私有財產的發展，以及低地國家自由勞動力的出現。或許，對這些發展簡要地做個總結是值得的。那裡曾經存在的農奴制，在十二及十三世紀，就已經從法蘭德斯和布拉班特大部分地區消失了。市場的興起以布魯日為代表，使得隸屬的關係變得無效率。在這個過程中，莊園被分成小農的財產。這些發展再加上勞動力增加造成的報酬遞減，影響土地價值，使擴大耕作變得有利可圖。在這個地區，農業土地的擴張取決於圍海造田的可能性。建造海埔新生地除大量資本投資外，還必須擔保投資人能獲得大部分的收益。因此，土地私有財產這種最有效率達此目的的方法，便被納入這個地區的基本制度安排中。

　　十四和十五世紀人口普遍下降，消滅造地的誘因。十五世紀荷蘭鄉村因戰爭和饑荒，失去三分之一的人口。在這個時期，被洪水破壞的土地經常無人復耕。不過，擁有7至10英畝土地的小農經營者，仍持續支配著農業組織。

　　十六世紀歐洲各地人口成長恢復，刺激了貿易和商業，也引發荷蘭農業的新發展。一般而言，這些發展並非來自新

p.143

技術，而是來自調整作物和生產過程去適應新市場條件所蘊含的利潤。小農場的擁有者兼經營者，擺脫公有田地的限制，能快速調整以適應市場需求的改變，由於業主可以單獨獲得其中的利潤，因此有很好的誘因去做改變。

　　國際市場興起造成地區的專業化。舉例而言，葡萄園從布拉班特消失，養蜂業衰落，牛奶業則移至北方。這些莊稼被日益興盛的油菜籽、乾草、洋茜（madder）、菸草、亞麻和啤酒花，以及釀製啤酒用的良質穀物取代。耕地使用越密集，肥料的需求也越多，因此便需要更多牲畜。為了維持土地肥沃，採用新的作物輪種制。休耕地轉而用以耕耘，種植飼養牲畜的飼料作物。農業已變得如此專業化，市場已如此深入農業組織，以致被當作肥料使用的糞肥都發展出自己的市場。

　　飼料和工業作物之所以被廣泛採用，只可能是因為低地國家的商業市場已足夠有效率，可以進口糧食養活大量的城市人口。

　　給定了土地私有制的存在，鄉村的自由勞工便有很強的誘因，為自身利益而使用資源，這種情況也同樣符合社會利益。私有財產、自由勞動力和市場，這些荷蘭農業的基礎制度與經濟成長緊密相連。此一成長的機會，在這個時期是由p.144市場成長提供。基本的制度組織，使荷蘭農民能迅速適應產品及因素價格的變化。荷蘭因此成為新農業方法的先驅者；這些方法來自專業化和有效率的資源配置，而非來自發明。

　　這並不表示技術沒有進步。舉例而言，一種專業鐮刀便

被發展出來。然而，這方面的利益也能用商業部門的擴張來說明。正如中世紀的技術發展，這無疑是種進步，源自人們更專心致力於專業化領域，而且只須較少的私人資源就可發展。保證新知識所得能歸於發明者的方法，此時仍未在基本制度中出現。

## 第五節

　　我們已經看到，低地國家是西歐第一個重要的製造業中心，尤其在紡織業更是如此。有效率的市場發展使原料易於進口，也使最終產品易於出口，織品的製造依照高度專業化的行會規定。一般而言，工業部門和地區的命運都視馬爾薩斯週期而定。歐洲人口成長時，貿易和製造業也隨之成長；人口下降時，商業和工業也隨之衰退。在十五世紀人口降至最低點時，英國織品成為主要競爭者。尼德蘭的城市中心，則開始以奢侈和半奢侈性質的紡織品專業化作為回應。

　　低地國家的鄉村工業，直到1500年都還不很重要。此後，隨著貿易和商業擴張至全歐洲，鄉村製造業的重要性也日益增加。廉價亞麻布和輕羊毛的製造都集中在鄉間。商業活動的興起、有效率資本市場的發展和政府政策皆是原因。資本成本下降，使更多資本被使用於製造過程；鄉間沒有那些行會規定，使製造過程能不受行會慣例限制，和僱用較不昂貴的鄉村勞動。這些條件使人口相對密集的荷蘭鄉村能按其比較利益來發展。

　　國際市場的成長，使城市手工業行會在奢侈品和半奢侈品的生產上日趨專業化。在此同時，鄉村紡織業在城市商人 p.145 的指導下，以放料代工制（putting-out system）集中生產較不昂貴的織品。商人提供原料或金錢給織工，對生產過程給予指導，而後在未來一個特定時間取走貨品。雖然手工業行會反對這種變局，但商業部門中的政治權力左右了政府政策。商人們組織並資助鄉村工業，而鼓勵鄉村工業，對有勢力的商人而言是有利的。因此，行會的限制性慣例將他們自己限制在城鎮。在鄉村，市場的自由力量當家作主。

　　在近代初期，荷蘭已成為歐洲的經濟領袖。它位於中心的地理位置，且政府建立有效率的經濟組織，解釋了此一成長。經濟史學家有時只將荷蘭視為最後的大型城邦國家，甚或將它的相對衰落和絕對衰落混為一談。事實上，就我們所定義的持續經濟成長而言，尼德蘭是第一個達成的國家。此外，它非但沒有衰退，反而還繼續保持繁榮，並在往後數十年（甚至數世紀）達到更高的**人均**所得水準。只不過，經濟舞台的中央移到了英國。

第十二章

# 英國

　　法國的規模和西班牙的財政資源，使它們成為歐洲的強國。尼德蘭的效率也使它達到同樣的目標。這三個國家不斷挑戰英國，因為它缺乏法國的規模與西班牙的國外資源，也沒有聯合各省有效率的制度。英國必須從中尋找一塊空間。早在十七世紀，它便開始建立一個新大陸的帝國，以反抗西班牙。在那個世紀，英國一方面試圖孤立尼德蘭，一方面則模仿尼德蘭的財產權和制度安排。到了1700年左右，英國已然成功，並在下個世紀初期，取代尼德蘭成為世界上最有效率、成長最快的國家。

## 第一節

　　然而，十六世紀尚未有跡象顯示，英國會走上成功的經濟成長之路。英國在十四及十五世紀，也經歷過貴族權力衰微的陣痛期。國家忙於應付百年戰爭，又為薔薇戰爭帶來的

混亂、反叛與司法不公所苦。1485年亨利‧都鐸（Henry Tudor）[1]在伯斯沃斯戰場（Bosworth Field）得到的勝利，並沒有為都鐸王朝帶來像法國和西班牙王權那樣對稅收絕對控制的權力。

　　在都鐸王朝時期，英國王權達到頂峰。但在民族國家興起的時代，亨利七世還是受到限制，被要求「靠自己過活」。這位國王想盡辦法擴張收入，以符合國家建設的需要：出售轉讓權和特權，以及強索越來越多的罰款和稅金，以擴大其固定的收入來源。他的繼承者亨利八世[2]則沒收教會土地來增加收入。而事實則是「只有在不逾越國家設下的限制時，坐上英國王位的王朝才是最強大的」。[1]雖然沒收修道院的土地和財產，顯然沒有超出這些界限，但國王發現「由於有近半數的貴族，以及至少五分之四的教士反對他，因此亨利需要下議院，而他也小心翼翼地扶植它」。[2]下議院的興起，是由新興商人階級和擁有土地的士紳主導，它是

----

1　亨利‧都鐸（1457-1509）是都鐸王朝的創建者，也就是亨利七世（Henry VII），他在伯斯沃斯戰場之役獲勝，結束了薔薇戰爭，並以藍卡司特家族成員的身分娶了約克家族的伊莉莎白王后，開啟英國都鐸王朝的統治期間（1485-1603）。

2　亨利八世（Henry VIII, 1491-1547）是亨利七世之子，在位時使王室的權力擴大，曾經結婚六次，因此引起羅馬教會不滿，導致英國宗教與羅馬天主教漸漸分道揚鑣。

[1]　W. C. Richardson, *Tudor Chamber Administration* (University of Louisiana Press, 1952)，第5頁。

[2]　G. R. Elton, *The Tudor Revolution in Government* (Cambridge University Press, 1953)，第4頁。

都鐸王朝整體政治政策的一部分。這個王朝發現，有必要控制國會而非取而代之。都鐸王朝在處理財產權方面，不能被認為比其他國家更不具投機主義。它們反對圈地，支持獨占，且不承認市場擴張帶來的收益。它們盡其所能尋求收入，並不關心這些行動對經濟效率發生的影響。

斯圖亞特王朝（The Stuarts）繼承了都鐸王朝播下的種子。[3] 下議院在斯圖亞特王朝統治初期早已經存在，並能自行運作。斯圖亞特王朝與國會之間的爭辯為人所熟知。在我們看來，重點在於它本質上是財政問題的爭論。③ 王室已捲入國家間昂貴的競爭，需要更多收入，而國會根本無力管控。王室將政府看作是它的特權，國會則認為王權必須受習慣法限制。

英國政府在十七世紀初期的歷史，與科克爵士（Sir Edward Coke）[4] 的一生密不可分。科克堅決主張習慣法（Common Law）為土地的至高法律，一再激怒詹姆斯一世[5]；

---

3　都鐸王朝在伊莉莎白一世（Elizabeth I, 1533-1603）死後，王位傳給蘇格蘭的詹姆斯一世（James I, 1566-1625），開始斯圖亞特王朝（1603-1649）的統治。斯圖亞特王朝繼承都鐸王朝，雖然名義上已是英格蘭國王，但是這段期間，蘇格蘭與英格蘭仍維持為兩個獨立的國家。

③　這裡篇幅不足以追溯財政危機的背景，這顯然要回到伊莉莎白時代的戰爭支出、十七世紀「十五之一和什一稅」收入的下降、強制徵稅、海關包稅危機，以及倫敦都市的分裂。經典的資料來源是 F. C. Dietz, *English Public Finance, 1558-1641*（The Century Co., 1932）。

4　科克（1552-1634）擔任過國會議員、議長、檢察長，1613 年成為英國大法官（Chief Justice of the King's Bench），為維護習慣法不遺餘力。

5　詹姆斯一世（1566-1625）原是蘇格蘭國王詹姆斯四世，在伊莉莎白一

科克也領導1620年代的議會反對派，這個團體促成以習慣法控制《商業法》的發展；最後，他以議會反對派的領導力，用習慣法鞏固議會同盟。

科克的貢獻不僅於宣揚習慣法的至高性，他還極力主張習慣法應打倒王室相關的特別壟斷權。自中古盛世以來，王室便一直享有創造市場和集市的特權。1331年，一名法蘭德斯織布工肯普（John Kemp）被授與從事織布的專利權，獲得受保護的市場及學徒法定要求的豁免權。專利壟斷的社會正當性在於，這個技術對國家而言是新的，而技術和市場卻有很大的不確定性。因此為了成功，創新者在最初不能有競爭者。十六世紀後半，王室將這些授與當成宮廷貨幣來使用的態勢越來越明顯，用以籌錢，或用作宮廷親信的賞賜。這些獎賞雖然不花王權什麼成本，卻有更廣的效果，時常與現存製造業衝突，或阻礙有利益的擴張，產生有害的影響。

p.148

科克在其著作中不但抨擊王室對壟斷的授權，也攻詰專有貿易特權的存在。他把《壟斷令》（*Monopolies Act*）[6]視為法律的重申，而非一項創新。科克敘述了〈**達爾西訴艾倫**〉（Darcy v. Allein）一案，王室授與的紙牌專利壟斷，在此案中受到挑戰（排他專有權的所有者，在法律行動上並未成功

---

世死後得以繼位為英格蘭國王，開始了斯圖亞特王朝時代，在位期間與國會的關係不睦。

6 《壟斷令》頒布於1614年，禁止國王主張既有出版品為王室專有的特權。英國的第一個專利在1617年授與地圖與計畫書等印刷刻版，接近著作權的性質。

排除對專利權的侵害），作為一個壟斷的典型案例，壟斷權
應當被排除，實際上也的確被排除，習慣法對王權贏得暫時
性的勝利。

　　然而，在描述英國市場自由成長的過程中，過分突顯個
人會扭曲這個圖像。科克反映了一個成長中且強大的商人團
體情緒，他們不肯屈就於強加在其活動上的種種限制。貿易
與商業中的有利機會似乎處處受制於特權，進入市場與流動
都受到阻礙，唯有消滅它們，企業的範疇和獲利才能增加，
然後才能促進經濟成長。1624年的《壟斷法》（*The Statute
of Monopolies*）[7]剝奪王室的壟斷權，還將一個鼓勵真正創新
的專利制度在法律中具體化。

　　十七世紀前四十一年詳細的政治史，一如十六世紀所呈
現的，除了《壟斷法》之外，很少見到一套非個人且有效率
的財產權興起的跡象。它只算是斯圖亞特王朝的財政危機，
以及為挽救其命運而孤注一擲的片段故事。1614年有災難性
的考克尼之計（Cockayne scheme），設計者向詹姆斯一世承
諾，可從重整織物貿易中獲得30萬鎊。[8]在1620年代早期，

---

7　這項法案明訂授與發明者享有該發明十四年的壟斷權利，在此之前，國
　　王可以擅自授與壟斷權。

8　當時英國的紡織品通常是出口素布至荷蘭染色印花，1614年考克尼
　　（William Cockayne）建議國王詹姆斯一世，限制印染工作留在英國，可
　　以獲取更大的利潤。詹姆斯一世將壟斷權授與考克尼籌組的新商會
　　（the King's Merchant Adventurers）出口印染後的織布，結果引起荷蘭報
　　復，拒絕進口英國織布。1617年考克尼被免職，可是已經對英國的商
　　譽造成嚴重傷害。

為了克服財政收入的窘境，一系列的專利被授與，1630年代查理一世[9]為了應付財政赤字，則使用關稅和壟斷特權等方法。

這些政策對經濟造成的後果，不僅使對外貿易在面對有效率的荷蘭競爭時被擾亂，也使國內財產權被隨意授讓，增加不確定性。在此情況之下，科克和他的後繼者試圖將財產權的創造置於王室之外，將現存的財產權嵌入受法院保護的非人情法律之中。

p.149　　清教徒革命是王權和議會衝突的暴力結果，下場眾所皆知。王權復辟以後，再也沒有任何人敢不靠議會來運作這個國家，而在1688年以後，轉變完成——議會握有主導權。[10] 在我們看來，這故事與法國截然不同的關鍵在於，王權無法以控制經濟的方式成功擴大財政收入。要想成功，便需要一個向國王效忠的龐大官僚體系，行會也要能有效控制學徒與管制產業，法院系統也必須聽命於王室。英國並不具備以上這些成功的要素。

---

9　查理一世（1600-1649）自稱國王擁有神聖的權利，常與國會爭執，也引起清教徒不滿，終於引發內戰，被推翻後送上斷頭臺。領軍推翻查理一世的克倫威爾（Richard Cromwell）建立新政府，卻治理不佳，在1660年英國迎回查理一世之子，就位為國王查理二世（1630-1685）

10　這是指發生在該年的「光榮革命」（Glorious Revolution），英國議會配合荷蘭的武力推翻查理二世，迎接威廉與瑪麗（William and Mary）繼位。這場革命因衝突很少，而被稱為「不流血的革命」（Bloodless Revolution）或「光榮革命」，在此之後，英國過往權力大為降低，議會的權力升高。

　　十六世紀人口迅速成長，透過農業的報酬遞減，明顯降低大多數英國人的生活水準。除了實質工資下降，正如我們所看到的，價格型態也與前兩個世紀完全相反。當所有商品的價格上漲時，土地價格相對於工資大幅提高，農產品價格相對於工業產品也是如此。特別是羊毛價格與養羊利潤提升，是由國際貿易迅速擴張帶動的。這些新相對價值的組合，創造重新調整資源配置的強烈誘因。都鐸王朝的政策是凍結經濟、阻礙再調整，維持**現狀**。國際貿易的擴張，在歐洲及其外緣地區創造有利卻有風險的商業機會。都鐸王朝以**轉讓壟斷權**給股份有限公司的方式贊助此一發展。這些夥伴關係與荷蘭相似，結合有限債務，並有權強制排除其他英國人。[11]雖然成果很難論定，但它們證明擴張對外貿易的潛在收益性。

　　勞動價值下降，以及全歐洲自然資源價值上升，提高殖民新大陸所能獲得的利益。在那裡，資源豐富而勞動稀少。海運成本下降，減少新大陸商品須負擔的成本。新大陸資源的誘惑如此強烈，以致1640年英國已在美洲建立十四個永久定居地。到了1700年，在海外生活的英國人已超過五十萬，並為母國生產多種農作物。

　　由於荷蘭擁有歐洲最有效率的市場，以及最便宜的海運，故成為英國在處理殖民地時最危險的對手。英國試圖以

---

11　最著名的是伊莉莎白一世在1600年授權成立的「東印度公司」（East India Company），當時英國成立此類型的公司，並不僅此一家。

一系列的航海法案（Navigation Acts）[12]將荷蘭人排除於英國殖民地之外。到了1700年，在經歷三場與此事有關的戰爭之後，英國人成功了，並掌握整個殖民地市場。倫敦隨著國內外商業擴張的甦醒，而跟著成長起來。布里斯托（Bristol）和利物浦等外港的商業活動也開始興起。

p.150

市場擴張帶來的收益，造成十七世紀特有的政治糾紛，尼德蘭的例子，在新興商業階級心目中是最重要的範例。這些團體的私人利益，此時與整體社會的利益基本上相同，而我們看到的尼德蘭例子，最大的利得來自交易部門。十七世紀後半，英國在利用這些利得上有巨大進步。1640年代以後，中央政府的建立更有利於商業擴張，因而助長此一發展。

使用市場的成本下降，是生產力增加的主要來源，一如在尼德蘭發生過的情形。交易成本下降，使英國在十七世紀能支持那些成長的人口，同時還提高他們的生活水準。隨著市場成長，英國採用荷蘭人熟悉的商業創新。工業和農業的技術變動，在此一時期一般而言是缺席了。生產力增加乃是對當時產品與因素價格變動所做的反應，也是對經濟調整的能力和交易成本下降所做的反應，而非針對新知識。

---

12 英國的航海法案是一系列的立法，目的是保護英國航運業在殖民地的事業，排除荷蘭為主的外國航運勢力，始於1651年，1660年查理二世即位時又再為此立法。後續的航海法案，則讓英國政府對殖民地航運貨物徵稅，尤其以1733年的《糖漿法》（Molasses Act）與1764年的《糖業法》（Sugar Act）引起美洲殖民地嚴重不滿，終於導致美國獨立革命。

## 第三節[13]

在都鐸王朝時期，主要的農業議題都圍繞在羊毛價格的上漲。英國從羊毛出口者變成織物製造者及出口者。由於羊毛價格上漲，設法控制土地過度放牧的利益也增加了。這樣的企圖可見證於抗議違反限額協定的情形增加了（限額協定是一種自願限制放牧牲畜數量的協定），以及圈占牧地與邊緣可耕地所做的努力。然而，執行這些協定的成本很高。

牧地的圈占在習慣法中已有先例，可以上溯至《默頓法》（*The Statute of Merton*，1236年）[14]，依規定允許圈占公有地。在養羊的鄉間，人口密度遠低於以農耕為主的地區，因此使各方達成協議的成本較低。在不改變現存基本制度的情況下，限額的作法代表可獲取某些潛在租金，雖然前文已經指出執行成本很高。最後，圈地成本的一個主要因素是都鐸王朝的反對。在圈地牽涉顯著的財富重分配的地方，發生廣大範圍的騷動，甚至是公開叛亂。都鐸王朝的政策主要是 p.151 針對圈地而來，它造成土地脫離耕作，因此十六世紀有許多放牧地被圈占起來。[15]

---

13 原書誤植，因此本章沒有第二節。

14 《默頓法》允許莊園領主，在莊民有足夠公有地使用的前提下，將部分公有地圈占使用。該法被認為擴大了貴族的權力，是在《大憲章》（1215）簽署之後二十年，再一次限制王權的法案。

15 這段論述的重點是，羊毛價格上升，使圈地更有利可圖，然而圈地卻會造成地方上財富不均，地方動亂將導致王室進行干預。由於都鐸政策干預圈地，可見十六世紀圈地甚為普遍。

　　十六世紀羊毛價格的相對上升，並沒有持續到十七世紀，因而減低將耕地變成牧地的誘因。可耕地的組織仍有敞田開放耕作的特點。十七世紀作物價值的相對上升，鼓勵了從美洲引進新作物，特別是在農業較集約的低地國家。舉例而言，種植兩種新豆類：紅豆草[16]和苜蓿，可減少或消除休耕地，也可增加家畜飼料的供給。荷蘭移民在1565年後不久，便將蕪菁引進諾威治（Norwich）。新作物要在長條地上種植，敞田農民們必須達成複雜的協定。共同放牧權必須被限制，無數折衷辦法也被發展出來，以獲取這些作物的收益。這些協定是必須的，因為土地財產權的形式缺少排他性所有權。第一個要解決的議題是，誰有使用莊園土地的資格？然後，必須做出如何使用的決定。因此，耕種區域便發展一系列近似於排他性財產權的形式。在斯圖亞特王朝停止反對圈地後，這些協定及圈地本身，都受到政府政策逐漸逆轉的鼓勵。英國農業革命的代表時期在十八世紀，但在十七世紀末，圈地和各種自願協定便開始出現，它消除土地所有權中許多公有財產的成分，並藉由使用更有效率的技術，提高耕作者的報酬。

## 第四節

　　當我們轉向非農業部門時，必須先回顧並探討都鐸王朝

---

16　原書中寫為sanfoin，不過英文中較常見的字是sainfoin。

與斯圖亞特王朝時期政府與私部門間的關係。正如赫克歇（Hecksher）和涅夫（Nef）所指出的，英國和法國的差別不在意圖，也不在書面上的管制條例；差異在於執行，以及王室獨立行事的相對權力上。因此，我們的故事主線回到在本章開頭討論的王權、國會和司法制度間的關係。1563年伊莉莎白[17]著名的《勞工法》（*Statute of Artifices*）[18]將許多中古法律整編修纂，這些法律源自於黑死病之後為防止工資提高所制定的法令。此一法律固定了工資，為學徒訓練提供統一規則，要求工匠和技工在需要時協助收割。另有許多法規將監督職權交到行會手中。　p.152

　　然而，都鐸王朝為發展一套能「凍結」經濟活動的工業管制系統，以及阻止生產因素流動所做的種種努力，都被證明是無效的。它們之所以被證明為無效率，是因為：（1）法令只涵蓋現存產業，因此新產業逃離學徒規則的掌控；（2）儘管受到城鎮行會反對，產業還是移往鄉村，並有效逃離行會控制；（3）在迅速擴張的產業中，甚至在1563年已存在的產業中，勞動需求的壓力使雇主將管制條例棄之不顧；（4）在鄉村，管制條例通常交由不支薪的地方治安官（Justices of the Peace）執行，他們並沒有誘因在當地執行不受歡迎的

---

17　這是指伊莉莎白一世（1533-1603），在她統治的時代不僅是都鐸王朝的盛世，也是英國國力迅速發展的時期。她終生未嫁，有童貞女王（Virgin Queen）之稱。

18　《勞工法》主要功能在於對勞力進行管制，減少各種勞工的流動，內容繁瑣。

法律。的確，由於他們會回應地方的利益，自然有不執行此類法規的正面誘因。製造業部門的發展，大致上模仿先前的尼德蘭。織品仍繼續主導工業部門的產值。織品製造逐漸移至鄉村，以逃避行會管制。遲至1530及1550年代，行會才成功獲得阻礙鄉村織工的法規。基於上述種種原因，這些管制一直無法被執行。

此一時期重工業的營運規模顯著增加，特別是採煤業、採錫及採鉛業、冶鐵業的典型經濟單位都增大了。由於相對因素及產品價格變動，或新產業的引進，生產能量出現重大成長。舉例而言，煤礦產業的興起，就與森林消失造成木材價格迅速上漲密切相關。

隨著市場擴張，十七世紀英國的工業生產已形成地區專業化。此一部門大部分的利得都來自專業化。技術變動的重要性仍然很小。工業利得，如同農業一般，歸因於在因素及產品市場上實現更有效率的財產權。

## 第五節

《壟斷法》終結王權創造壟斷的特權，其歷史意義遠比抑制王權更重大。將專利授與王室親信，或補足某些英國貴族已耗盡的財富，扭曲了專利在發展一套能鼓勵發明、創新及散布（特別是從歐陸到英國）的財產權中所扮演的角色。且讓我們詳加考慮專利的涵義。

p.153

在財產權發展的早期，以及將其運用在創新方面，英國

擁有許多優勢。它有某種程度的政治權力集中，以及可能發展潛在大市場區域的威權。然而，應該強調的是，此一時期的前150年，並非競爭性產品市場的階段，將專利視為授與取代競爭的壟斷特權，就錯失重點了。許多小型地方市場處處（除尼德蘭外）受特權保護，反對外力入侵。集市和市場是王室特許的。商人行會在城市以內擁有排他權，而之後的手工業行會更與其一併發展，或取代它的地位。總之，它們反映了在壟斷特權所主導或控制下的地方市場混合體。在地方市場和排他權並存的社會，個人或自願性團體創新或改進的能力，即使不是完全消失，也受到限制。只有個人與王權共謀的努力，才能在這樣的產品市場中達成改變的強制力。在這樣的背景下，王權授與排他特權，不論是為了海外商業冒險，例如商人的探險和東印度公司，還是為了吸引為英國帶來新製程的外國人，都是將外部性予以內部化的重要部分，藉由提高活動的潛在報酬率，使之變得有價值。

如我們在前文所看到的，早期的鼓勵與保護，在1331年給予一名法蘭德斯織工肯普，他帶著雇工和學徒來到英國，而這些鼓勵和保護也給予織工行會（Weaver's Mystery）的其他成員。編織工作獲得的特權，不但在英國市場保護他們，也使他們能規避各種嚴格的法律，那些法律禁止不聘用固定在職學徒的工作。換言之，這些特權為他們提供產品市場，也保護他們免除因素市場的不完全。王室當局隨後同意其他織工在英國其他地區建立他們的製造業。此一鼓勵外國人將創新從歐陸引進的政策，還擴展到其他方面：採礦業、金屬

加工業、製絲業、緞帶編織業等。伊莉莎白時代授與的55件壟斷特權中，有21件授與外國人，或歸化為英國國籍的人民。這些特權包括特別針對肥皂、疏浚與排乾土地所需的機器、爐灶與暖氣爐、油脂、皮革、磨床、製鹽、玻璃、飲酒用玻璃杯、手壓抽水幫浦、書寫紙等產品製造業；也包括煉鐵、研磨玉米、以油菜籽榨油，以及織物修整、染色和壓光等製程的引進。

p.154

　　然而，很顯然的，在伊莉莎白時代結束時，經濟活動的效益——成本型態的變化正從國內市場的擴張中浮現，自願性組織以股份公司的形式（它分散風險，並降低資本市場的不完全）成長，以強制力建立專利壟斷的成本上升，因為那會阻礙自願性團體進入市場。十七世紀目擊這樣的轉變。著名的〈達爾西訴艾倫〉一案，反映自願性團體為打破惡名昭彰的伊莉莎白時代壟斷所做的努力。但是，《壟斷法》的出現反映王權壟斷與自願性組織間根本的改變，也使創新利益內化成為制度，從而變成社會法律制度的一部分。實際上，創新的報酬不再受制於王室喜好，而是受到包含在習慣法中一組財產權的保證。隨後十七世紀的政治劇變，導致一個政治結構，進一步鞏固自願性團體的財產權，將因素與產品市場充分發展的社會，當中的經濟活動利益予以內部化。

　　在不能掌握外部性的情況下，創新活動的速度，以及外部性得以內部化時創新活動的速率，了解兩者之間的差異是很重要的。如我們所看到的，創新可能也確實曾發生在歷史上沒有財產權保護創新者的世界裡。然而，此種創新只發生

在成本（或損失的風險）很小，以致私人報酬率高過成本的時候。任何涉及大量成本（或巨大損失的可能性）的創新都不會發生，直到私人報酬率充分增加至值得冒險為止。在此闡明這個觀點如下：製程的改進可能因意外而產生，也可能是在嘗試錯誤（trial and error）之後發生，但是，只要這項改進的利益會立即為所有的製造者得到，而研究成本又高過製造者從中獲得的私人利益，「研究」便不會被進行。然而，只要能守住改進祕訣、維持壟斷狀態或排他性專利權，潛在私人利益便會增加，到了足以承擔高研究成本時，改進就會提早發生。④涉及大量研究成本的創新，假如沒有某些形式的保護，將大部分利益內部化，便不值得冒險。

制度環境的改進將會鼓勵創新，使私人報酬率趨近社會　p.155報酬率。獎勵與賞金提供特定發明的誘因，但並未提供智慧財產權的法律基礎。專利法的發展提供了這樣的保護。中世紀結束以來出現的組織形式，已經演進為鼓勵此種內部化，因此潛在的社會報酬率能由團體或個人來實現。這些組織形式是在不完全的因素和產品市場背景下發展的，結果使財產權系統的演進既要界定創新的利益，又要保證利益歸屬於真正從事創新的個人。

---

④　這個模型的邏輯推論是，有些產業的性質會藉由保密、壟斷或專利，阻止私人創新獲取較大的社會報酬，這些產業的生產力收益便會比能將之內部化的部門慢得多。在這方面，農業是最好的例子，一直到二十世紀，政府才有系統地進行研究。

## 第六節

　　整個十七世紀，我們因而看到第一個鼓勵創新的專利法；《土地法》（*Statute of Tenures*）[19] 消除許多封建奴役的殘餘；新興的股份公司取代老式受管制的公司；咖啡屋發展起來，成為使保險組織化的前身；證券和商品市場被創造出來；金匠發展成發行票據、貼現匯票和存款付息的儲蓄銀行業者；1694 年英格蘭銀行經特許創造中央銀行。1688 至 1695 年間，股份公司的數目從 22 家增加到 150 家。貿易部門成長到足以有效率地運用那些早先被荷蘭採用的商業技術。

　　到了 1700 年，英國的制度架構為成長提供適宜的環境。產業管制衰敗和行會權力減退，使勞工得以流動、經濟活動得以創新；之後又進一步受到《壟斷專利法》的鼓勵。資本流動受到股份公司、金匠、咖啡屋和英格蘭銀行的鼓勵，它們都降低資本市場的交易成本；而且，或許最重要的是，議會的至高性和包含在習慣法中的財產權，將政治權力送給那 p.156 些急於利用新經濟機會的人，且為保護和鼓勵生產性經濟活動的司法制度提供必要架構。

　　在不利的起頭之後，英國在 1700 年左右經歷持續的經濟成長。它發展了包含在習慣法中有效率的一組財產權。在

---

19 這項法案也稱為《租佃廢止法》（*Tenures Abolition Act*），於 1660 年由英國國會制定，這項法案的重要性，在於將土地產權從封建制度中解放，改為建立在憲法基礎之上。

排除因素與產品市場資源配置的障礙之外，英國也開始用專利法保護知識上的私人財產。現在，舞台已經為工業革命準備就緒。

# 結語

本書就結束在大部分歐洲經濟發展研究開始的時期——p.157
十八世紀。當時,財產權結構在尼德蘭和英國已經開始發
展,提供經濟持續成長所需的誘因。其中包括鼓勵創新,以
及工業化所需的種種誘發條件。工業革命並不是現代經濟成
長的原因。它只是發展新技術,並將之用於生產過程中,使
私人報酬率提高的結果。

此外,國際競爭提供強大的誘因,促使其他國家改變自
己的制度結構,以便為經濟成長和「工業革命」的擴散提供
相同的誘因。那些國家的成功,是重新建構財產權的結果。
而失敗——西方世界歷史上的伊比利半島,以及現代拉丁美
洲、亞洲和非洲的大部分地區——則是經濟組織缺乏效率的
結果。

此一結論無甚新意。馬克思和亞當‧斯密也都如此描
述。他們都認為成功的經濟成長,取決於有效的財產權發
展。他們的信徒看來大都忘了這一點。

如果就此認為,我們毫無保留地同意這兩位現代經濟思
想的知識先驅,那便錯了。馬克思是個烏托邦主義者,他認
為世界將經過一連串的階段後進入共產主義;資本主義須發

展有效率的財產權，使之成為達到此一目的不可或缺的推進
器。

　　亞當‧斯密激烈抨擊重商主義及政府的無效率。他也認
知到在私人利益和社會利益之間常有差異，也認為某些重要
的功能應由政府承擔。

　　然而，馬克思沒有認知到經濟成長並非無可避免的，而
亞當‧斯密則沒有告訴我們如何確保一個有效率的政府，必
p.158 定會發展且維持保障經濟成長的財產權。我們才剛剛開始著
手研究經濟組織，如果本書鼓勵或激發學者及學生們接受此
一挑戰，那就已經達到了本書的目的，也讓我們的結語轉變
成序言，成為另一本書的開端。

# 參考文獻

## 第一章

本書主題的簡要初稿曾經發表於 Douglass C. North and p.159 Robert Paul Thomas, 'An Economic Theory of the Growth of the Western World', *The Economic History Review*, 2nd series, 22, no. 1（1970）,第1至17頁.

本章發展的理論所根據的知識來源,可溯及 W. F. Baumol, *Welfare Economics and the Theory of the State*（Longmans, 1952）、Anthony Downs, *An Economic Theory of Democracy*（Harper and Row, 1957）、J. Buchanan and G. Tullock, *The Calculus of Consent*（University of Michigan, 1962）、Harold Demsetz, 'Towards a Theory of Property Rights', *American Economic Review*（proceedings. May 1967）,以及 Kenneth Arrow, 'Political and Economic Evolution of Social Economics of Output',收錄於 Julius Margolis 所編 *The Analysis of Public Output*（New York, Columbia University Press, 1970）,第1至23頁。也請參見 Joseph Schumpeter, 'The Crisis of the Tax State', *International Economic Papers*, no. 4（1918）,第5至38頁,與 Frederic C. Lane, 'Economic Consequences of Organized

Violence', *The Journal of Economic History*, 18, no. 4（December 1958），第401至417頁。

馬克思學派史學家一直都很重視西方世界的成長。Maurice Dobb的 *Studies in the Development of Capitalism*（George Routledge and Sons, 1946）提供了有趣的解釋。也請參見Dobb與Paul Sweezy在 *Science and Society*, no. 2（1950），第134至167頁的交鋒。

### 第二章

前文引述的North-Thomas文章'An Economic Theory of the Growth of the Western World'提供一個所研究期間的概述。B. H. Slicher van Bath, *The Agrarian History of Western Europe; A.D. 500-1850*（Edward Arnold, 1963）回顧農業部門的歷史。

### p.160　第三章

本章理論更細部的說明，可以參見Douglass C. North and Robert Paul Thomas, 'The Rise and Fall of the Manorial System: a Theoretical Model', *The Journal of Economic History*, 31, no. 4（December 1971），第777至803頁；也可參見Evsey Domar, 'The Causes of Slavery or Serfdom: A Hypothesis', *The Journal of Economic History*, 30, no. 1（March 1970）。

也請參見Steven N. S. Cheung, *The Theory of Share Tenancy*（University of Chicago Press, 1969），與'The Structure of a

Contract and the Theory of a Non-Exclusive Resource', *The Journal of Law and Economics*, 13（April 1970），第49至70頁，以了解現代農業控制的經濟學分析。

## 第四章

Henri Pirenne 對中古史的看法，可以見於他所著的 *Mohammed and Charlemagne*（Allen and Unwin, 1939）、*Medieval Cities*（Princeton University Press, 1925），以及 *Economic and Social History of Medieval Europe*（Harcourt-Brace, 1956）。馬克思學派觀點的基礎，表達於馬克思所著 *A Contribution to the Critique of Political Economy*（Charles H. Kerr and Co., 1904）的導論，以及恩格斯（F. Engels）所著 *Origin of the Family, Private Property, and the State*（International Publishers, 1942）。馬克思方法的最佳解析，呈現於 V. G. Childe, *History*（Corbett Press, 1947）；從馬克思學派觀點描述的英國封建制度起源與發展，請參見 M. Gibbs, *Feudal Order*（Corbett Press, 1944），馬克思觀點也可見於 M. Dobb, *Studies in the Development of Capitalism*（George Routledge and Sons, 1946）。

關於 Pirenne 理論的缺失，可見於一項很好的總括分析，A. Riising, 'The Fate of Henri Pirenne's Thesis on the Consequences of Islamic Expansion', *Classica et Medievalia*, 13（1952）。

我們對於中世紀鄉村與莊園的描述，是根據 Georges Duby, *Rural Economy and Country Life in the Medieval West*（University of South Carolina Press, 1968）、H. S. Bennett, *Life on the English Manor*（Macmillan, 1938）、Doris Mary Stenton, *English Society in the Early Middle Ages, 1066-1307*（Penguin Books, 1951）、H. L. Gray, *The English Field System*（Harvard, 1915）、C. S. Orwin, *The Open Fields*（Clarendon Press, 1967）與同作者的 *A History of English Farming*（Thomas Nelson and Sons, 1949）、T. A. M. Bishop, 'Assarting and the Growth of the Open Fields', *The Economic History Review*, 6（1935）、Marc Bloch, *Feudal Society*（University of Chicago Press, 1961）、Paul Vinogradoff, *Villeinage in England*（Clarendon Press, p.161　1892），以及 *The Cambridge Economic History*, 2$^{nd}$ ed., vol. 1。

　　白搭便車問題已在文中說明，當代有關此一問題的解說，也可見於 E. Lamond 所編 *Walter of Henley's Husbandry Together with an Anonymous Husbandry*（Royal Historical Society, 1890）。

　　我們對於封建制度與土地所有權性質的描述，是根據 D. R. Denman, *Origins of Ownership*（Allen and Unwin, 1958）、J. J. Lawler and G. C. Lawler, *A Short Historical Introduction to the Law of Real Property*（Foundation Press, 1946），與 Marshall Harris, *Origin of the Land Tenure System in the United States*（Iowa State College Press, 1953）。

　　莊園所採用契約形式的解釋，更詳細的說明可見於 Douglass C. North and Robert Paul Thomas, 'The Rise and Fall of the Manorial System'。

## 第五章

第四章參考文獻中,關於中世紀鄉村與莊園所引述的文章,也在本章寫作時用到,另外還要加上以下文獻:A. E. Levett, *Studies in Manorial History*(The Clarendon Press, 1938)、R. H. Hilton, *A Medieval Society*(Weidenfeld and Nicolson, 1966)、Warren C. Scoville and J. Claybum LaForce, *The Middle Ages and the Renaissance*(D. C. Heath, 1969)、B. H. Slicher van Bath, *The Agrarian History of Western Europe*: *A.D. 500-1850*、Reginald Lennard, *Rural England, 1086-1135*(Clarendon Press, 1959),與 J. Z. Titow, *English Rural Society, 1200-1350*(Allen and Unwin, 1969)。

貿易與商業的甦醒,以及城市化的開端,很適切地描寫於 R. S. Lopez, 'The Trade of Medieval Europe in the South', *Cambridge Economic History*, vol. 2(1952)與 M. M. Postan, 'The Trade of Medieval Europe: The North', *Cambridge Economic History*, vol. 2。

描述此一時代出現的新技術,可以參考 Lynn White, Jr., *Medieval Technology and Social Change*(Clarendon Press, 1962)。關於田耕制度演變的概要討論,參見 H. L. Gray, *English Field Systems*、C. S. Orwin, *The Open Fields and A History of English Farming*,以及 White, *Medieval Technology and Social Change*。關於契約安排變化的最佳討論,可見於 M. M. Postan, 'The Chronology of Labour Services', *Transactions of the Royal Historical Society*; 4th series, 20

（1937）。Postan 教授的另一篇文章討論了同一主題，'The Rise of a Money Economy', *The Economic History Review*; 14 （1944）。早年對於勞役轉化的辯論，有所貢獻的文章包括：T. W. Page, *The End of Villeinage in England*（Macmillan, 1900）、H. L. Gray, 'The Commutation of Villein Services in England before the Black Death', *The Economic History Review*, 29、E. A. Kosminsky, 'Services and Money Rents in the Thirteenth Century', *The Economic History Review*, 5, no. 2。開荒墾地的討論參見 D. M. Stenton, *English Society in the Middle Ages* 與 Paul Vinogradoff, *Villeinage in England*。

p.162

　　關於殖民及其相關問題，Georges Duby 在 *Rural Economy and Country Life in the Medieval West* 一文中有很好的描述。H. S. Bennett 在 *Life on the English Manor* 一文中，第 99 至 101 頁對「莊園習俗」的演變有很好的描述，該文又可從 Marc Bloch 的 *Feudal Society* 書中第 113 至 116 頁得到適當的補充。Bloch 在 *Feudal Society* 一書中提出「記憶是傳統的唯一捍衛者」（第 113 頁），Bennett 在 *Life on the English Manor* 還強調「報應」（dooms）或莊園法庭裡陪審團的判決也有其重要性。關於莊園結構差異的描述，請見 Duby, *Rural Economy and Country Life in the Medieval West*，第 47 至 54 頁。也請參見 *Feudal Society* 的第二十九章，其中 Bloch 比較了法國、日耳曼與英國的封建制度，以及 *Cambridge Economic History of Europe*, 2^nd ed., vol. 1，第 238 至 246 頁。

　　在 *Cambridge Economic History*, vol. I（1941），第 127

頁，三田輪耕制被C. Parain稱為中世紀最新奇的農事，但是 White, *Medieval Technology and Social Change* 一書，或許才是關於生產力受益於三田技術的討論中，最常被引述的資料。White在該書第74頁，對於不同程度的調適也有簡要的討論。Titow在 *English Rural Society, 1200-1350* 一書的第40頁，否定無知是不採用的理由，而接受Gray的（ *English Field Systems* ）結論，認為土壤條件是決定的因素（第71至73頁）。Orwin, *A History of English Farming* 則將三輪耕作演變的理由，訴諸人口壓力與更大的食物需求（第 13頁）。Stenton則在 *English Society in the Middle Ages* 一書中責怪「對兩田制的保守眷戀」（第125至126頁）。

　　多項科技進步的概述，可見於White, *Medieval Technology and Social Change* 與 'The Medieval Roots of Modern Technology and Science'，該文收於Warren C. Scoville and J. Clayburn LaForce所編的 *The Economic Development of Western Europe* vol. 1（Heath, 1969），又重印於Katherine F. Drew and Floyd S. Lear所編的 *Perspectives in Medieval History*（University of Chicago, 1963）。也請參見A. P. Usher, *A History of Mechanical Inventions*（Harvard University Press, 1954）的第七章。

## 第六章

　　雖然有許多地方與區域的札記，提供零散的統計數字和數列資料，但若要得出一般化的推論，則很有限且受爭議。

p.163　我們利用了一項人口資料，那是Russell的 *British Medieval Population*，雖然Goran Ohlin 對Henry Rosovsky所編的 *Industrialization in Two Systems; Essays in Honor of Alexander Gerschenkron*（Wiley, 1966）一書所提出的精闢評論，提醒過人口史要謹慎為之。城市的人口資料來自 *Cambridge Economic History*, vol. 3，第38頁。另一個人口資料來源是 Pollard and Crossley, *The Wealth of Britain, 1085-1966*（Schocken Books, 1969），以及Henri Pirenne在 'The Place of the Netherlands in the Economic History of Medieval Europe', *The Economic History Review*, 2（第1929至1950頁）討論過中世紀末「低地國」的城市特性。

關於價格史，我們依賴Pollard and Crossley、B. H. Slicher van Bath, *The Agrarian History of Western Europe; A.D. 500-1850*、D. L. Farmer, 'Grain Price Movements in Thirteenth Century England', *The Economic History Review*, 2nd series, 10（1957-8）、J. Z. Titow, *English Rural Society, 1200-1350*，以及William Abel, 'Agriculture and History', *International Encyclopedia of the Social Sciences*（Macmillan, 1968）, vol. 5。

大部分制度的描述，我們依賴 *Cambridge Economic History*, vol. 3，特別是關於貿易組織與政府和公共債信。也請參見A. P. Usher, 'The Origins of Banking; The Primitive Bank of Deposits 1200-1600'. *The Economic History Review*, 4（1934）與J. A. Van Houtte, 'The Rise and Decline of the Market of Bruges', *The Economic History Review*（April 1966），第29

至48頁。

　　商業法成長的討論，見於Pollock and Maitland的書第五章，歐洲商業法的分析見於Monroe Smith, *The Development of European Law*（Columbia Press, 1928）。關於英國土地法的文獻概述，可見於North and Thomas, 'The Rise and Fall of the Manorial System'，第五節。

## 第七章

　　這幾世紀人口變動的資料，和前面的時期一樣帶有臆測性。我們通常知道變動方向，但是幅度與轉捩點都有爭議。除了文中所引述Bennett and Russell的著作之外，第六節關於法國區域研究多所借重的人口資料，來自Pierre Vilar, *La Catalogue dans l'Espagne Moderne*, 3 vols.（Sevpen, 1962）與E. Le Roy Ladurie, *Les Paysans de Languedoc*（Sevpen, 1964）。參考的專門研究，包括J. M. W. Bean, 'Plague, Population, and Economic Decline in England in the Later Middle Ages', *The Economic History Review*, 2nd series, 15（1963）、D. Herlihy, 'Population, Plague and Social Change in Rural Pistoria; 1261-1430', *The Economic History Review*, 2nd p.164 series, 18（1965）與M. M. Postan, 'Some Economic Evidence of Declining Population in the Later Middle Ages', *The Economic History Review*, 2nd series, 2（1950）。也請參考J. Hirshleifer, *Disaster and Recovery: The Black Death in Western Europe*（The Rand Corporation, 1966）關於資料所進行的經濟

分析。價格與工資的資料，包含在 Slicher van Bath 和 M. M. Postan, 'The Fifteenth Century', *The Economic History Review*, 2$^{nd}$ series, 2（1945-50）。

　　關於貿易的研究，參見 *Cambridge Economic History, vol. 2*，以及前面提及 H. Miskimin、Vilar 和 Le Roy Ladurie 的研究。羊毛織品貿易請參考 E. M. Carus-Wilson, 'Trends in the Export of English Woolens in the Fourteenth Century', *The Economic History Review*, 2$^{nd}$ series, 3（1950）。

　　農奴制度的衰落，描述於 J. M. W. Bean, 'The Decline of Serfdom', *Cambridge Economic History*, vol.1（2$^{nd}$ ed.）與 North and Thomas, 'The Rise and Fall of the Manorial System'。

　　戰事的變化與民族國家興起的研究，描述於 C. W. Previte-Orton and Z. N. Brooke（eds.）, *The Cambridge Medieval History*, vol. 8, *The Close of the Middle Ages*（Cambridge University Press, 1969）。也請參見 C. W. Previte-Orton 刊載於 *The Cambridge Shorter Medieval History*, vol. 2. 較精簡的版本。

　　法國財政政策令人佩服的研究，可見於 Martin Wolfe, *The Fiscal System of Renaissance France*（Yale University Press, 1972）。Eileen Power, *The Wool Trade in English Medieval History*（Clarendon Press, 1941）提供關於英國財政史精彩的解釋。也請參見 Stubbs（正文中引用過的）。勃艮第人在尼德蘭的統治，參見 Previte-Orton, *The Cambridge Shorter Medieval History*，而西班牙的統治則參見 Jaime Vicens Vives, *An Economic History of Spain*（Princeton University Press, 1969）。

## 第八章

主張近代期間生產力增長，最大的潛在來源來自交易部門的論點，後續擴充延伸於Clyde G. Reed, 'Transaction Costs and Differential Growth in Western Europe during the Seventeenth Century', *The Journal of Economic History* （forthcoming）。本章的一些想法源自於部分經典著作，如Joseph Schumpeter, 'The Crisis of the Tax State' 與F. C. Lane, 'The Economic Consequences of Organized Violence'。交易具有規模經濟的想法，曾經見於Kenneth Arrow, 'Political and Economic Evaluation of Social Effects and Externalities' 與Yoram Barzel, 'Investment, Scale and Growth', *Journal of Political Economy*（March-April 1971）。

## 第九章

p.165

馬克思學派史學家關於如何詮釋近代時期的辯論，可以從文中引述的Dobb和Sweezy的論戰中具體看見。也請參見E. J. Hobsbawm, 'The Crisis of the Seventeenth Century', *Past and Present*, nos. 5 and 6（1954）。這一時期的人口歷史資料，由Karl F. Helleiner綜述於 'The Population of Europe from the Black Death to the Eve of the Vital Revolution', *Cambridge Economic History*, vol. 4。英國人口成長的數字，取自於J. Rickman, 'Estimated Population of England and Wales, 1570-1750',（Great Britain: Population Enumeration Abstract, 1843）。

近代時期價格史大量藉助於Earl J. Hamilto兩本關於這

個時期西班牙的著作，*American Treasure and the Price Revolution in Spain, 1501-1650*（Octagon Books, 1965），以及 *War and Prices in Spain*, 1651-1800（Harvard University Press, 1947），其中包含豐富的統計資料。Hamilton以其對十六世紀通貨膨脹的討論而聞名。我們對於英國與尼德蘭價格史的知識，同樣依賴Lord Beveridge, *Prices and Wages in England*（Longman, Green, 1936）與N. W. Posthumus, *Inquiry into the History of Prices in Holland*, 2 vols.（E. J. Brill, 1964）。在正文引述的一系列文獻中，E. H. Phelps-Brown and Sheila V. Hopkins綜合整理英國實質工資與貿易條件的最佳數列資料，同時也提供其他國家的證據。Eric Kerridge, 'The Movement of Rent, 1540-1640'. *The Economic History Review* 2nd series, 6（August 1953）提供英國貨幣租金變化最好的資料。

### 第十章

　　法國經濟史很好的綜述，可以見於Henri Hauser's 'The Characteristic Features of French Economic History from the Middle of the Sixteenth to the Middle of the Eighteenth Century', *The Economic History Review*, 4（1933）。

　　我們討論法國財政史的內容，藉助於Martin Wolfe, *The Fiscal System of Renaissance France*。法國農業史可以參見Marc Bloch, *French Rural History*（University of California Press, 1966）。我們也參考了Abbott Payton Usher, *The History of the Grain Trade in France, 1400-1710*（Harvard University

Press, 1913），而張五常在引述過的 *The Theory of Share Tenancy* 一書中，有關於 *metayage*（法文：分益租）的珍貴討論。法國產業管制歷史的討論，可參考 E. F. Soderlund 所編 Eli Heckscher, *Mercantilism*（Allen and Unwin, 1955），以及 John U. Nef. *Industry and Government in France and England,* p.166 *1540-1640*（Cornell University Press, 1957）。

西班牙經濟史的整理，可以見於 Vicens Vives, *An Economic History of Spain*，而政治史則可參考 John Lynch, *Spain under the Hapsburgs*, 2 vols.（Blackwells, 1964, 1969）。羊主團的權威研究是 Julius Klein, *The Mesta*（Harvard University Press, 1920）。西班牙的相對衰落很受注意，可參見 Earl J. Hamilton, 'The Decline of Spain', *The Economic History Review*, 8（1938）、J. H. Elliott, 'The Decline of Spain', *Past and Present*, 20（November 1961），第52至73頁，以及 Maurice Schwarzmann, 'Background Factors in Spanish Economic Decline', *Explorations in Entrepreneural History*, 3（1951），第221至247頁。

## 第十一章

除了正文中所提及 Pirenne 的著作，關於荷蘭政府與財政政策的發展，可以參考 H. G. Koenigsberger, 'The Estates General in the Netherlands Before the Revolt'，收錄在 *Studies Presented to the International Commission for the History of Representative and Parliamentary Institutions*, 8（年代不明）一

書中。國際市場的擴展集中於低地國，曾經有許多二手資料提及，參見 *Cambridge Economic History*, 4。荷蘭長身快艇的發展，請見 Violet Barbour, 'Dutch and English Merchant Shipping in the Seventeenth Century', *The Economic History Review*, 2（1930），同一作者的 *Capitalism in Amsterdam During the Seventeenth Century*（Johns Hopkins Press, 1950）描述阿姆斯特丹的崛起。Herman van der Wee, *The Growth of the Antwerp Market and the European Economy*（Martinus Nijhoff, 1963）回顧商業與農業組織發生的變化。關於新作物與農技的描述，請參見 B. H. Slicher van Bath, 'The Rise of Intensive Husbandry in the Low Countries'，收錄在 J. E. Bromley and E. H. Kossman 所編 *Britain and the Netherlands*（Chatto and Windus, 1960）。

## 第十二章

英國政治史的回顧，可參考 W. C. Richardson, *Tudor Chamber Administration*（University of Louisiana Press, 1952）、G. R. Elton, *The Tudor Revolution in Government*（Cambridge University Press, 1953）、A. F. Pollard, *The Evolution of Parliament*（Longman, Green, 1926），以及 *The Winning of the Initiative by the House of Commons*（Wallace Notestein, The British Academy, 1924），它提供十七世紀初國會興起的詳細描述。英國公共財政的經典資料來源是 F. C. Dïetz, *English Public Finance, 1558-1641*（The Century Co.,

1932）。William Holdsworth, *Some Makers of English Law* 　p.167
（Cambridge University Press, 1966），綜述英國法律的歷史，
其中第六講提供有關柯克在英國法律與政府中的角色。關於
柯克的貢獻請參見 D. O. Wagner 'Coke and the Rise of
Economic Liberalism', *The Economic History Review*, 6。合股
公司興起的故事見於 W. R. Scott, *Joint Stock Companies to
1720* (Cambridge University Press, 1912), vol. I。

　　英國農業變化的描述，請見於 Eric Jones, 'Agriculture
and Economic Growth in England, 1660-1750', *The Journal of
Economic History*（March 1965），第1至18頁。罕布什爾地
方從公有制漸漸摸索轉變成排他產權與圈地的過程，可以參
見 Bennett Baack, 'An Economic Analysis of the English
Enclosure Movement'（未出版博士論文，University of
Washington, 1972）有詳盡的解說。英國的工業發展，參見
Eli Heckscher, *Mercantilism* 與 John U. Nef, *Industry and
Government in France and England, 1540-1640*。關於專利的
討論，請見 Harold G. Fox, *Monopolies and Patents: A Study of
the History and Future of the Patent Monopoly*（Toronto
University Press, 1947）。授與專利壟斷的部分清單，呈現於
E. W. Hulme, 'The Early History of the English Patent
System'，該文重印於 *Selected Essays in Anglo- American
Legal History*（Little Brown and Co., 1909), vol. 3。

# 索引

（各個詞彙後的數字表示其出現在原書的頁碼）

現代名著譯叢
# 西方世界的興起

2016年1月初版　　　　　　　　　　　　　　　　定價：新臺幣360元
2022年1月初版第四刷
有著作權‧翻印必究
Printed in Taiwan.

| | | |
|---|---|---|
| 著　　　者 | Douglass Cecil North | |
| | Robert Paul Thomas | |
| 科技部經典譯注計畫 | 譯 注 者 | 劉　　瑞　　華 |

| 出　　版　　者 | 聯經出版事業股份有限公司 | 副總編輯 | 陳　　逸　　華 |
|---|---|---|---|
| 地　　　　　址 | 新北市汐止區大同路一段369號1樓 | 總　編　輯 | 涂　　豐　　恩 |
| 叢書主編電話 | (02)86925588轉5305 | 總　經　理 | 陳　　芝　　宇 |
| 台北聯經書房 | 台北市新生南路三段94號 | 社　　長 | 羅　　國　　俊 |
| 電　　　　　話 | (02)23620308 | 發　行　人 | 林　　載　　爵 |
| 台中分公司 | 台中市北區崇德路一段198號 | | |
| 暨門市電話 | (04)22312023 | | |
| 郵政劃撥帳戶第0100559-3號 | | | |
| 郵撥電話 | (02)23620308 | | |
| 印　　刷　　者 | 文聯彩色製版印刷有限公司 | | |
| 總　　經　　銷 | 聯合發行股份有限公司 | | |
| 發　　行　　所 | 新北市新店區寶橋路235巷6弄6號2F | | |
| 電　　　　　話 | (02)29178022 | | |

行政院新聞局出版事業登記證局版臺業字第0130號

國家圖書館出版品預行編目資料

西方世界的興起/ Douglass Cecil North、
Robert Paul Thomas著 . 劉瑞華譯 . 初版 . 新北市 .
聯經 . 2016年1月（民105年）. 320面 . 14.8×21
公分（現代名著譯叢）
譯自：The rise of the Western world: a new economic
　　　history
ISBN　978-957-08-4665-2（平裝）
[2022年1月初版第四刷]

1.經濟發展　2.經濟情勢　3.歐洲

552.4　　　　　　　　　　　　　　104027294